AF529534

नीच भंग राजयोग की श्रेणियों में कई लोग आते हैं जो हम सबके आसपास होते हैं। आप चाहें तो उन्हें पहचान भी सकते हैं। एक श्रेणी में वो लोग होते हैं जो अपनी पीड़ा, असुविधा, संघर्ष को निहायत ही व्यक्तिगत रखते हैं और साहस बटोरकर एकाग्र चित्त से उस क्षण की प्रतीक्षा करते हैं जहां वो हर तरह से समर्थ हो सकें। एक ऐसी भी श्रेणी है जहां लोग अपनी यथार्थ स्थितियों से तब तक अवगत नहीं होना चाहते जब तक उनको समय की ठीक से लात न पड़े। उस कराह के साथ ही चेतना जैसे बर्बस लौट आती है। एक श्रेणी ऐसी भी है जहां आदमी एक ऐसे भ्रम में खोया रहता है और उसे अपने अस्तित्व की एक लम्बे समय तक खबर नहीं मिल पाती। बोलचाल की भाषा में ऐसे भी कह सकते हैं कि बेगानी शादी में अब्दुल्ला दीवाना। फिर ऐसे मनमौजी को कौन समझाये। एक और श्रेणी है जो काफी गहरी, पैनी और आसपास के लोगों को भीतर तक हिलाने वाली होती है। मसलन आदमी अपना बुरा वक्त, त्रासदी, पीड़ा, आपके कंधे पर सवार होकर गुजारकर मजे से निकल जाता है और आप ठगे से अवाक देखते रह जाते हैं। ये है 'नीच भंग राजयोग' की रोचकता और उसके विभिन्न आयाम।

नीच भंग राजयोग

पंडित अजय भाम्बी

डायमंड बुक्स

प्रकाशक : डायमंड पॉकेट बुक्स (प्रा.) लि.
X-30 ओखला इंडस्ट्रियल एरिया, फेज-II
नई दिल्ली - 110020
फोन : 011- 40712200
ई-मेल : wecare@diamondbooks.in
वेबसाइट : www.diamondbooks.in
संस्करण : 2024

Neech Bhang Rajyog
By : Ajal Bhambi

समर्पण

यह किताब उन जीवट लोगों को समर्पित है जिन्होंने त्रासदी, वेदना, उपेक्षा, उपहास की चरम पीड़ा को सहते हुए हार नहीं मानी और जीवन को कंकड़ों, पत्थरों से लदी हुई तंग गलियों से निकालकर हाईवे पर ले आये। ऐसे लोगों को देखकर ही 'नीच भंग राजयोग' की महत्ता स्थापित होती है।

प्राक्कथन

बहुचर्चित किताब 'मानवता का एकमात्र मित्र – शनि' के दौरान हमने यह बताया था कि कैसे भारत में पहली बार टेलीविजन के माध्यम से ज्योतिष पर लगातार पांच साल चर्चा हुई। यह उस समय का चर्चित चैनल जैन टी.वी. था। जब कोई काम नया होता और उसके पूर्व कोई संचित अनुभव नहीं होता तो आदमी का मन कई शंकाओं से घिरा रहता है। यह बात भी तय है कि जब व्यक्ति एकाग्र हो पथ की ओर अग्रसर हो जाता है फिर दर कूंच दर मुकाम करता हुआ मंजिल को निश्चित ही पा जाता है।

टेलीविजन में जैन चैनल पर भी ज्योतिष ने कई पड़ावों से गुजरते हुए मंजिल तय की। भारत के प्रमुख ज्योतिर्विदों से हमने परिचर्चा की। कई ऐसे नये मुद्दे उठाये जिन पर उससे पूर्व परिचर्चा नहीं हुई। जैसे इस मानवता का कायाकल्प हो जायेगा जब आदमी आद्यान (कंसेप्शन) का समय तय करना सीख जायेगा। इस दुनिया में 10 से 12 प्रतिशत बच्चे कुपोषण, महामारी, अन्य बीमारियां जैसे प्रमुख अंगों का विकसित न होना, जन्म से अंधा होना, कई ऐसी बीमारियां जो बच्चे के डी. एन. ए. को अर्धविकसित करती है ऐसे बच्चे कई तादाद में पैदा होते हैं। यदि आद्यान का समय पता हो तो व्यक्ति उस संतति पर रोक लगा सकता है जो देश, समाज, परिवार और व्यक्ति के लिए अभिशप्त है।

वर्तमान विषय 'नीच भंग राजयोग' काफी जटिल है। देखने में तो आसान मालूम पड़ता है लेकिन इसकी जटिलता काफी विशाल है। इस विषय पर गहन चर्चा की गई है और वे सारे प्रश्न जो नीच ग्रहों से संबंध रखते हैं विभिन्न ज्योतिर्विदों ने हमसे पूछे और हमने उनके सटीक उत्तर दिये। नीच ग्रहों की व्याख्या भी एक अलग अंदाज से की गई जैसा आम देखने को नहीं मिलता। इस कार्य में ज्योतिर्विद अशोक अग्रवाल और संगीता शर्मा ने मंच पर आमने-सामने बैठकर बहुत ही सूक्ष्म और कठिन प्रश्न समय-समय पर पूछे। प्रश्न के भीतर ही उत्तर छिपा होता है यदि प्रश्न सटीक हो तो उत्तर स्पष्ट और बेबाक होगा। इस कार्य में मेरी पत्नी नर्गिस भाम्बी का लगातार सहयोग और आलोचना काफी

सहायक सिद्ध हुई। निर्दोष का काम काफी जटिल था क्योंकि उन सारे टेपों को सुनना फिर उनको व्यवस्थित करना जो इन्होंने बखूबी किया। हमारे मित्र सुदीप रॉय जो मूलत: अंतर्राष्ट्रीय ख्याति प्राप्त आर्टिस्ट हैं लेकिन उन्होंने हमारी फोटोग्राफी भी की और मुख्य पृष्ठ का चित्र उनकी देन है। डायमंड पब्लिकेशन के प्रमुख प्रबंधक श्री नरेन्द्र कुमार का आत्मिक सहयोग अपने आप में लाजवाब है। मैं इन सबका तहेदिल से आभारी हूं।

भूमिका

ज्योतिष में राजयोग मुख्य रूप से तीन प्रकार के होते हैं -

1 - राजयोग

2 - विपरीत राजयेाग

3 - नीच भंग राजयोग

1. राजयोग

ज्योतिष में राजयोग का आशय यह है कि जब एक या एक से अधिक ग्रह आपस में एक ऐसा संयोग बनायें जो कुण्डली में एक नयी ऊर्जा भर दे और उसके बाद आदमी के जीवन में आमूलचूल परिवर्तन करने की क्षमता रखता हो। राजयोग को भी कई भागों में विभक्त किया जा सकता है। एक ऐसा राजयोग जो बचपन से लेकर मृत्यु तक बना रहे यानी सुख-सुविधाएं खत्म होने की जगह बढ़ती चली जायें।

दूसरा बचपन में तो राजयोग हो लेकिन जीवन के किसी भाग में जवानी, मध्य या बुढ़ापे में खंडित हो रहा हो। आदमी पैदा तो सब कुछ लेकर हुआ हो लेकिन फिर जैसे किसी गाड़ी का टायर पंक्चर हो जाता है या अनुपयोगी हो जाता है व्यक्ति ऐसा हो जाता है।

तीसरा जन्म तो विपन्न स्थितियों में हो लेकिन युवा होते ही राजयोग एक्टिव हुआ और उसके बाद व्यक्ति ने कभी पीछे मुड़कर नहीं देखा।

चौथा - एक ऐसी स्थिति भी हो सकती है जहां बचपन अच्छा, जवानी खराब, प्रौढ़ अवस्था उत्तम और बुढ़ापा त्रासदी वाला। मैंने राजयोग को अपने हिसाब से समझने का प्रयास किया है। राजयोग राम की कुण्डली में अनेक थे। बचपन उत्तम माहौल में व्यतीत हुआ। ऋषियों ने ज्ञान और शस्त्र विद्या दी। सीता जैसी महान स्त्री से विवाह हुआ। भाग्य ने जंगल का रास्ता दिखाया तो साथ में सीता भी चलीं और लक्ष्मण भी अयोध्या में रुकने को तैयार नही थे। कथा आगे कहती है कि वृक्षों ने सतत फल और छाया देने का प्रबंध कर दिया। कंकड़-पत्थर और यहां तक कांटे खुद-ब-खुद राह से हट गये। पूरे जंगल में

हर स्थिति में लोग समर्पण और साथ देने को तत्पर थे। घर से अकेले गये थे, सेना भी साथ नहीं थी। वानर-भालुओं की सेना मिली, हनुमान जैसे भक्त मिले। सुग्रीव, अंगद, मारीच, नल-नील जैसे योद्धा मिले और अकेले राम ने रावण के अक्षुण साम्राज्य को तहस-नहस कर दिया। राजयोग की इससे बेहतर व्याख्या नहीं हो सकती।

2. विपरीत राजयोग

विपरीत राजयोग कुण्डली में उन घरों में बनता है जो कुण्डली के लिए अधम्म या निक्रिष्ट माने जाते हैं। ये योग छठे, आठवें और बारहवें भावों में बनते हैं। जब छठे घर का स्वामी आठवें या बारहवें घर में हो और आठवें घर का स्वामी छठे या बारहवें घर में तब विपरीत राजयोग का प्रादुर्भाव होता है। इसी तरह से अन्य भावों से भी गणना की जाती है। विपरीत राजयोग की चर्चा को पाराशर व अन्य तात्कालिक ऋषियों ने छूकर छोड़ दिया था। इस पर चर्चा कालीदास ने की थी। कुछ विद्वानों में मतैक्य नहीं है कि ये कवि कालीदास थे या कोई और। लेकिन हमारा मन कहता है कि ये वो ही कवि कालीदास थे। कालीदास के बारे में एक कथा प्रचलित है कि वे पेड़ की जिस शाखा पर बैठे थे उसी को काट रहे थे। एक कोई ईर्ष्यालु विद्वान जो राजकुमारी से बदला लेना चाहता था उसको कालीदास का मूर्खतापूर्ण अंदाज बहुत पसन्द आया। उसने कालीदास को प्रलोभन दिया कि तुम्हारा विवाह इस देश की अत्यधिक सुन्दर राजकुमारी से करा दूंगा यदि तुम मेरा साथ दो।

उधर राजकुमारी एक विदुषी महिला थी जो एक ऐसे पति का चुनाव करना चाहती थी जो उससे योग्य और सक्षम हो। साथ में राजकुमारी की शर्त थी कि यदि कोई व्यक्ति जो उसे वाद - विवाद में नहीं हरा पायेगा उसको वो जेल में डाल देगी। कई हारे हुए नौजवान उस राज्य की जेल की सलाखों के पीछे अपनी वेदना छुपाये बैठे थे। जब ईर्ष्यालु विद्वान कालीदास को लेकर गया तो उसने सभा में कहा कि यह मूक रहकर प्रश्नों के उत्तर देगा यानि वाद-विवाद इशारों में होगा। राजकुमारी चूंकि विदुषी थी इसलिए इस शर्त पर भी वाद - विवाद के लिए तैयार हो गयी। जब राजसभा में प्रतियोगिता प्रारम्भ हुई तो राजकुमारी ने एक अंगुली कालीदास की ओर की। चूंकि कालीदास उस समय तक मूर्खाधिराज थे अत: उन्हें लगा कि यह लड़की उनकी एक आंख फोड़ने का इशारा कर रही है। उन्होंने गुस्से में दो अंगुलियां राजकुमारी को दिखा दी। मूक दुनिया बड़ी विचित्र होती है। राजकुमारी कहना चाह रही है कि अद्वैत ही

परम सत्य है। जब कालीदास ने दो अंगुली दिखायी तो राजकुमारी को लगा कि अद्वैत तो अपनी जगह है ही लेकिन द्वैत आध्यात्म के मार्ग पर उतना ही सशक्त. विचार या अवधारणा है जितना कि अद्वैत।

राजकुमारी अपने भीतर कुछ संतुष्ट हुई क्योंकि एक बड़े लम्बे अंतराल के बाद कोई व्यक्ति उसके स्तर पर वार्तालाप कर रहा था चाहे मूक ही क्यों न हो। राजकुमारी ने अपने हाथ की पांचों अंगुली दिखायी जैसा कहना चाह रही थी कि पंच तत्त्वों से ब्रह्माण्ड और पिंड बनता है। कालीदास गुस्से में आग बबूला हो गये लेकिन शर्त थी की बोलना नहीं है अत: बोले नहीं। उन्हें लगा कि ये लड़की कह रही है कि चांटा मारूंगी। कालीदास ने मुटठी बंद करके इशारा किया कि जैसे कहना चाह रहे हों कि तू चांटा क्या दिखाती है मैं मुक्का मारूंगा। विद्वान सदैव अपनी विद्वता में फंसता है। राजकुमारी अति प्रसन्न हुई और विवाह के लिए तैयार हो गयी। उसने अर्थ लगाया पांच तत्व तो हैं जब तक मिले नहीं तो न ब्रह्माण्ड बनता है न पिण्ड बनता है।

झूठ या असमंजस में हुई शादी ज्यादा दिन तक नहीं टिक सकती। विवाह के बाद जब कालीदास का मूर्खपन प्रकट हुआ तो राजकुमारी ने कालीदास की धज्जियां ही उड़ा दी और वे दर्द से कराह उठे। तब उन्होंने शपथ ली कि वह तब तक राजकुमारी को मुंह नहीं दिखायेंगे जब तक विलक्षण नहीं हो जायेंगे। भारतीय संस्कृत साहित्य में कालीदास का नाम अमर है। यह विपरीत राजयोग की व्याख्या हो सकती है।

3. नीच भंग राजयोग

इस दुनिया में 55 से लेकर 60 प्रतिशत लोगों की कुण्डली में नीच ग्रह विद्यमान होते हैं। किसी भी कुण्डली में नीच ग्रहों का होना बड़ी आम बात है और नीच ग्रह से आशय है जब ग्रह अपनी नीच राशि में होता है। ऐसी कुण्डलियां तादाद में कम हैं जहां नीच ग्रह न हों। नीच ग्रह से तात्पर्य है कि एक ऐसी अवस्था जहां ग्रह अपनी पराकाष्ठा से होता हुआ निम्नतम बिन्दु तक आ पहुंचता है। यानि अब ऐसे ग्रह में वो क्षमता नहीं है जो साधारणतया अमुक ग्रह से उम्मीद की जाती थी। साधारण बोल चाल की भाषा में नीच ग्रह का अर्थ - अवरोध, विलम्ब, मुश्किलातें, वेदना, पीड़ा, त्रासदी, अपमान, घोर कष्ट और सतत् असफलता से लगाया जा सकता है।

कुण्डली में किसी ग्रह के नीच भंग के कई नियम हैं। यदि एक ग्रह नीच राशि में है और उसका मित्र ग्रह उच्च राशि में है तो वहां नीच भंग हो जाता

है। जब एक ग्रह नीच राशि में हो और उसका मित्र ग्रह अपनी राशि या स्वयं भी नीच राशि में हो तब भी नीच भंग हो जाता है जैसे - माइनस, माइनस प्लस हो जाता है। एक और स्थिति हो सकती है जब कुण्डली में तो नीच ग्रह हो लेकिन नवांश कुण्डली में उच्च का हो जाये, तब भी नीच भंग हो जाता है। मानों कुण्डली में ग्रह नीच के ना हों लेकिन नवांश में दोनों आमने-सामने नीच राशि में हो तब भी नीच भंग हो जाता है। जैसे- शनि, मेष में हो और सूर्य तुला में हो। यदि यह अवस्था जन्म कुण्डली या नवांश कुण्डली में भी हो तब भी नीच भंग हो जाता है। और भी कुछ नियम हो सकते हैं जिनका जिक्र इस किताब में आगे यथासंभव किया हुआ है। नीच भंग राजयोग से तात्पर्य यह हुआ कि जहां ग्रह ने अपना नीचत्व छोड़ दिया यानि वो सारे अवगुण छोड़ दिये जिनकी चर्चा इस किताब में की गई है और जब उसका नीच भंग हुआ तो वो एक पूर्ण राजयोग बन गया। जैसा कि इस नाम से भी भली भांति स्पष्ट हो जाता है - नीच भंग राजयोग।

हमने जो अपने अनुभव में पाया कि इस दुनिया में ऐसी कुण्डलियां या व्यक्ति बहुत कम हैं जिनको घनघोर कठिनाइयां जीवन में न आती हों या सघान संघर्ष न करना पड़ता हो। जब कुण्डली में ग्रहों का आपस में तालमेल कम या नगन्य होता है तब व्यक्ति का जीवन संघर्षमय व्यतीत होता है। चाहे वो भारत में पैदा हुआ हो या अमेरिका में, इससे कोई फर्क नहीं पड़ता। जब कुण्डली में ग्रहों का तालमेल नेगेटिव होता है या तालमेल बनकर छिन्न-भिन्न हो जाता है तब भी परिणाम एक से मिलते हैं। फिर फर्क नहीं पड़ता कि आदमी चीन में पैदा हुआ हो या इंग्लैंड में।

नीच भंग राजयोग कुण्डली को या ग्रह को एक ऐसी जादू की छड़ी देता है जिसे घुमाते ही पूर्व के अवरोध, वेदना, संघर्ष छूमंतर हो जाते हैं और व्यक्ति के आसपास एक ऐसा सुखद वातावरण निर्मित होता है वहां से राजयोग की परिकल्पना निर्मित होती है। नीच भंग राजयोग को यूं भी समझा जा सकता है कि एक समय तक आदमी अपनी मूर्खता, ना जानकारी या सयानेपन से पीड़ित होता है। उसे न तो अपनी क्षमताओं का पता होता है और न ही ठीक से आंकलन करता है। वो मुंह उठाये अपनी ही एक दिशा में जा रहा है और इस तरह के एक भ्रम में रहता है जैसे कि उसके लिए सबकुछ भली भांति चल रहा है। यह प्रक्रिया तब तक चलती रहती है जब तक उसे जोर का मानसिक, आर्थिक, सामाजिक, शारीरिक आघात न लगे। जब तक व्यक्ति चूर-चूर

होकर निढ़ाल नहीं हो जाता तब तक उसकी चेतना उस मुद्दे पर काम नहीं करती। एक बार जब वो अपने व्यक्तितत्व के निम्नतम बिन्दु को छू नहीं लेता तब तक उसका उत्थान संभव नहीं है। नीच भंग राजयोग को ऐसा भी बोल सकते हैं कि घनघोर पतन के बात एक ऐसा अभ्युत्थान जो पहले की वेदना, कठिनाइयों, दिक्कतों, संघर्षो की छाप को मानस पटल से सदा के लिए मिटा दे और जब वो स्थिति आती है तो अपने आप में राजयोग है शायद इसीलिए इस स्थिति को नीच भंग 'राजयेाग' कहते हैं।

पं. अजय भाम्बी का परिचय और व्यक्तित्व

पं. अजय भाम्बी, अंतर्राष्ट्रीय ख्याति प्राप्त ज्योतिषी हैं जिन्होंने भविष्य जानने की जितनी भी विधाएं हो सकती हैं उन सबको पारंगत किया है। पं. भाम्बी पिछले 30 वर्षों से ज्योतिष के अनुसंधान में लगे हुए हैं। पं. भाम्बी अर्थशास्त्र में एम. ए. और लॉ के स्नातक भी हैं।

आज से दो दशक पूर्व इन्होंने कम्प्यूटर के माध्यम से ज्योतिष को आम आदमी तक पहुंचाया। अस्सी के दशक में राष्ट्रीय अखबारों व पत्रिकाओं में ज्योतिष के छोटे से कॉलम या राशिफल आते थे। ये पहले व्यक्ति हैं जिन्होंने राष्ट्रीय पत्र - पत्रिकाओं में ज्योतिष के विभिन्न विषयों पर लगातार लेख और विश्लेषण के कॉलम चलाये। इनके कॉलम हिन्दुस्तान टाइम्स, डेक्कन करोनिकल, इंडिया इन न्यूयार्क (न्यूयार्क, अमेरिका), गल्फ न्यूज (दुबई), इंडिया वीकली (लंदन), कॉस्मोपोलिटन, दैनिक भास्कर, अमर उजाला, मिडडे, कादम्बिनी, सामना, दैनिक ट्रिब्यून, सहारा टाइम्स आदि में छपते रहे हैं और वर्तमान में भी कई जगह छप रहे हैं।

पं. भाम्बी ने अनगिनत सही भविष्यवाणियां की हैं। जिनमें से कुछ खास ये हैं:-

- सोनिया गांधी का राजनीति में प्रवेश और वर्चस्व स्थापित करना
- शाहरूख खान के सुपर स्टार होने की घोषणा
- अमिताभ बच्चन की वापसी
- राजीव गांधी की हत्या
- बेनजीर भुट्टो और नवाज शरीफ का पतन

इसके अतिरिक्त उन्होंने बहुत सारी सही भविष्यवाणियां जैसे - देवेगौड़ा, गुजराल और नरसिम्हा राव का पतन। महेन्द्र सिंह धोनी, राहुल द्रविड़, काजोल, युवराज सिंह, सचिन तेंडुलकर, वीरेन्द्र सहवाग, प्रफुल्ल पटेल आदि के बारे में सही भविष्यवाणी अभी हाल ही में की।

पं. अजय भाम्बी ने ज्योतिष को सर्वप्रथम टेलीविजन पर स्थापित किया। इनका एक प्रोग्राम जो नियमित पांच वर्ष तक 'जैन टीवी' पर चलता रहा, आज भी उसका कोई सानी नहीं है। वर्तमान में 'नक्षत्र' के नाम से राष्ट्रीय सहारा पर और 'द ग्रेट इंडियन एस्ट्रो शो' के नाम से जी-जागरण पर साप्ताहिक प्रोग्राम अत्यधिक प्रसिद्धि के साथ चल रहे हैं। इसके अतिरिक्त देश - विदेश के जितने भी चैनल्स हैं उन सब पर जैसे - बी. बी. सी., सी. एन. एन., स्टार, जी, एन. डी. टी. वी., दूरदर्शन, आज तक पर सामयिक विषयों पर इनके कार्यक्रम अक्सर आते रहते हैं।

पं. अजय भाम्बी, पहले ज्योतिषी हैं जिन्होंने विश्व के विभिन्न देशों में ज्योतिष के वर्कशॉप किये हैं जैसे फलोरिडा, फीनिक्स, वाशिंगटन, कनाडा, मास्को आदि में इनके वर्कशॉप और ज्योतिष पर प्रवचन चलते रहते हैं।

अनुक्रमणिका

1

नीच ग्रह से क्या अभिप्राय है?

अशोक अग्रवाल:

अशोक अग्रवाल, लाल किताब के उपायों में पारंगत हैं। यह मात्र इनका सौभाग्य ही था कि लाल किताब के रचयिता पं. रूपचन्द शास्त्री के परम शिष्य - श्री मदन लाल सूद से उन उपायों का भेद जाना जिन्हें पं. रूपचन्द शास्त्री ने अपने जीवन में आजमाया हुआ था। अशोक अग्रवाल वैदिक ज्योतिष के विभिन्न आयामों से भली-भांति परिचित हैं।

अशोक अग्रवाल भी हमारे प्रोग्राम जैन टी.वी. पर अक्सर आते रहते थे और जब हमने शनि ग्रह पर चर्चा करने का मन बनाया तो अशोक अग्रवाल नें बड़ी सादगी के साथ उस कार्यक्रम में बढ़-चढ़कर हिस्सा लिया। अशोक अग्रवाल, जी-बिजनेस, जी-न्यूज आदि में अक्सर देखे भी जा सकते हैं। इनके प्रश्न नीच ग्रहों के प्रति उस जिज्ञासा को इंगित करते हैं जो मात्र स्वयं ज्योतिषी ही महसूस कर सकता है।

दिनांक - 9/06/2003

भूमिका: हर ग्रह अपनी कक्षा में घूमते समय कई तरह की अवस्थाओं को प्राप्त होता है। हर ग्रह की कम से कम एक राशि तो होती है। कई ग्रहों की दो राशियां है। सूर्य और चन्द्र एक राशि के स्वामी हैं जबकि बाकी सारे ग्रह दो-दो राशियों के स्वामी होते हैं। राहु और केतु छाया ग्रह है इसलिए ये किसी घर के स्वामी नहीं होते जबकि कई विद्वानों का मानना है कि राहु - केतु भी उच्च, नीच व स्वराशिस्थ होते रहते हैं। सामान्यत: प्रत्येक ग्रह पंचाधिक मैत्री चक्र के अन्तर्गत अन्य ग्रहों से सम्बन्ध बनाता है लेकिन हर ग्रह स्व,शत्रु, मित्र क्षेत्रादि में होता है। आज से हम एक सीरीज चला रहे हैं जिसमें हम नीच ग्रह और उनके फलों की बात करेंगे।

प्रश्न: भाम्बी साहब जैसा आपने बोला कि ग्रहों की प्रत्येक अवस्था का अपना-अपना महत्व है और हरेक ग्रह अलग-अलग अवस्था में अलग-अलग फल प्रदान करता है फिर नीच ग्रहों के प्रति एक उत्सुकता रहती है कि ये नीच शब्द ही डरावना है कोई शख्स नीच या निकृष्ट शब्द सुनने को राजी नहीं होता है और नीच ग्रह कुण्डली में हो तो व्यक्ति का मन आशंकाओं से भरा रहता है, इस पर प्रकाश डालें?

उत्तर: जैसा कि आपने बोला कि नीच शब्द अपने आप में चौंकाने वाला है और ये शब्द संस्कृत भषा से लिया गया शब्द है नीच से अभिप्राय है निम्न या अधम्म। एक ऐसा व्यक्ति जो manupulation के लिए किसी हद तक जा सकता है। इस नीच ग्रह को समझने के लिए जीवन को बहुत नजदीक से जानना होगा। ये दुनिया हजारों सालों से सत्य और असत्य के बीच झूल रही है। सत्यवादी उंगलियों पर गिने जा सकते हैं और झूठे हम तैयार करते हैं। ऐसा कोई भी घर ढूंढ़ना मुश्किल है चाहे वो हिन्दू, मुसलमान या ईसाई का घर हो, चाहे भारतवासी, अमेरिकन या ब्रिटिश का घर हो जहां घर से बच्चे को झूठ की शिक्षा न दी जाती हो। मनुष्य के बच्चे से ज्यादा कमजोर और dependant किसी और पशु, पक्षी का बच्चा नहीं होता और जितना अत्याचार बच्चे के साथ परिवार या समाज करता है इतना और किसी अवस्था के साथ नहीं होता। एक दूसरा कार्य और करते हैं कि बच्चे के साथ कि उसे conditional बना देते हैं तब वो बच्चा कभी हिन्दू, कभी मुसलमान और कभी ईसाई हो जाता है।

प्रश्न: भाम्बी जी आपने मुद्दे को बहुत गहरे से उठाया है और मनुष्य का एक नया पहलू सामने आया है। यह सत्य है घरों में हम बच्चे को झूठ बोलने के लिए उकसाते रहते हैं कि बोल दो पापा घर पर नहीं है। जब कोई फोन बाहर से आता है जिसको सुनने में हमारी रूचि नहीं होती। ऐसी अवस्था में बच्चा हरिश्चन्द्र कैसे हो सकता है। जबकि हरेक मनुष्य की इच्छा है कि हमारा बच्चा हरिश्चन्द्र या युधिष्ठिर हो जाये। ये आदमी की क्या फितरत है और नीच ग्रह यहां क्या role play कर रहा है?

उत्तर: जैसा कि मैंने पूर्व में कहा कि दुनिया सत्य और असत्य के बीच झूलती है और असत्य का बोलबाला है तो हम बच्चों के साथ दो तरह के कार्य करते हैं एक तो हम उन्हें असत्यवादी बनाते हैं और बड़े प्रेम से बनाते हैं उनकी जड़ों में खूब तेल डालते हैं और दूसरा हम उसे conditional कर देते हैं। ऐसा करके हम बच्चे की originality और intelligence को खत्म कर देते हैं। वो बहुत कुछ खुद decide नहीं कर सकता और decided होकर चलता है। हो सकता है इससे परिवार, समाज, देश, नेता, और धार्मिक नेता को लाभ होता

हो लेकिन बच्चे को हमने सीमा में बांध दिया। पहली बार जो Astronaut अंतरिक्ष में गया था। पृथ्वी का वातावरण लगभग 200 मील तक रहता है और उसके ऊपर जाने पर पृथ्वी का atmosphere खत्म हो जाता है। उस astronaut ने जब पहली बार इतने सुन्दर और इतने विलक्षण पृथ्वी ग्रह को देखा तब उसे याद आया कि मैं कैसे नक्शे में देखकर बच्चों को लाइन खींचकर बताता था कि ये रूस है, ये भारत है, ये चीन है, इत्यादि। पृथ्वी ग्रह उत्सुकता पैदा करता है कि पृथ्वो ग्रह कितना सुन्दर भी है, रोचक भी है और अदभुत भी है।

प्रश्न: *वास्तव में बात ऐसी ही है जैसी आपने बयान की। हमारे ऋषियों ने भी कहा है कि पृथ्वी एक बड़े परिवार की भांति है और वासुदेव कुटुम्बकम् की भांति है लेकिन पड़ोसी, पड़ोसी को सहन नहीं करता, जरा इस पर प्रकाश डालें और नीच ग्रहों के प्रति मेरी उत्सुकता और बढ़ती जा रही है।*

उत्तर: हम शुरू से ही बच्चे के मन या mind पर काबू कर लेते हैं और उसे heart या दिल तक जाने नहीं देते और जब आदमी mind का ज्यादा प्रयोग करेगा तो वो इच्छा संचालित और अनन्त होगा और जब उसकी अनन्त इच्छाएं होंगी तो वही से वह महत्त्वाकांक्षी होना आरम्भ हो जायेगा फिर वह न ता दिल से सोचेगा और न बुद्धि से। सोचेगा तो जोड़-तोड़ की techniqve निकालेगा, यूं तो जोड़-तोड़ कोई बुरी चीज नहीं है बड़े काम आती है। मगर जब पूरे का पूरा व्यक्तित्व जोड़-तोड़ से पूर्ण manupulated हो जाता है तो फिर स्वार्थी भी हो जाता है। ऐसा व्यक्ति अपना और अपने चन्द आदमियों का भला तो कर सकता है मगर ऐसे आदमी से समाज के आमूलचूल परिवर्तन की तो कल्पना भी नहीं की जा सकती और ऐसा आदमी हाशिये पर बैठा होगा और पलक झपकते ही पाली बदलने को तैयार बैठा होगा, जहां उसे लाभ मिले वहां चला जायेगा।

प्रश्न: *पंडित जी, जो आदमी हाशिये पर इस स्थिति में बैठा है जो कि पलक झपकते ही स्वार्थ पूरा करूं, क्या उसकी मन:स्थिति के लिए नीच ग्रह उत्तरदायी है?*

उत्तर: अशोक जी, इतनी जल्दी क्या है? ज्योतिष अधिकतर लोगों की समझ में नहीं आता क्योंकि हर सीखने वाला जिज्ञासु न रहकर मास्टर होने की तलाश में है। प्रश्न की चिन्ता यही है उत्तर मिल जाना चाहिए। उत्तर देना नहीं पड़ता और न ही उत्तर खोजने कहीं जाना पड़ता है। हर प्रश्न में उत्तर स्वयं छुपा होता है उसे जरा खंगालने की जरूरत है तो एक बात यहां समझनी पड़ेगी इस दुनिया में 50 प्रतिशत से अधिक लोगों की कुण्डली में नीच ग्रह होते हैं। यदि मान लीजिए आपकी कुण्डली में नीच ग्रह नहीं हैं तो भी आप के परिवार

के दो तीन सदस्यों की कुण्डली में नीच ग्रह अवश्य मिल जायेंगे। इस दुनिया में जो हम अपने बच्चों के साथ कर रहे है वो तो एक सा ही कर रहे हैं लेकिन जिसकी कुण्डली में नीच ग्रह होंगे वो तो जिन्दगी भर झंझटों से निकल नहीं पायेगा जिसकी कुण्डली में नीच ग्रहों का बोलबाला है। जिसकी कुण्डली में नीच ग्रह नहीं है उससे तो फिर भी उम्मीद जुटाई जा सकती है लेकिन जिसकी कुण्डली में नीच ग्रह हैं उसकें लिए हमने निश्चित रूप से संकट पैदा कर दिया और ये संकट अलग - अलग स्थितियों में में अलग - अलग रूप में reflect होता है इसे हम किसी अलग एपीसोड में discuss करेंगे।

❑❑❑

2

सूर्य तुला राशि में ही नीच क्यों?

संगीता शर्मा :

संगीता शर्मा एक विदुषी महिला हैं जिन्होंने कई विषयों में न केवल डिग्री ली बल्कि पारंगत भी हुईं। हिन्दी में एम. ए. करने के बाद बी. एड. किया, फैशन डिजाइनिंग की डिग्री ली, इंटीरियर डेकोरेशन भी किया, ब्यूटीशियन का कोर्स किया। भारतीय ज्योतिष का गहरा अध्ययन भी किया।

इनके दादा दिल्ली के एक सम्मानीय ज्योतिषी रहे हैं। मृदुल स्वभाव की हंसमुख संगीता अपनी योग्यता और व्यक्तित्व से किसी को भी प्रभावित कर सकती हैं। संगीता हमारे साथ जैन टेलीविजन पर कई सालों तक एंकरिंग भी करती रहीं। इनके प्रश्न पूछने का अंदाज बड़ा मौलिक लेकिन पैना भी है। पाठक इनके प्रश्नों से स्वयं यह अंदाजा लगा लेंगे।

दिनांक: 24/06/2003

भूमिका: जैसा कि हम सब जानते हैं कि सूर्य एक राशि में लगभग एक महीने रहता है। मेष राशि में सूर्य उच्च का होता है और तुला राशि में नीच का। जिस राशि में जब भी कोई ग्रह उच्च का होता है उसके विपरीत उसके सामने 180 अंश पर नीच का हो जाता है। सूर्य मेष राशि के 30 अंश में तो उच्च का होता है परन्तु जब वह 10 अंश में आता है तो परम उच्च का हो जाता है। इसी प्रकार तुला राशि में पूरे 30 अंश में नीच का रहता है लेकिन जब वह 10 अंश पर होता है तो उसकी परम नीच डिग्री कहलाती है। हम आज बात करेंगे कि नीच के सूर्य की अर्थात जब सूर्य तुला राशि में होता है।

प्रश्न: *जैसा कि आपने बताया कि तुला की 1 से 30 अंशों तक सूर्य नीच का रहता है परन्तु परम नीच 10 डिग्री पर होता है तो क्या अन्य डिग्रियों पर जब होता है तो इसके नीच का प्रभाव कम होता है?*

उत्तर: जिस तरह जीवन में भी हर व्यक्ति high और low दो phases से गुजरता है। यानि कभी वह अपनी परम उच्च (positive state of mind) में होता

है और कभी negative या low state of mind में होता है। ऐसा ही हर ग्रह के साथ होता है। ऐसा भी कह सकते हैं क्योंकि हमारा जीवन ग्रहों से संचालित होता है और ग्रह चूंकि high or low होते हैं तो हम भी उसी प्रकार होते हैं। इसी तरह एक खास डिग्री पर ग्रह परम नीच होता है और सूर्य 10 अंश पर परम नीच होता है। इस डिग्री को समझने के लिए एक बात जानना बहुत आवश्यक है कि सूर्य तुला में ही नीच क्यों होता है?

प्रश्न: *जब ग्रहों के बारे में प्राचीन ज्योतिर्विदों ने ज्योतिष को समझा होगा तो यह प्रश्न उनके दिमाग में भी कोंधा होगा और कोई ऐसा कारण अवश्य होना चाहिए कि एक अमुक ग्रह एक अमुक राशि में नीच का या उच्च का हो जाता है। सूर्य को तुला में नीच का होने का क्या कारण है? इस पर प्रकाश डालें?*

उत्तर: ज्योतिष में राशियों, उनके स्वामियों व स्वामी ग्रहों का तो महत्त्व होता ही है, साथ में राशि में जो नक्षत्र होते हैं उनका बहुत महत्त्व होता है। जैसा कि हम जानते हैं कि एक राशि सवा दो नक्षत्रों से मिलकर बनती है। इन नक्षत्रों के अपने-अपने स्वामी होते हैं और राशि का भी एक स्वामी होता है। जब कोई ग्रह इन राशियों से होकर गुजरता है तो उसे इन राशियों और नक्षत्रों में या तो बल प्राप्त होता है या उसका बल क्षीण हो जाता है। तुला राशि में जब सूर्य विचरण करता है तो यहां सूर्य का बल क्षीण होता है। पहली बात तुला राशि वायु तत्त्व राशि है। वायु तत्त्व चर राशि है और इसका स्वामी शुक्र है। सूर्य को विस्तार और फैलाव के लिए अग्नि तत्त्व की आवश्यकता है क्योंकि वह स्वयं अग्नि है और अग्नि जब चलायेमान हो तो सूर्य के सारे गुण ऊभरकर सामने आ जाते हैं। जैसा कि मेष राशि में होता है जहां सूर्य उच्च का हो जाता है। सिंह राशि स्थिर राशि है वहां अग्नि गहन हो जाती है।

प्रश्न: *यह तो आपने तीनों राशियों मेष, सिंह व तुला राशि का स्वरूप बताया जिनका सूर्य से गहरा सम्बन्ध है। मेष में सूर्य उच्च का हो जाता है। सिंह में स्वगृही और तुला में नीच का हो जाता है। आपने एक और महत्त्वपूर्ण बात कही कि राशियां नक्षत्रों से मिलकर बनती हैं तो सूर्य तुला राशि के नक्षत्रों से कैसा व्यवहार करता है?*

उत्तर: तुला राशि का स्वामी शुक्र है और शुक्र basically स्त्रीयोचित ग्रह है। दूसरे शुक्र का प्रभाव कला, संगीत, गायन, अभिनय, फिल्म, पेंटिंग या art के जितने भी form हो सकते हैं। उनसे संबंधित है तो सूर्य की प्रकृति से मेल नहीं खाते। सूर्य पुरुषोचित ग्रह है जिसके पास aggression है, force है, kick start है, अपना motivation है और अपनी धुरी है जिसके आसपास सब मंडराते हैं। इस राशि में आकर सूर्य uncomfortable हो जाता है और जहां पर वह परम नीच होता है 10 डिग्री पर वहां उसे स्वाति नक्षत्र जिसका स्वामी राहु है

डिग्रियों पर परम नीच होता है। सूर्य और राहु की दुश्मनी है। यहां पर सूर्य सबसे ज्यादा uncomfortable होता है। इसके अलावा तुला राशि का स्वरूप balance है। बराबर तोलना, और सूर्य या तो गहरे में देगा जहां वह आत्मपरक हो जायेगा जो गुण सिंह से आते हैं या तो चलायेमान होगा जहां आगे गतिमान होगा जो गुण उसे मेष में आते हैं तो यही कारण है कि जब तुला में आता है तो मौलिक गुण तो समाप्त हो जाते हैं परन्तु नए गुण आ जाते हैं, समाहित हो जाते हैं।

***प्रश्नः** ऐसा भी आपसे सुना था कि ग्रह अच्छा या बुरा नहीं होता या तो सम रहता है या अच्छा रहता है। सूर्य तुला राशि में आकर कौन से गुण अपने में समा लेता है और आदमी के साथ कैसा व्यवहार करता है? यदि उसकी कुण्डली में तुला का सूर्य हो तो उसका प्रभाव कैसा होगा?*

उत्तरः जब किसी व्यक्ति के जन्मकाल में जो ग्रह विभिन्न राशियों में उनका कुल मिलाकर महत्त्व इतना होता है कि व्यक्ति जिस तरह के अनुभव emotions, feeling और circumstances के दौर से इस दुनिया में गुजरेगा। ज्योतिष में प्रारब्ध अर्थात पिछले जन्मों में किए गये कर्मो का बहुत महत्त्व होता है और इस जन्म में जो कर्म करते हैं उससे अगला जन्म तय होता है। ऐसा माना जाता है। लेकिन यहां पर हम नीच ग्रहों की बात करते हुए यह कोशिश करेंगे कि इसी जन्म की बात हो नहीं तो बात काफी आगे चली जायेगी और हम ग्रह को ठीक प्रकार से समझ नहीं पायेंगे।

***प्रश्नः** कुण्डली में तुला में सूर्य तो क्या आदमी को egoistic बनाता है। उसके अहं पर चोट पहुंचाता है उसे अपने व्यवहार के कारण कठिनाईयों के दौर से गुजरना पड़ता है या जैसा आप कहते हैं कि कोई ग्रह खराब नहीं होते तो वह कैसे भला करते हैं?*

उत्तरः इस दुनिया में आगे बढ़ने के लिए कुछ stages से गुजरना पड़ता है जिसमें observation, understanding, action और result सम्मिलित है। इस दुनिया में हर व्यक्ति प्रतिभावान होता है, योग्यता रखता है और अवसर सबको समान अवसर प्राप्त हो जाते हैं जितने भी लोग आगे बढ़े हैं उन्होंने बहुत गहरे में जाकर चीजों को समझा है। ऐसे जो बहुत भाग्यवान लोग होते हैं। यदि वह योग्य नहीं होते तो एक बार उन्हें भाग्य ऊपर ले भी जाये तो वह नीचे आ जाते हैं और फिर कभी आगे नहीं बढ़ते लेकिन यदि किसी आदमी ने अपनी स्थितियों का अवलोकन, observation किया है, अपनी क्षमताओं और अपनी सीमाओं को ठीक से समझा है और उसका action भी त्रुटिपूर्ण नहीं है तो परिणाम उसके खिलाफ नहीं हो सकते। मर्जी के मुताबिक ही होंगे। लेकिन जब सूर्य नीच का होता है तो इन चार परिस्थितियों में कहीं imbalance आ जाता है जहां व्यक्ति को परेशानियों और असुविधाओं का सामना करना पड़ता है।

प्रश्न: *जब कुण्डली में नीच का सूर्य होता है तो क्या आदमी की कथनी और करनी में फर्क आता है या कम्पटीशन में रहने के लिए अपने स्थितियों का ठीक से मूल्यांकन नहीं करता या सफल होता है तो उसके कौन से मापदंड होते हैं?*

उत्तर: विभिन्न ग्रह व्यक्ति को एक सा अनुभव कराते हैं और हमारा जीवन तो memory of experiences पर ही चलता है। कई हमारे bad experience होते हैं जो हमारे लिए बाधा उत्पन्न कर देते हैं। जब हम फिर उसी प्रकार का कार्य करना चाहते है, तो memory box हमें उन घटनाओं को याद करवाता है जो unpleasant रही थी जिससे हम विचलित हो जाते है। जब कुण्डली में नीच ग्रह होते हैं तो हमारा अनुभव विषाद, दुख, अवसाद व अवहेलना से भरा होता है, न चाहते हुए भी हम ये सब कर गुजरते हैं और यदि बहुत बार ऐसा हो जाये तो यह आदत ही बन जाती है, फिर वह आगे बढ़ने की चेष्ठा नहीं करता। इस स्थिति से निकलने के लिए स्वयं का व्यवहार, आचरण, action पर ठीक से ध्यान देने की आवश्यकता है और यदि व्यक्ति इसका पूर्ण ध्यान रखता है तो वह नीच ग्रहों के जंजाल से बाहर निकल सकता है।

प्रश्न: *क्या सूर्य का संबंध अहं, self respect (आत्म सम्मान), अधिकार, एक छत्रराज आदि सभी स्थितियों से है। सूर्य कहां-कहां आगे बढ़ने में मदद करता है?*

उत्तर: जब सूर्य तुला राशि में होता है तो व्यक्ति या तो स्थितियों का ठीक से मूल्यांकन नहीं कर पाता या उसे उत्तम अवसर नहीं मिलते। एक और भी स्थिति है जहां अवसरों के चुनाव में गलती होती है। बहुधा ऐसे व्यक्ति का आत्म सम्मान या authority का concept misplaced होता है। जैसे आत्म सम्मान की दरकार वहां हो सकती है जहां उसका विशेष महत्त्व नहीं है। ऐसा व्यक्ति आसपास के लोगों से बहुत सम्मान चाहता है। तथा जहां सम्मान की आवश्यकता है वहां उसे फर्क ही नहीं पड़ता। वह ऐसे कार्यो को करने के लिए तैयार हो जाता है जो उसकी सीमा के बाहर हैं और यदि आप उसे रोक-टोक देंगे तो आप उसके दुश्मन हो जायेंगे। ऐसे व्यक्ति influenced धोखा देने वाले लोगों से होगा जो उसके किसी काम नहीं आएंगे केवल वह उसके अहं की तुष्टि करते है, जिससे जल्द ही उसका विश्वास चकनाचूर हो जाता है। ऐसे व्यक्ति की खास बात है कि अगर बचपन में उसे कोई लड़ाई के वक्त बोलता है कि तू मार के दिखा, दूसरा मार देता है। तो वह तब तक मार खाता रहता है जब तक कि वह लहूलुहान न हो जाये। कहने का तात्पर्य यह हुआ कि जब तक उसका आत्म सम्मान पूरी तरह से hurt न हो जाये या स्थिति बिल्कुल विपरीत न हो जाये तब तक उसकी चेतना जाग्रत न हो जाये, उसका negativism खत्म न हो जाये। तब तक वह एक नई राह की ओर नहीं मुड़ पाता है।

□□□

3

चन्द्रमा शरीर का मन है

दिनांक: 25/07/2003 (संगीता जी)

भूमिका: चन्द्रमा का ज्योतिष में अत्यन्त महत्त्व है। ज्योतिष में ऋषियों, मनिषियों ने आज से हजारों साल पहले यह जान लिया था कि जब किसी व्यक्ति की जन्मकुण्डली बनायी जाती है तो उसके साथ चन्द्र कुण्डली भी बनाई जाती है और यह कुण्डली बनाने की आदि कालीन परंपरा है जिसका आज भी निर्वाह होता है। यदि लग्न को शरीर माना जाता है तो चन्द्रमा को मन माना जाता है। हमारा ऐसा मानना है कि चन्द्रमा शरीर का मन है। Moon is the mind of the body. अभी तक यह तय नहीं हो पाया है कि मन क्या है? सारी कोशिशें मन को समझने की है। मन प्रफुल्लित, स्थिर, अस्थिर, चंचल और डांवाडोल है। मन पर भरोसा नहीं किया जा सकता। मन आकाश को छूना चाहता है और पता नहीं मन क्या-क्या करना चाहता है? आज चन्द्रमा के इस पहलू पर बात करेंगे।

प्रश्न: *भाम्बी साहब आप काफी अलग बात कर रहे हैं। किताबों में साफ-साफ लिखा है कि चन्द्रमा मन का ग्रह है लेकिन आप कुछ अलग कह रहे हैं कि Moon is the mind of the body. चन्द्रमा शरीर का मन है, इसे स्पष्ट करें?*

उत्तर: एक हमारे मित्र कहा करते थे 'अगर किताबों में खुदा होता तो हम सब फरिश्ते होते'। किताबों में वो लिखा है जो किसी आदमी ने अनुभव किया, एक आदमी का अनुभव न तो ठीक से बताया जा सकता है और न ही उसे दूसरों को कराया जा सकता है और दो आदमी को एक सा अनुभव हो यह आवश्यक नहीं, दो आदमियों की परिस्थितियों और स्थितियों में जमीन आसमान का अंतर होता है जिसे न लिखा जा सकता है, न व्यक्त किया जा सकता है, न कहा जा सकता है। मन क्या है और कहां है? यह thought से पता चलता है और thought continuity चाहता है। इसलिए कहानियां और इमेजिज बनते

है। यह कहानियां memory box में चली जाती हैं और उसको हम मन नाम से जानते हैं जबकि thought का memory से कोई संबंध नहीं है। thought बाहर से आता है। शरीर के पास अपनी इंद्रियां हैं। sensation and body operates with total intelligence without any interference. इसलिए ऐसा कहा जा सकता है कि body has his own mind. और जिस mind को mind मानते हैं, उसका किसी को अता पता नहीं है।

प्रश्न: *आपकी बात हमको जंचती है। mind क्या है? यह पता चल नहीं पाता जबकि सारा व्यापार mind के नाम पर ही चलता है। शरीर के पास अपना मन है, यह एक नई बात हैं इसे थोड़ा स्पष्ट करें?*

उत्तर: मनुष्य का शरीर जितना जटिल है उतना ही perfect भी है, body की अपनी intelligence है। उसे body बिना किसी गलती के perfectly करती रहती है। मान लीजिए फल काटते वक्त यदि चाकू से आपका हाथ कट जाता है और वहां से खून निकलने लगता है, हाथ का खून उस कटे भाग में दौड़ने लगेगा और कुछ ही देर में वहां blood clotting होकर खून बहना बंद हो जायेगा। कुछ दिन बाद वहां पर नई खाल आ जायेगी, ये जख्म भी भर जायेगा और निशान भी नहीं रहेगा। इस कार्य के लिए अंगुली और शरीर, मन और मस्तिष्क से न तो कोई instruction ले रहे हैं और न ही कोई मदद ले रहे हैं। यह कार्य शरीर अपने आप कर रहा है। इसका मतलब है कि शरीर का अपना मन होता है और यदि शरीर में जब pain होता है तो इससे पता चलता है कि उसने अब heal करना प्रारम्भ कर दिया है।

प्रश्न: *शरीर के पास अपना मन है। यह बात तो स्पष्ट हो रही है किन्तु हम यह जानना चाहते हैं कि चन्द्रमा कैसे अपना प्रभाव शरीर के मन पर डालता है? इसको जरा स्पष्ट करें?*

उत्तर: इस पृथ्वी पर जो भी सजीव या living है उसमें 80 प्रतिशत पानी है। चाहे plant, animal या human being हो और पृथ्वी पर भी 80 प्रतिशत पानी है। चन्द्रमा, जल तत्त्व का ग्रह है और जल तत्त्व को प्रभावित करता है। इसी लिए चाहे plant, animal या आदमी हो बिना पानी के ना तो पैदा होता है, न ही जी सकता है और जब यह तत्त्व शरीर में छिन्न-भिन्न होने लगता है तो living organism की मृत्यु हो जाती है। बहुत गहरे अर्थो में मृत्यु नहीं होती। Atom अपने को resuffle कर लेते हैं। तथा इस universe में इस तरह से imbalance को balance में परिणित कर देते हैं। हम इतने गहरे में न जाकर अपनी बात को living organism तक रखते हैं।

प्रश्न: *आपने बताया कि इस planet पर living organism हैं चाहे वह पेड़, पशु या मनुष्य या पृथ्वी इन सभी में ग्रह, इसमें 80 प्रतिशत पानी है और चन्द्रमा जल का ग्रह है तो यह इन सबको कैसे प्रभावित करता है?*

उत्तर: हम जानते हैं कि चन्द्रमा आकाश में घटता-बढ़ता रहता है और चन्द माहों के बाद ऋतुओं को बदलता रहता है। इस सबका संबंध पृथ्वी पर होने वाले जलवायु व season से है। चन्द्रमा इस पृथ्वी पर उत्पत्ति का कारण भी है और उसमें sustain करने वाला भी है और बाद में मारने वाला भी है। इन तीन कार्यों में चन्द्रमा अहम् भूमिका निभाता है। जब चन्द्रमा कुण्डली में खराब या afflicted होता है तो मनुष्य की body में जो water element है, उसमें सूक्ष्म स्तर पर परिवर्तन आ जाता है और imbalance हो जाता है तब उस व्यक्ति में खास परिवर्तन या कमीं देखने को मिलती है।यह परिवर्तन ही शारीरिक कष्टों, मानसिक व्याधियों, maladjustment आदि को जन्म देता है जो आदमी के कष्ट का कारण मानते हैं।

प्रश्न: *जाहिर है चन्द्रमा विभिन्न राशियों व नक्षत्रों पर होता होगा तो वह व्यक्ति के लिए नये प्रकार की स्थिति create करता होगा। दूसरा चन्द्रमा के phases बदलते रहते हैं जहां वह अमावस्या से लेकर पूर्णिमा तक की यात्रा करता है तो यह व्यक्ति के व्यक्तित्व पर अच्छा या बुरा क्या प्रभाव डालता होगा?*

उत्तर: जैसा कि पहले कहा गया है कि Moon is the mind of the body और 80 प्रतिशत शरीर में पानी है। चन्द्रमा जल को प्रभावित करता है। जब चन्द्रमा विभिन्न राशियों व नक्षत्रों पर होता है तो उन राशियों व नक्षत्रों के गुण भी आ जाते हैं। अन्य अर्थो में यह भी कहा जा सकता है कि Moon is totally influenced by the constellation and signs in which it is posited at the birth chart. दूसरा जैसा कि आपने कहा कि चन्द्रमा के phases बदलते रहते हैं। उनसे भी प्रभावित होता है जैसें अमावस्या के चन्द्रमा का अलग प्रभाव है। Full Moon का अलग प्रभाव होता ही है। आकाश का चन्द्रमा घटता-बढ़ता रहता है तथा विभिन्न राशियों व नक्षत्रों में travel करता रहता है। प्रत्येक व्यक्ति को एक स्थिर चन्द्रमा प्राप्त होता है और उसमें बदलाव नहीं होता।

प्रश्न: *आपका इशारा शायद व्यक्ति के जन्मकालिक चन्द्रमा या नक्षत्र से है जो हर व्यक्ति के लिए एक खास प्रकार का होता है। वह उसका व्यक्तित्व व कमी को कैसे निर्धारित करता है?*

उत्तर: कुण्डली देखकर यह सारी बातें जानी जा सकती हैं कि चन्द्रमा किसी राशि में, किस अवस्था में है जाना जा सकता है और यह जान लिया

जाये तो यह पता लगाना मुश्किल नहीं है कि चन्द्रमा में कितना बल है और यह व्यक्ति को कैसे प्रभावित करेगा।

प्रश्नः *क्या चन्द्रमा हर जगह परेशान करता है या कुछ खास अवस्थाओं में कमियां create करता है और कहां चन्द्रमा एकदम कमजोर होता है और इसको ठीक करने का क्या कोई उपाय भी है?*

उत्तरः जन्म कुण्डली में जितने भी योग बनते हैं, इसमें सबसे अधिक पुख्ता व सुन्दर राजयोग चन्द्रमा के साथ बनते हैं। अच्छा चन्द्रमा कुण्डली में वह सब व्यक्ति को प्रदान करता है जिसकी मनुष्य कल्पना भी नहीं करता, ठीक इसके विपरीत कमजोर या दूषित चन्द्रमा व्यक्ति से उसका सारा सुख-चैन, आराम, धन, इज्जत, शान्ति और मानसिक स्वस्थता छीन लेता है। यूं तो चन्द्रमा बहुत जगह कमजोर हो जाता है जैसे क्रूर ग्रहों के साथ अपनी ताकत खो देता है और कुछ हद तक उनके गुण इसमें आ जाते हैं और जब चन्द्रमा नीच राशि का होता है और उसके साथ कमजोर व दूषित हो तो दुखों को और बढ़ा देता है। चन्द्रमा वृश्चिक राशि में नीच का होता है और वृष में उच्च का होता है। चन्द्रमा कर्क राशि का स्वामी होता है।

❑❑❑

4

नीच चन्द्रमा पूर्णिमा और अमावस्या में क्या फल देगा?

दिनांक: 28/07/2003 **(अशोक अग्रवाल)**

भूमिका: चन्द्रमा का प्रभाव विभिन्न राशियों पर अलग - अलग होता है चूंकि चन्द्रमा सबसे Fast moving ग्रह है और कई सारे Phases से गुजरता हुआ जिस ग्रह के साथ होता है उसका भी प्रभाव इसमें आ जाता है। वृश्चिक राशि में चन्द्रमा नीच का होता है। जब चन्द्रमा नीच का होता है तो उसके प्रभाव में कुछ और कमियां भी आ जाती है। कुछ ऐसे ग्रह भी हैं जब चन्द्रमा नीच हो जाता है तो उसकी मदद करते हैं और नये प्रकार के राजयोग बनाते हैं जिन्हें हम 'नीचभंग' राजयोग कहते हैं। आज हम इसकी बात करेंगे।

प्रश्न: *आपने एक बात बोली कि चन्द्रमा different phases से गुजरता है तो क्या प्रभाव पड़ता है। मान लीजिए चन्द्रमा नीच राशि में हो मगर एक जगह पूर्णिमा को हो या वहीं पर दूसरी तरफ अमावस्या को हो तो क्या प्रभाव होगा?*

उत्तर: और ग्रहों के ज्यादा Phases नहीं होते चूंकि चन्द्रमा का कुण्डली में विशेष महत्त्व है इसलिए चन्द्र कुण्डली भी बनाई जाती है जो स्पष्टतया चन्द्र के महत्त्व को दर्शाती है। एक वर्ष के भीतर दो point ऐसे बन सकते हैं जहां चन्द्रमा वृश्चिक राशि का होगा, एक बार पूर्णिमा होगी और एक बार अमावस्या होगी। ऐसा और ग्रहों के साथ नहीं हो सकता। जब चन्द्रमा पूर्णिमा का हो और वृश्चिक राशि में हो तो उसमें जहां नीच राशि वृश्चिक के गुण आयेंगे वहां पूर्णिमा का होने पर चन्द्रमा के अपने गुण भी संपूर्ण रूप से प्रकट होंगे। ऐसा चन्द्रमा यदि नीचभंग राजयोग में न हो तो भी कुण्डली को एक नई गति प्रदान करने में सक्षम होगा, ये कुण्डली से पता चलेगा कि ये कुण्डली को क्या दिशा देगा। Positive या negative. ऐसे चन्द्रमा वाला व्यक्ति जो भी करेगा खुद को बचाकर चलेगा और सामने वाले से लाभ उठायेगा यदि नीच भंग हो जायेगा

तो ऐसा आदमी किसी भी Field में कमाल कर सकता है। दूसरी स्थिति में जब चन्द्रमा अमावस्या का हो और नीच का होकर पीड़ित हो तो वहां व्यक्ति को दुख, पीड़ा, अवसाद आदि अधिक मिलेंगे।

प्रश्न: *पंडित जी ये तो आपने नीच चन्द्रमा की व्याख्या बहुत खूब की मगर जब चन्द्रमा अमावस्या का होकर वृश्चिक राशि में हो परन्तु तभी वहां नीचभंग राजयोग भी बन रहा हो तो चन्द्रमा क्या role play करेगा?*

उत्तर: जब चन्द्रमा अस्त है। निश्चित रूप से चन्द्रमा में वे गुण नहीं होंगे जो होने चाहिए। ज्योतिष को ग्रहों का प्रत्यक्ष विज्ञान भी कहा जा सकता है। सूर्य को प्रत्यक्ष भगवान बोलते हैं क्योंकि सूर्य दिखता है और ज्योतिष में उन ग्रहों का अध्ययन किया जाता है जो नंगी आंख से आकाश में देखे जा सकते हैं। कोई सुबह के पहर में दिखता है, कोई रात्रि में। ये अलग बात है ग्रह तभी आकाश में नहीं दिखते जब वे सूर्य के साथ हो। जब वे सूर्य के साथ होते हैं तो अस्त हो जाते हैं। शुक्र व बृहस्पति विवाह के कारक ग्रह हैं। जब भी आकाश में अस्त होते हैं उन दिनों शादियां नहीं होती जिसे साधारण भाषा में लोग तारा डूबा हुआ कहते हैं। इसका अर्थ ये हुआ कि आकाश में जो ग्रह दिख रहा है वो अपना पूर्ण असर दे रहा है और वो असर शुभ है इसलिए ज्योतिष को ग्रहों का प्रत्यक्ष विज्ञान भी कहते हैं। जब चन्द्रमा अस्त होता है तो उसमें उसके नैसर्गिक गुणों की कमीं होती है लेकिन जब उसका नीचभंग हो जाये तो उस में कुछ हद तक अच्छे गुण आ जाते हैं। मगर वो पूरी तरह से मददगार नहीं हो पाते।

प्रश्न: *पंडित जी जरा ये बतायें कि चन्द्रमा जब नीच राशि में होता है तो उसके शुक्ल पक्ष और कृष्ण पक्ष में होने से भी क्या स्थितियों में अन्तर आता है?*

उत्तर: निसंदेह आता है। जब चन्द्रमा कृष्ण पक्ष का होगा खासकर अष्टमी के बाद का चन्द्रमा होगा तो ऐसा चन्द्रमा स्वयं में कमजोर होगा और नीच होने से और कमजोर हो जायेगा। यदि उनका नीचभंग भी होगा तो पूरे राजयोग के परिणाम नहीं मिलेंगे। यदि चन्द्रमा शुक्ल पक्ष का हो जितना अष्टमी के बाद का होगा उतना ज्यादा अच्छा होगा।

प्रश्न: *पंडित जी, आपने बड़ी सटीक बात की है। मेरे एक client हैं जिनका चन्द्रमा कृष्ण पक्ष की अष्टमी के बाद का है उनके जीवन में पैदा होते वक्त सब सुख सुविधाएं थी जो धीरे-धीरे खत्म होती चली गयी परन्तु उनके बेटे का शुक्ल पक्ष का अष्टमी का चन्द्रमा है। उसके जन्म से वहीं सुख सुविधाएं लौटनी शुरू हो गयी। अकेला चन्द्रमा भी इतना जीवन में परिवर्तन लाता है?*

उत्तर: चन्द्रमा जितना Fast moving planet है उतना ही sansational भी। चन्द्रमा अपनी strength के अनुसार या तो कुण्डली को हमेशा के लिए

मजबूत कर देता है या हमेशा के लिए कमजोर कर देता है। आपने जो देखा अपने मित्र की कुण्डली में ऐसा अलग - अलग रूप में ही हर जगह देखने को मिल जाता है।

प्रश्न: *नीचभंग राजयोग कैसे होता है? कौन - कौन से ग्रहों से चन्द्रमा का नीच भंग होता है?*

उत्तर: चन्द्रमा का नीचभंग विशेषकर मंगल और गुरु के द्वारा होता है। चन्द्रमा नीच का हो, मंगल भी नीच का हो तब भी नीच भंग हो जाता है। मंगल उच्च का हो या स्वराशि का हो तब भी नीचभंग हो जाता है। गुरु उच्च का हो या अपनी राशि का हो या वृश्चिक राशि में ही हो तब भी नीच भंग राजयोग निर्मित हो जाता है।

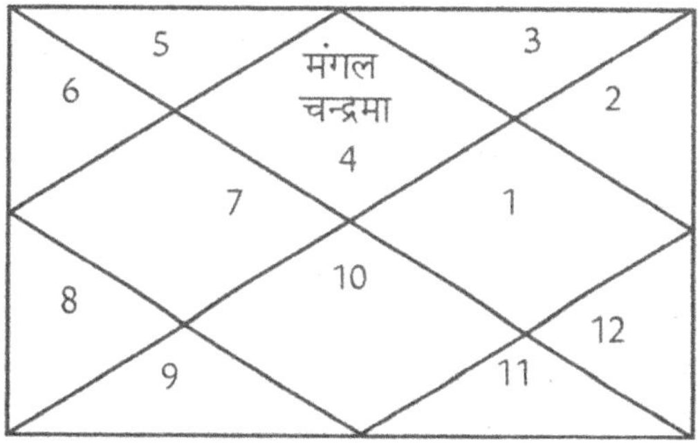

चन्द से मंगल का नीच भंग

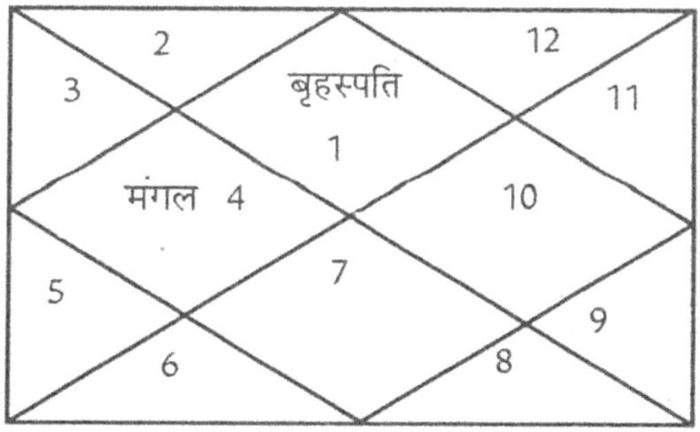

बृहस्पति से मंगल का नीच भंग

प्रश्न: *नीच का चन्द्रमा होने पर आदमी के व्यक्तित्व में क्या कमियां आती है? जब नीचभंग हो जाता है तब क्या-क्या गुण आते हैं? बताइये?*

उत्तर: चन्द्रमा जब नीच का होता है तो व्यक्ति अपने intellect का इस्तेमाल अपने लाभ के लिए और manupulation के लिए करता है। उसके लिए झूठ और सच में कोई फर्क नहीं रह जाता वो झूठ बोलते - बोलते इतना पक जाता है कि पहले क्या बोला भूल जाता है। फंसने पर ऐसा आदमी काफी आडम्बर करता है और गीदड़ भभकी भी देता है। जब कोई रास्ता न चले तो हाथ जोड़ने को भी राजी है जैसे ही खराब स्थिति से निकला उसे तुरन्त भूल जायेगा। उससे सबक नहीं लेगा लेकिन जब नीचभंग राजयोग होगा कुण्डली में तब वो अधिक संवेदनशील होगा और अपने में परिवर्तन लाने का विचार करेगा।

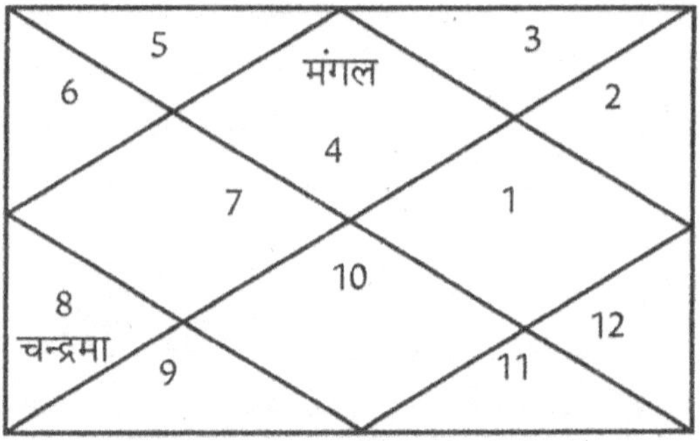

चन्द्र - मंगल दोनों का नीच भंग

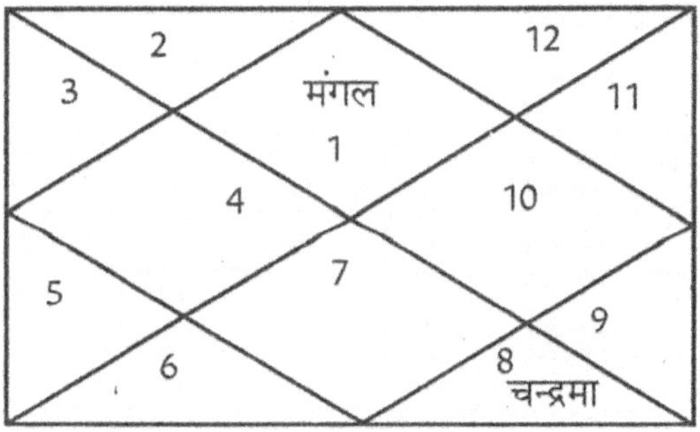

चन्द्रमा का सशक्त मंगल से नीच भंग

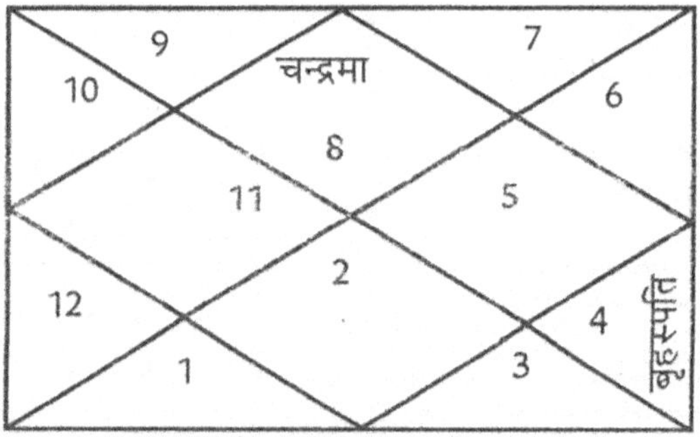

चन्द्मा का बृहस्पति से नीच भंग

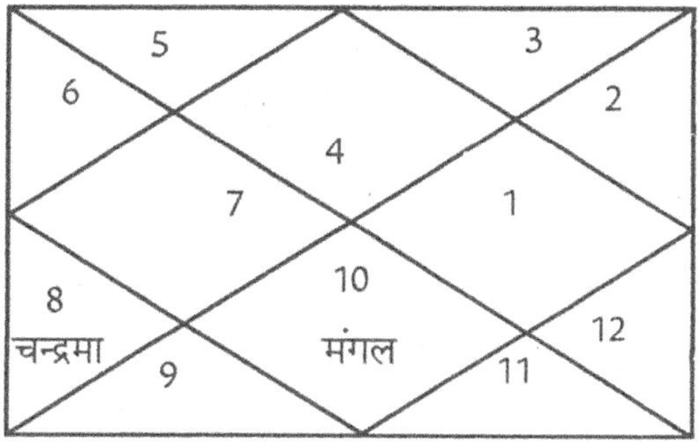

चन्द्रमा का उच्च मंगल से नीच भंग

प्रश्न: *नीचभंग राजयोग होने पर चन्द्रमा promote हो गया। क्या ऐसा व्यक्ति जहां दुनिया की सुख सुविधाएं पायेगा, क्या खुद को भी समझ पायेगा?*

उत्तर: Worldly level पर चन्द्रमा निसंदेह वो सारी techniques सारे गुरु मंत्र व्यक्ति को सिखा देगा और वो दुनिया में आगे बढ़ता चला जायेगा। आध्यात्मिक स्तर पर वो ज्यादा नहीं समझ पायेगा परन्तु धार्मिक होने का नाटक पूरा करेगा। ऐसा व्यक्ति सारे ritual करता है। व्रत, उपवास करता है और धर्म के नाम पर बढ़ चढ़कर बोलेगा और उसका स्वांग इतना जबरदस्त होगा कि सामने वाला तो क्या खुद भी समझ नहीं पायेगा। बीच-बीच में उसकी आस्था टूट जायेगी। फिर वो किसी को कोई नहीं मानेगा। मगर धीरे-धीरे उसकी आस्था लौट आयेगी, पूरी जिन्दगी ऐसे ही चलेगा।

❑❑❑

5

मंगल का नीच भंग

दिनांक: 11/08/2003 **(अशोक अग्रवाल)**

भूमिका: पिछले दिनों से हम बात कर रहे हैं नीच के ग्रहों की, सूर्य की बात की, चन्द्र की बात की और मंगल की बात शुरू की थी लेकिन थोड़ा सा gap आ गया था। अब हम इसको continue करते हैं। मंगल को लेकर काफी संकट रहता है लोगों के मन में। यदि जिस आदमी को ज्योतिष में रुचि ना भी हो तो भी दो चीजों से वाकिफ जरूर रहता है - पहला मंगल और दूसरा शनि। शनि को लेकर साढ़े साती की बात होती है और मंगल को लेकर बात होती है कि विवाह में यदि मंगली कुण्डली है तो विवाह में क्या होगा? बड़ा संकट रहता है और मंगली कुण्डली का कितना हौवा है ये हम अखबारों से पता कर सकते हैं। मंगली का अलग से कॉलम आता है चाहे वो अंग्रेजी, हिन्दी तमिल, पंजाबी या किसी भी भाषा का अखबार हो वहां पर अलग से एक मंगली का कॉलम होता है। मंगली से ऐसा माना जाता है, मान लीजिए कोई मंगली लड़की है या लड़का है। तो यह शादी चलेगी या नहीं, पता नहीं क्या हो जायेगा? तो नाम मंगल और लग रहा है पूरा अमंगल। सारा मामला अमंगल से ही जुड़ा हुआ है। क्योंकि यदि विवाह किया जहां से जीवन की शुरुआत होती है वहां ही संकट है तो फिर मुश्किल की बात है तो मंगली क्या होता है तो एक तो मंगली हौवा है हमारा विषय है। जो हम बात कर रहे हैं बहुत दिनों से नीच के ग्रहों की यदि नीच का ग्रह हो, मंगल हो वो ही अपने आप में बहुत बड़ी बात है, हौवा है और यदि वो नीच का मंगल हो तो और भी हौवा है। मंगल और नीच का मंगल क्या- क्या करता है? क्या वाकई ये हौवा है? आज हम बात करेंगे और हमारे साथ है अशोक अग्रवाल। ये हमसे प्रश्न करेंगे और और हम इनके प्रश्नों के उत्तर देंगे।

प्रश्न: *पंडित जी आपने ठीक कहा कि मंगल से लोगों को generally अमंगल का ही अभास रहता है वो पता नहीं क्या कर देगा और क्या नहीं।*

क्या व्यवहारिक रूप में मंगलीक लोगों की कुण्डली होती है क्या खतरनाक साबित हो सकती है?

उत्तर: मंगल से जो अमंगल का संबंध है ऐसा नहीं है। मंगल का मतलब मंगल ही है, शुभ ही है तो मंगल जो संबंध बनता है वो बनता है शुभता का। मंगल ही विवाह का कारक ग्रह है। विवाह के दो ग्रह कारक है - एक मंगल और दूसरा शुक्र। स्त्रियों के लिए शुक्र और पुरुषों के लिए मंगल। या vice-versa इसको कैसे भी कह सकते हैं लेकिन मंगल और शुक्र का संबंध है। मंगल वो है जिसके पास force है, energy है इसको toner कह सकते हैं और शुक्र के पास attraction है, beauty है, receiver है। और उनका बड़ा भारी संबंध है इसलिए कभी- कभी ऐसी पुस्तकें भी देखने को मिलती है जैसे Man from Mars and Woman from Venus. किताबों के विषय की बड़ी बिक्री रहती है, चर्चा रहती है, लेकिन वो एक अलग मुद्दा है। मंगल का जो मूलत: अर्थ होता है वो ये कि मंगल करने से है, विवाह करने से है, beginning of any thing. हमारी राशि का जो विन्यास है वो मेष है, मेष beginning है, तो मंगल का संबंध beginning से और विवाह में भी beginning है। A new beginning of new life. तो मंगल के पास एक force है, मंगल के पास एक energy है जो बदलाव लाने में सक्षम है। मंगल के पास इतना force है कि वो एक बदलाव ला सकता है, वो एक paradigm shift कर सकता है। इसलिए मंगल से बड़ा भारी संबंध रहता है।

***प्रश्न:** पंडित जी जैसे आजकल आप नीच ग्रहों की बात कर रहे हैं। मैं यह पूछता हूं कि जब ये नीच होकर मंगली योग बनाये, मंगली योग तो बन ही रहा है - लग्न, चार, सात, आठ और बारह भावों में, अगर वहां यह नीच राशि का हो तो क्या इसके दोष में वृद्धि हो जाती है?*

उत्तर: सबसे पहले हम एक बात समझ ले कि मंगल क्या करता है? उसके बाद नीच की बात करेंगे। मंगल ये करता है कि मंगल बदलाव लाता है। मंगल के पास force है, energy है, बदलाव लाता है और विवाह में बदलाव की शुरुआत होती है, नये जीवन में प्रवेश करते हैं, सारे विवाह से संबंधित हैं। मंगल जब लग्न में होता है, बारहवें होता हैं, चौथे होता है, सातवें होता है और आठवें होता है जन्मकालिक कुण्डली से या जन्मकालिक लग्न से ऐसा कह दें या जन्मकालिक चन्द्रमा से या जन्मकालिक शुक्र से तो व्यक्ति मंगली हो जाता है और यदि इस पूरी गणना की जाये तो 82.5 प्रतिशत लोग मंगली होते हैं। लेकिन मंगली होना एक अलग बात है और दोष होना एक अलग बात है। मंगल दोष हर जगह नहीं होता। मंगल दोष वहां कह सकते हैं इधर शादी हुई

उधर टूट गयी, इधर शादी हुई किसी की death हो गयी। ऐसा अक्सर नहीं होता लेकिन इसके बाद भी मंगल को लेकर बड़ा भय व्याप्त रहता है कि लड़की मंगली है, लड़का मंगली नहीं है इसको कैसे भी कह सकते हैं। मंगल एक factor है शादी के लिए। यह initiate करता है मगर बाकी factor अच्छे हों तो ऐसा नहीं है क्यों मंगल उच्च का है तो भी आदमी घबराता है, मंगल अपनी राशि का है तो भी आदमी घबराता है। इस तरह मंगल से ऐसा कोई घबराने की जरूरत नहीं।

प्रश्न: *पंडित जी, हम नीच मंगल की तो बात कर ही रहे हैं। जब यह कर्क राशि में हो और चौथे, आठवें या बारहवें बैठकर मंगलिक भी हो जाता है। तो तब क्या इसके दोष में ज्यादा वृद्धि हो जाती है? मैं एक बार फिर बोलता हूं मान लीजिए किसी का लग्न मेष है और चौथे भाव में कर्क का मंगल है तो यहां नीच का मंगल भी है और मंगली योग भी बना रहा है। तो यहां क्या स्थिति पैदा करेगा?*

उत्तर: देखिए पहली बात तो यह कि आपको लग्न का जिक्र नहीं करना चाहिए था, ऐसे बहुत सारे लोग होंगे जिनकी कुण्डलियों में मंगल Aries में होगा क्योंकि मंगल एक राशि में 45 दिन रहता है और मंगल एक डेढ़ साल में और प्रत्येक डेढ़ साल में कर्क में आयेगा ही आयेगा और जब भी वो कर्क में आयेगा तो जितने भी लोग पैदा होंगे तो उनको यह मंगल मिलेगा, व्यक्ति मंगली होगा तो बहुत अधिक लोग मंगली होते हैं, ये भी एक कारण है। पहली बात तो लग्नेश होकर चौथे घर में, नीच राशि में वहां कमजोर है, इसमें कोई शक नहीं, लेकिन अब हमको देखना पड़ेगा कि इस मंगल की स्थिति क्या है? मान लीजिए उसको कहीं चन्द्रमा से बल है, गुरु से बल है या नवांश में जाकर वो उच्च का हो गया या अपनी राशि में चला गया। ऐसी कोई स्थिति आ जाये तो जो मंगल से हमको भय दिखाता है चौथी राशि में होने से, नीच होने से निर्मूल भय है, उस भय का ज्यादा महत्त्व नहीं है। ऐसे कई व्यक्तियों को मैं जानता हूं, ऐसी कई कुण्डलियां है जिनमें मंगल नीच का है। ना तो विवाह टूटा और न ही विवाह में कोई विघ्न पड़ा बल्कि विवाह के बाद उन्नति ही हुई। अगर वहां पर शुक्र भी मदद करता हो तो भी बात बन जाती।

प्रश्न: *पंडित जी मान लीजिए कर्क लग्न की कुण्डली हो और लग्न में ही मंगल हो तो यहां कौन सी स्थिति बनेगी? यहां कुंडली में मंगल भी है और नीच का भी।*

उत्तर: जब भी कोई ग्रह नीच का होता है तो उसमें एक नैसर्गिक कमी होती है वरना कोई मतलब नहीं रह जाता उच्च के ग्रहों का और नीच के ग्रहों का।

फिर उच्च के ग्रह की तारीफ करने को कोई मतलब नहीं रह जाता क्योंकि जितने भी शास्त्र हैं वो उच्च के ग्रह की गाथा गाते हैं। उच्च का ग्रह ये होता है, वो होता है, उसके विरोध में ऐसा होता है। एक बात मैं कहना चाहता हूं कि उच्च के ग्रह होते हैं ऐसी कई कुण्डलियां आपने देखी होंगी या देखने में आती हैं जिसके उच्च के ग्रह हैं और आदमी कह रहा है कि साहब मेरा तो काम नहीं चलता। वैवाहिक जीवन खराब है, मुझको बच्चों से परेशानी है, कई तरह की परेशानियां बोलता है और कई बार हम ऐसा भी सुनते हैं कि कलियुग में उच्च के ग्रह काम नहीं करते, नीच के ग्रह काम करते हैं, but I do not agree with this nonsense. मैं इससे बिल्कुल सहमत नहीं हूं कि कलियुग है और सतयुग नहीं है। तो ग्रह जब काम करते हैं तो कलियुग हो तो काम करते हैं और सतयुग हो तब भी वैसे ही काम करते हैं। जब सतयुग की हम बात करते हैं तो वहां पर भी सब उल्टा-पुल्टा होता है। वहां सब कुछ होता है। ऐसा नहीं कह सकते कि उच्च का ग्रह है तो उच्च का करने वाला है। क्योंकि उच्च का ग्रह होते हुए उसका उच्च भंग हो जाता है। जब उच्च के ग्रह का उच्च भंग हो जाता है तो जो उच्च के ग्रह से, exalted planet से वो उम्मीद हमें नहीं दिखती क्योंकि ग्रह तो उच्च का है लेकिन मामला वहीं का वहीं है। उच्च के ग्रह में हमको देखना पड़ेगा कि जो उच्च का ग्रह है क्या वो अपनी पूरी strength बरकार रखे हुए है only then उच्च का ग्रह है। क्योंकि ये मंगल कर्क लग्न में दिखता तो नीच का है लेकिन नीच का मंगल अगर unafflicted है या अकेला है और उसका नीच भंग नहीं होता तब वह विवाह में problem दे सकता है और देगा ही तो वहां दो विवाह भी हो जाते हैं। दो विवाह में कह सकते हैं divorce हो जाये या death हो जाये। ऐसी चीजे भी देखने को आती हैं, ये भी एक होता है। जब यहां पर मंगल नीच का होता है तो उसका नीचभंग बड़ा जल्दी होता है। कर्क में जहां पर मंगल नीच होता है वहां पर उसको जो राशि मिलती है चन्द्रमा की राशि मिलती है। चन्द्र का मंगल मित्र है। मूलत: चन्द्र मंगल का मित्र है वहां पर जरा से में ही नीचभंग हो जाता है। थोड़ी ही support मिल जाये निश्चित ही उसका नीचभंग हो जाता है। मान लीजिए राहु आ जाये, शनि आ जाये, कहीं केतु आदि भी आ जाये तो स्थितियां खराब हो जाती हैं।

प्रश्न: *तो पंडित जी अभी कर्क लग्न में मंगल की बात हो रही थी। अब मैं नीच भंग पर आता हूं। जब कर्क लग्न में मंगल आ जाये तो व्यक्ति मंगली होगा आपने बता दिया। कर्क लग्न में बैठकर क्या ये नीच राशि में हो गया तथा विवाह के अलग क्या फल देगा?*

उत्तर: कर्क लग्न में नीच का जो मंगल है निश्चित तौर पर उसके confidence में कहीं न कहीं बदलाव लायेगा। इसका प्रभाव दो तरह से होता है। या तो व्यक्ति over confident हो जाये हर चीज को बोले कि I can do it. फिर ठोकर खाये और मालूम पड़े कि he cannot do it. दूसरे स्थिति ये है कि आदमी को लगे कि I am incapable. तीसरी एक और स्थिति है कि वो काम तो बड़ी जोर से शुरू करे और थोड़ी दूर जाकर वो बीच में ही छोड़ दे। इस तरह के प्रभाव देखने में आते हैं।

प्रश्न: *पंडित जी मैंने आपसे अभी दो सवाल पूछे थे कर्क लग्न से संबंधित। कर्क लग्न में मंगल यदि नीच हो मंगली योग विवाह में विघ्न पैदा करता है। उसके व्यक्तित्व में बदलाव लाता है। कर्क लग्न में मंगल योग कारक ग्रह है क्योंकि ये पांचवे व दशवें भाव का स्वामी है। केन्द्र व त्रिकोण का मालिक होकर जब यह नीच राशि में बैठा तो इसका इन दोनों भावों पर क्या प्रभाव पड़ेगा?*

उत्तर: बड़ा वाजिब प्रश्न है क्योंकि यह कर्क लग्न के लिए योग कारक ग्रह है, significator है। तो योग कारक का मतलब यह हुआ कि यह नीच का होकर भी यह अच्छे result देने की ताकत रखता है। और मान लीजिए उसका कहीं से नीच भंग नहीं होता, नवांश में भी यहां भी वहां भी तो भी मंगल की पूरी दशा बेकार नहीं हो सकती। उसमें से कई अन्तर ऐसे होंगे जो जीवन में निश्चित तौर पर बदलाव लायेंगे और मदद करेंगे इसमें कोई दो राय नहीं और लग्न में बैठकर ऐसा भी नहीं है कि मंगल जीवन को बिल्कुल खराब कर देगा। उसमें एक नैसर्गिक Quality है मैं अभी बोल रहा था कि ग्रह में inbuilt है। क्योंकि ग्रह नीच का होकर भी पूरी तरह खराब नहीं होता, उसमें भी कुछ न कुछ plus points होते हैं जो उनकी दशाओं में, अंतर्दशाओं में reflect होते हैं और कुण्डली में भी होते हैं। जब हम इसको बोलते हैं कि ये significator या योगकारक है इसका मतलब यह हुआ कि जरा से बल से उसमें positivity आ जायेगी। ऐसा लग्न हो जहां मंगल नीच का हो और वहां उसका नीच भंग होते हुए भी उतना अच्छा न करें लेकिन यहां पर वह बुरा नहीं करेगा। यदि उसे जरा सा भी बल मिल जायेगा नवांश में मिल जाये, गुरु से मिल जाये, चन्द्र से मिल जाये, शुक्र से मिल जाये that will improve its quality autimatically.

प्रश्न: *पंडित जी मैं एक प्रश्न और पूछता हूं। मैं आपसे सिंह लग्न का प्रश्न पूछता हूं। सिंह लग्न में बारहवें भाव में कर्क राशि आती है यदि वहां मंगल बैठा हो तो एक तो मंगल नीच का हो गया और दूसरा मंगलिक भी हो गये।*

यहां जरा बताइये कि नीच व मंगलिक जो सिंह लग्न की कुण्डली में है उसका कया प्रभाव होगा?

उत्तर: सिंह लग्न में बारहवें घर में यदि मंगल हो तो मंगली तो निश्चित तौर पर हो गया व्यक्ति और मंगल नीच भी हो गया। यह स्थिति थोड़ी negative है ऐसा निश्चित तौर पर है। बारहवां जो घर है, यदि बारहवें घर को देखना हो तो हम देखते हैं आदमी का subconsicous mind. अगर जो ये आदमी का subconscious है जो उसके दिमाग में चलता रहता है। सतत आदमी को तंग करता रहता है या आदमी को inspire करता रहता है। यहां inspire न करके सतत कुछ न कुछ, something keeps on happening inside his mind. यदि कोई घटना आपके दिमाग का या आपके memory box को अधिक लंबे समय तक तंग करे, activate करे तो वह reflect करना शुरू हो जाता है आपके व्यवहार में, आपके physical level पर तो उस तरह से थोड़ा सा negative करता है but again सिंह लग्न होने से यहां पर वह significator है। कर्क लग्न में भी significator है और यहां भी significator है। योगकारक होने से बुरा करने की क्षमता होने के बावजूद उतना बुरा नहीं करता क्योंकि मित्र के घर में है, लग्नेश का मित्र है। इसलिए बारहवें भाव में नीच का मंगल इतना खराब नहीं होता और यदि उसे थोड़ा सा बल मिल जाये तो खराब नहीं होता। एक बात और समझनी पड़ेगी जब मंगल नीच का है तो उसकी जो दृष्टि है वो उच्च की है। उसकी जो सातवीं दृष्टि है वो उच्च की है। जिस-जिस घर को देखता है उनको promote करता है। मंगल इसके अलावा चौथा, आठवां भी देखता है, जहां-जहां देखता है उसको promote करता है।

प्रश्न: *पंडित जी अब आगे चलते हैं। धनु लग्न है और आठवें घर में कर्क का मंगल है। मंगल नीच का है और मंगली योग भी create कर रहा है। उसके लग्न के लिए, जातक के लिए, उसकी शादी के लिए किस प्रकार के फल देगा?*

उत्तर: It is very strange कि मंगली के लिए, विवाह के लिए वो बारहवां हो सकता है, चौथा हो सकता है, अष्टम हो सकता है। धनु लग्न का चौथा घर है Aries होता है। तो मंगल Aries का राशिपति हो जाता है। स्वराशि का होने से मंगल उतना घातक नहीं रह जाता क्योंकि स्वराशिस्थ होने के कारण उसका उतना negative attitude नहीं हो सकता। सिंह लग्न के लिए जब वो बारहवां होता है again बारहवें को बुरा मानते हैं। जैसा कहा कि बारहवां घर subconscious का है, sexual pleasure का है उसको भी उतना खराब नही करता

क्योंकि वह सिंह राशि में सूर्य का मित्र हो जाता है वही सूत्र Sagittarius यानि धनु पर भी लगेगा क्योंकि वो गुरु का भी मित्र है। तीनो जगह एक जैसा ही रहेगा एक जगह चन्द्र का मित्र है, एक जगह सूर्य का मित्र है और एक जगह गुरु का मित्र है। नैसर्गिक रूप में वह उतना बुरा नहीं कर पाता जितना वो कर सकता था। क्योंकि वो जो लग्नेश है उसका मित्र है उसको जो थोड़ी ताकत मिल जाये उसकी जो बुराई है automatically कम हो जाती है। मान लीजिए कोई 10 हजार कुण्डलियों में से एक ऐसी जगह हो जहां पर aspect अलग आ रहे हों और शनि भी provoke कर रहा हो, राहु provoke कर रहा तो फिर definitely मुश्किल आयेगी ही आयेगी। जीवन में सुख हो ऐसा नहीं है लेकिन दुख रहे ऐसा भी नहीं है। लेकिन definitely वो अलग स्थिति है लेकिन by and large हौव्वा है उसकी वजह से, ऐसा नहीं होता।

प्रश्न: *पंडित जी ये बताइये कि मकर लग्न की कुण्डली है वहां सातवें घर में कर्क राशि आ गयी। वहां मंगल बैठा है, वहां नीच भी है मंगली योग भी है। तो यहां पर विवाह के लिए और जातक के लिए क्या करेंगे। क्योंकि लग्न मकर राशि का है उस पर सातवीं दृष्टि है। सातवें घर में मंगल नीच है। दोनों स्थितियों में ये किस प्रकार व्यवहार करेगा?*

उत्तर: हम अभी तक बात कर रहे थे Aries की, Leo की और Sagittarius की, ये तीनों मंगल की supportive राशियां हैं उनसे इसको बल मिलता है। इन तीनों राशियों में मंगल इतना घातक नहीं है जितना मकर के लिए हो सकता है। इसका मतलब यह नहीं कि हो गया मैं कह रहा हूं कि हो सकता है। क्योंकि मकर राशि शनि की राशि है मंगल का इस राशि से ज्यादा लेना देना नहीं है, affinity नहीं है, दोस्ती नहीं है और उसको वहां पर uneasiness है। अगर यहां पर और provoke करने वाले element होंगे तो marriage के लिए problem है। Marriage problem से ऐसा नहीं समझ लेना चाहिए कि marriage आज हुई और कल टूट जायेगी या marriage आज हुई तो कल किसी की death हो जायेगी। ऐसा नहीं है marriage में as it is बहुत problem होती हैं, marriage चलती भी रहती है। टूट जाये तो आदमी को लगता है कि अच्छा हो गया और न टूटे तो जैसा ज्यादा मुश्किल। इस तरह का संकट चलता रहता है। ऐसा कह सकते हैं।

प्रश्न: *पंडित जी क्या शादी का निर्धारण करने में मुख्य भूमिका मंगल की होती है? क्या आप ऐसा मानते हैं?*

उत्तर: मैं ऐसा बिल्कुल नहीं मानता। शादी के 50 factor हैं मान लीजिए

उनमें से एक factor है। हमने क्या किया कि गुण मिला लिए, जितने मिल गये उतने बहुत हैं और मंगल देख लिया। मंगल देख लिया तो बात खत्म, लेकिन ऐसा नहीं हैं। उसके बहुत सारे अलग factor हैं उसके बाद बोला जाये और शादी की बात की जाये और फिर शादी हो तो उसमें कोई असुविधा नहीं आती। अकेला मंगल factor नहीं है। लेकिन मंगल की हमारी चर्चा चलती रहेगी और मंगल के दूसरे जो आयाम हैं उनकी हम बात करेंगे कि नीच का मंगल क्या करता है? नीचभंग कैसे होता है?

❑❑❑

6

क्या मंगल का 100 प्रतिशत नीच भंग होता है?

दिनांक - 19/08/2003 **(संगीता जी)**

भूमिका: पिछले दिनों हमने बात की थी शनि की, शनि की different, different situation की, शनि की साढ़े साती की, तब शनि ने कहीं भी व्यवधान नहीं डाला था जो हम कर रहे थे बहुत सुचारू रूप से चल रहा था। लेकिन जब से नीच ग्रहों की बात शुरू की है तब से कुछ न कुछ, कहीं न कहीं ऐसा व्यवधान होता कि बात सिरे नहीं चढ़ती। हमारा प्रयास है कि ये आज के बाद एक सुचारू व्यवस्था बनी रहेगी। हम बात कर रहे थे मंगल की और मंगल की बात को आगे बढ़ाते हैं। मंगल नीच का हो तो क्या होता है? इसकी हमने कुछ-कुछ बात की और आज हम इसको पूरा कवर करेंगे। तो सारी बातें हो जायेंगी। जब ग्रह नीच का होता है तो कुण्डली में किसी न किसी तरह का संकट अवश्य देता है। Depend करता है किस घर में है और मंगल का संबंध विवाह से भी है इसकी हम बात पहले कर चुके है। इसकी बात हम अभी नहीं करेंगे। हम उसके दूसरे रूप की बात करेंगे। जब मंगल कुण्डली में नीच का हो तो अच्छी स्थिति नहीं है। इसको आप भी जान गये अभी तक और ऐसा ही शास्त्र भी बोलते हैं। जब मंगल का नीचभंग हो जाये तो फिर मंगल में जो बुराइयां दिखती हैं वे बुराइयां नहीं रहती। ये बात जो मंगल के लिए सत्य है अन्य ग्रहों के लिए भी सत्य है। यदि ग्रह नीच का हो और उसका नीचभंग हो जाये तो उसको बोलते हैं 'नीचभंग राजयोग'। नीच भंग हो गया यानि गंगा स्नान हो गया या ऐसा बोले कि आदमी ने पाप किये और गंगा में नहाया और शुद्ध हो गया, सारी अपवित्रता खत्म हो गयी। तो मंगल का जब नीचभंग होता है तो यह कितना अच्छा हो जाता है? इस पर बात करेंगे।

प्रश्न: *आपने बोला कि जब ग्रह का नीचभंग हो जाता है तो वह 'राजयोग' में परिणित हो जाता है। नीच ग्रह कितना घातक हो सकता है और राजयोग होने के बाद उसमें क्या परिवर्तन आते हैं?*

उत्तर: ऐसा मानकर चलें कि जैसे कुण्डली में कोई ग्रह नीच है। जैसे मंगल की बात करते हैं। मंगल कुण्डली में नीच है, मंगल लग्न में नीच है या चतुर्थ में नीच है या भाग्य स्थान या किसी भी राशि में हो सकता है या बारहवें स्थान में नीच है। जहां भी उसकी नीच राशि हो, उसकी नीच राशि कर्क है, सब जानते हैं। तो वो नीच राशि अच्छी नहीं है। नीच राशि का मतलब यह है कि व्यवधान, मुश्किलातें, दिक्कतें और परेशानियां। तो ये सारा आदमी के जीवन में repeat होता रहेगा किसी न किसी रूप में। मंगल का पहला अर्थ यह हुआ और जब मंगल का नीचभंग हो गया तो इसका मतलब यह हुआ कि मंगल में जो भी कमियां थी, जो अवगुण थे, जो उसमें असुविधाएं, हानि थी उस मंगल की position थी वो उसी अनुपात में घट गयी, न केवल घट गयी बल्कि उसका नीच भंग हो गया, मतलब जो उसकी नीचता थी, नीचता से मतलब negative वो जो करता वो भंग हो गया और वो राजयोग में परिणित हो गया इसका शब्द भी है 'नीचभंग राजयोग'। नीचभंग हुआ, असुविधाएं खत्म हुई, व्यवधान खत्म हुए, कठिनाइयां खत्म हुई और राजयोग यानि सहज हो गया तो मंगल ऐसा हो गया जैसे किसी कुण्डली में और कोई मंगल योगकारक है या राजयोग बना रहा है उसी स्थिति में यह मंगल भी आ गया नीच का होने के बाद भी जब वो नीचभंग राजयोग में involved है तब।

प्रश्न: *मंगल का नीच भंग किन अवस्थाओं में होता है और कौन-कौन से ग्रह नीचभंग के लिए जिम्मेदार होते हैं और यदि एक बार नीचभंग हो जाये तो क्या वह ग्रह अपने नीच गुणों का त्याग देता है?*

उत्तर: नीचभंग जो होते हैं, नीचभंग का जो principle है बड़ा common है। Principle यह है कि एक quality के जो ग्रह होते हैं उन्हीं के group का कोई ग्रह होना चाहिए। जैसे हम मंगल की बात करें तो मंगल नीच का है कर्क में, तो कर्क राशि का स्वामी है चन्द्रमा और यदि चन्द्रमा कहीं कुण्डली में बल दे रहा है या चन्द्रमा साथ में हो, अपनी राशि का हो गया मान लीजिए मंगल व चन्द्रमा साथ में हो तो मंगल-चन्द्रमा की युति भी हो गयी और मंगल का नीचभंग भी हो गया। पहली स्थिति ये हुई। दूसरी स्थिति ये हुई मान लीजिए मंगल कर्क में है और चन्द्रमा मेष में है तब भी वो cancel हो गया और मान लीजिए चन्द्रमा, सप्तम् में है, मकर में है, तो वो उसको देख रहा है हालांकि चन्द्रमा की स्थिति बहुत अच्छी नहीं है· वो भी एक स्थिति है तो इस तरह की स्थितियों में नीचभंग होता है मंगल का, चन्द्रमा के द्वारा। दूसरा है गुरु, बृहस्पति

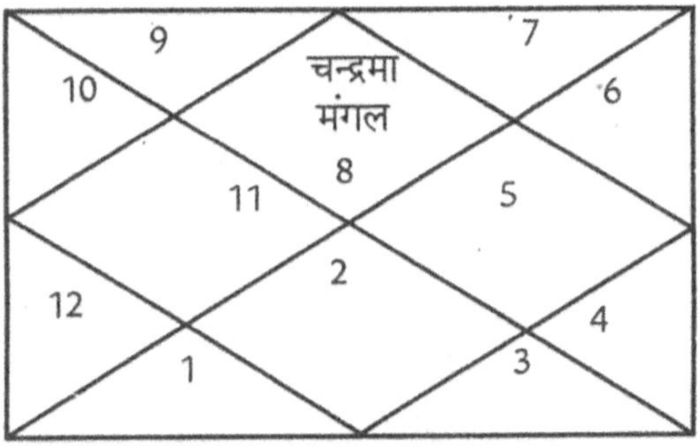

मंगल द्वारा चन्द्र का नीच भंग

अगर अच्छा हो, मंगल के साथ बृहस्पति हो तो नीचभंग हो जाता है और या बृहस्पति खुद भी नीच का हो मकर में और कर्क में मंगल नीच का हो, दोनों आमने-सामने हो तो दोनों का ही नीचभंग हो जाता है। बृहस्पति का भी नीचभंग हुआ और मंगल का भी। और नवांश में मान लीजिए मूल कुण्डली में तो मंगल नीच का है और नवांश कुण्डली में उच्च का हो गया या improve हो गया तो उससे भी उसका नीचभंग हो गया। तो नीचभंग के कई सारे सूत्र हैं और कोई भी सूत्र लग जाये तो मंगल के जो नैसर्गिक गुण आये वे स्वत: ही समाप्त हो जाते हैं।

***प्रश्न:** जब मंगल का चंद्रमा से नीचभंग होता है तो चन्द्रमा मंगल की किन अच्छाइयों को उजागर करता है और मंगल के जो नीच वाले गुण है वह किस रूप में प्रकट होते हें या नहीं?*

उत्तर: मंगल की जो नीच राशि आती है वो चन्द्रमा की स्वराशि होती है। कर्क राशि में मंगल नीच का होता है और यह जो राशि है इसका स्वामी चन्द्रमा है। तो मंगल जब इस राशि में नीच का होता है तो चन्द्रमा उसको बल दे देता है और काफी हद तक बल दे देता है। मान लीजिए चन्द्रमा कर्क में है और मंगल भी कर्क में हो तो उसका नीचभंग हो गया और दूसरी स्थिति ये हो गयी मान लो चन्द्रमा मेष में है और मंगल कर्क में है तो exchange of houses भी हो गया और नीचभंग भी हो गया। Double स्थिति हो गयी। क्योंकि चन्द्रमा कर्क का स्वामी होकर मेष में आ गया और मंगल मेष का स्वामी होकर कर्क में आ गया। इन दोनों में नीचभंग राजयोग भी हो गया। तो ये दोनों स्थितियां अच्छी हो गयी। ऐसी किसी भी स्थिति में जब नीचभंग होता है चन्द्रमा के द्वारा मंगल का, तो मंगल के जो negative नैसर्गिक गुण है वो बहुत हद तक खत्म हो जाते हैं। फिर मंगल उस तरह का घातक नहीं रहता, जिस तरह का रहता है।

***प्रश्न:** जब मंगल का नीचभंग गुरु (बृहस्पति) के कारण होता है तो क्या मंगल एकदम से पुण्य आत्मा बन जाता है और मंगल के सारे दोष खत्म हो जाते*

हैं या उसमें कुछ दोष अवशेष रहते हैं?

उत्तर: जब भी किसी ग्रह का नीचभंग होता है, हम बात कर रहे हैं खासतौर से मंगल की तो निश्चित तौर पर उसमें जो अवगुण है, उसमें जो negative points है वो बहुत हद तक खत्म हो जाते हैं। पूरी तरह खत्म नहीं होते लेकिन उसका 70 से 80 प्रतिशत तक उसका नीचत्व खत्म हो जाता है। आप पुण्य आत्मा बोले, शब्द की बात है लेकिन पुण्य आत्मा न भी बोले। सारे दोष तो कहना असंभव है लेकिन मैं ऐसा कह सकता हूं कि 70-80 प्रतिशत तक निश्चित तौर पर खत्म हो जाते हैं। वो जो मंगल घातक हो सकता था, मुश्किलातें पैदा कर सकता था, दुख दे सकता था वो नहीं देता।

***प्रश्न:** जब नवांश कुण्डली में मंगल का नीचभंग हो रहा हो तब मंगल का नीचभंग कितना घट जाता है और कितना लाभदायक हो जाता है?*

उत्तर: देखिये जो शास्त्र बोलता है और जो हमारा अनुभव है शास्त्र बोलता है नीचभंग राजयोग। सीधी-सीधी बात बोलता है। इसका मतलब यह हुआ कि जहां भी debiliation का cancellation हुआ तो उसके जो debiliated गुण है वो खत्म हो गये। चाहे वो चन्द्र कुण्डली से संबंध रखते हों, चाहे वो चन्द्रमा के कारण होते हों, चाहे वो गुरु के कारण होते हों या नवांश के कारण होते हों। नवांश में भी तब होता है मान लीजिए मंगल यहां नीच का है और नवांश में मेष में चला गया या वृश्चिक में चला गया या उच्च का हो गया तो वहां एक ऐसी स्थिति है जहां उसके जो नीचत्व के गुण हैं drastically घट जाते हैं और फिर वो मंगल वैसा मंगल नहीं रह जाता जैसा मंगल हमको देखने को मिलता है मूल कुण्डली में।

***प्रश्न:** क्या नीच ग्रह यानि यहां मंगल को लेते हैं तो कुण्डली में मंगल की स्थिति घातक होती है या मंगल की दशा आती है तब वह ज्यादा खराब होता है?*

उत्तर: देखिये पहली बात तो ये कि अगर मान लीजिए कि ग्रह नीच का है। ऐसा example लेते हैं कर्क लग्न की कुण्डली है वहां पर मंगल नीच का है उसका नीचभंग नहीं होता, मान लीजिए किसी भी कारण से। जहां नीचभंग नहीं होता तो ये जो कर्क का मंगल है दो तरह के result देगा। जो उसके नीच गुण हैं वो व्यक्ति में किसी न किसी रूप में देखने को मिलेंगे। नीच गुणों में क्या है - व्यवधान, परेशानियां, दु:ख या उसकी प्रवृत्ति, स्वभाव, anger, frustration का होना या शादी में problem होना तो इस तरह की जो स्थितियां हैं वो वहां पर देखने को मिलेंगी और एक मान लीजिए ऊपर से दशा आ गयी

तो ऐसा बोल सकते हैं कि negativity के लिए करेला नीम पर चढ़ा जैसा हो गया। उल्टा हो गया इसका मतलब, अच्छा नहीं हुआ। तो फिर दशा में उसका असर definitely intensify करेगा। क्योंकि दशा में ग्रह का पूर्ण प्रभुत्व बना रहता है। बाकि तो वो कुण्डली में होता ही है। उसके जो गुण है वो ऐसा कह सकते हैं कि बड़े स्थूल किस्म के होते हैं, macro होते हैं। लेकिन micro तब होते हैं, intensify तब होते हैं जब उनकी दशा आती है। दशा आयेगी तो definitely उसके जो गुण है वो बढ़ेंगे। और इसके विपरीत मान लीजिए कि मंगल का नीचभंग हो गया है तो जितनी भी negative qualities बोली मैंने वो सारी घटी हुई मालूम पड़ेंगी, वो नहीं होंगी वहां पर और जब उसकी दशा आयेगी तो वो अच्छी हो जायेगी। It will become much more better.

प्रश्न: *ऐसी कई कुण्डलियां हो सकती है कि मंगल की दशा आये ही नहीं, तब मंगल का क्या प्रभाव होता है?*

उत्तर: आपका मतलब है कि कुण्डली में मंगल नीच का तो है लेकिन उसकी दशा ही नहीं आयी। बिल्कुल ठीक बात है। ऐसी कई कुण्डलियां है, ऐसी कई स्थितियां हैं जो कि अगर मान लीजिए बच्चा पैदा हुआ राहु की दशा में तो 100 साल की उम्र तक मंगल दशा में नहीं आयेगा। तो ऐसी कई स्थितियां है और आदमी की जो average उम्र है वह इतनी है भी नहीं। ऐसी कई कुण्डलियां हैं कि मंगल की महादशा कभी आयेगी ही नहीं। जैसे जीवन में कभी न आये। मान लीजिए मंगल नीच का है और उसका नीचभंग नहीं हुआ और ऐसे मंगल की दशा नहीं आती तो ये आदमी के लिए शुभ हो गया। उसने नीच में बैठकर जो करना था वो तो कर दिया लेकिन दशा के आने पर जो intensify होता दशा से या जो और results घनीभूत होते या जो और results घातक होते, खराब होते, उसकी संभावना खत्म हो गयी। ये तो लाभ हुआ और एक नुकसान भी हुआ मान लीजिए नीचभंग राजयोग में है और उसकी दशा आ जाती है मान लीजिए लड़के या लड़की की कुण्डली में 20 साल में, 30 साल में या 40 साल में तो वो फिर वारे-न्यारे कर देती है तो उससे वंचित भी रह गया आदमी। दोनों तरह की स्थितियां हुई। मान लीजिए मंगल योग में है, उसकी दशा नहीं आयी तो वंचित हुआ उसके गुणों से और योग में नहीं है और उसकी दशा न आये then I think that could be better of anybody.

प्रश्न: *तो भाम्बी साहब आपने यहां पर हमें दो स्थितियां बतायी। पहले तो मंगल का नीचभंग करने वाले ग्रह अपनी अच्छी या उच्च राशि में हो और दूसरा*

मंगल का नीचभंग करने वाला ग्रह स्वयं भी नीच हो तो आप दोनों में से किस का ज्यादा नीच मानेंगे?

उत्तर: देखिये, जो ग्रह नीचभंग कर रहा वो ग्रह अगर खुद अच्छी स्थिति में है तो ये एक अच्छी स्थिति है। उसमें जो नीचभंग होगा better quality का होगा। मान लीजिए चन्द्रमा भी नीच का है, मंगल भी नीच का है तो नीचभंग तो होगा लेकिन उसकी quality उतनी improve नहीं करेगी। लेकिन definitely नीचभंग होगा और राजयोग में परिणित हो जायेगा और यही स्थिति गुरु के साथ होगी। अब हमको लगता है कि यदि कुण्डली में मंगल नीच हो और उसका नीचभंग हो जाये, चाहे वो किसी भी तरीके से हो जाये, चाहे वो अच्छे ग्रह से हो, चाहे वो ग्रह खुद debiliation में हो या नवांश के द्वारा हो रहा हो, किसी भी तरह से हो रहा हो तो वहां पर राजयोग निश्चित तौर पर परिणित हो जाता है।

❑❑❑

7

बुध का चातुर्य

दिनांक: 20/08/2003 **(श्री अशोक अग्रवाल)**

भूमिका: पिछले अध्यायों में हम बात कर रहे थे नीच के ग्रहों की। अभी हम बात कर चुके हैं - सूर्य की, चन्द्र की और मंगल की। आज एक नये ग्रह की बात कर रहे हैं उसका नाम है बुध, Mercury. कुण्डली में तीन चीजों की बड़ी अहमियत होती है एक होती है लग्न कुण्डली जिससे आदमी का शरीर तय होता है और दूसरी है चन्द्र कुण्डली जिससे आदमी का मन, विचार तय होता है और तीसरा जो है, हालांकि सूर्य कुण्डली भी होती है हम उसकी बात नहीं कर रहे हैं इस समय और तीसरी जो कुण्डली है उसका बड़ा महत्त्व है वो है बुध की उपस्थिति कुण्डली में। चन्द्रमा जहां मन की बात करता है या thought की बात करता है, thought process की बात करता है वहीं पर बुध जो है बुद्धि की, intelligence की, intellect की या logic and reasoning की बात करता है। मन कोई भी विचार आदमी को दे देता है। ऐसा करो, वैसा करो या ऐसा करना चाहिए, मन ऐसा बोलता है आदमी को कि आप अरबपति हो सकते हैं लेकिन बुध बोलेगा कि आप अरबपति तो हो सकते हो लेकिन अरबपति होने के लिए क्या आपकी तैयारी उचित है कि नहीं? यदि तैयारी उचित है तो हो सकता हैं क्योंकि दुनिया में लोग अरबपति हो जाते हैं खाकपति से चलकर। और दूसरी स्थिति यह है कि मन बोले की आप तो लखपति भी नहीं हो सकते और बुद्धि आपको अरबपति बना दे या एक ऐसी स्थिति create कर दे। यह एक बुध की natural सी अवस्था है। लेकिन इसके बाद हम देखते हैं कि ना ही तो आदमी अरबपति होता है, आम आदमी की बात करते हैं। ना ही आदमी intellectual होता है, ना ही आदमी कोई बहुत बड़ी उपलब्धि प्राप्त करता है। बड़ा सहज सा, साधारण सा जीवन हम सबका होता है और हमारा जो मन है वो कई तरह के विचार करता है और जो बुद्धि है, बुद्धि का कार्य होता है हमको झंझटों से

निकालना लेकिन देखने में यह आता है कि आदमी बुद्धि के चक्कर में फंसा हुआ है और बुद्धि अपने ही logic, अपनी ही reasoning, अपना ही तर्क, अपना ही कुतर्क, अपना ही वितर्क, उसमें हम फंसे हुए हैं और कैसे आदमी, आदमी की बात तो करना ही करना है और कैसे मानवता के ऊपर बुध का असर होता है, फिर व्यक्तिगत क्या असर होता है इसकी हम बात करेंगे। हमारा ऐसा मानना है कि बुध फंसाता ज्यादा है निकालता कम है।

प्रश्न: पंडित जी, आपने अभी बोला कि बुध intelligence यानि बुद्धि या विवेक का ग्रह है। तो यहां पर से कहीं पर तो बहुत कम लोगों की सहायता करता प्रतीत होता है जबकि वहीं पर ये अधिकतर लोगों को फंसाता है, ये जरा विस्तार से समझायें?

उत्तर: देखिये, अगर हम बुध की बात करें तो पिछले 2000 साल में इस दुनिया में जितना तर्क हुआ, जितना logic हुआ और जितना reasoning हुआ, ये सारा पिछले 2000 साल से है और 2000 साल से ही आदमी की जितनी समस्याएं बढ़ी हैं, आदमी की जितनी परेशानी बढ़ी हैं, इससे पहले आदमी की समस्याएं नहीं थी। 2000 साल से ही आदमी ने जितना तर्क किया, logic और reasoning किया और उससे विकास भी किया, दोनों चीजें बड़ी paradoxical हैं। एक जगह उसका विकास है और एक जगह उसका झंझट है। तो जितना भी इस दुनिया का विकास है 2000 साल का है primarily और 2000 साल से जो आदमी का तनाव है, आदमी को जो झंझट है, आदमी की मुश्किलातें बढ़ी हैं तो उसके पीछे यदि कोई कारण है तो वो है आदमी का मन। वो मन जो logic करता है, reasoning करता है, वो मन जो हर तरह से आदमी को फंसाता है। 2000 साल से पूरी मानवता को उसकी बुद्धि में फंसाया हुआ है।

प्रश्न: पंडित जी आपने बहुत अच्छा बोला कि पिछले 2000 वर्षों में कैसे बुध से विकास हुआ। मगर मेरे मन में ये आता है कि इन पिछले 2000 सालों में बुध के विकास ने सिर्फ तनाव ही पैदा किया है जो विश्व भर में किसी न किसी रूप में व्याप्त है।

उत्तर: अगर हम ऐसा बोले कि पिछली जो age थी वो Pisces की age थी। उसका जो स्वामी होता है वो होता है गुरु, और गुरु का जो opposite planet होता है वह है बुध। Pisces का opposite है Virgo और उसका स्वामी है बुध। Pisces की age, emotion की age थी और age तर्क की भी। वहां आदमी emotionally surcharged था और emotionally कुछ करना चाहता था और वहां बुद्धि लगाता था। उसका जो orientation था वो emotional था और उसकी जो बुद्धि थी बड़ी कुटिलता से पूर्ण थी। इसलिए

किसी की संपत्ति हड़प कर लेना, किसी का राज्य हड़प कर लेना, किसी का कैसे advantage लेना, जोड़-तोड़ का पूरा किस्सा 2000 साल का है।

प्रश्न: *पंडित जी जैसा आपने कहा, एक तरह से सिद्ध भी कर दिया कि ये जो बुध है दोनों तरफ चल रहा है। विकास भी कर रहा है तनाव भी कर रहा है, तनाव ज्यादा कर रहा है। जहां पर तनाव हो जाते हैं वो आपका तर्क ही है। जैसे कि ये तार्किक जबाव है, logical reply है। जहां logic बढ़ा है वहां science की भी तरक्की हुई है, science भी अपने को logical कहती है। जहां नहीं भी है logical वो वहां भी अपने आप को logical मानकर चलती है। जहां logic होता है वहां श्रद्धा और विश्वास कम हो जाते हैं क्या आप भी ऐसा मानते हैं?*

उत्तर: देखिये जब भी तर्क होगा। तर्क का मतलब क्या है कि तर्क की कसौटी पर सिद्ध करो सारी बात। आप तर्क को सिद्ध करके बताइये और हमको सिद्ध करना है। और जब किसी को भी सिद्ध करना है तो वो अपने पक्ष में साक्ष्य इकट्ठे करना शुरू कर देता है, अपने favour में शुरू कर देता है। जब वो अपने favour में शुरू करेगा तर्क, तो व्यक्तिगत स्तर पर इसका अलग प्रभाव पड़ेगा और सामाजिक स्तर पर इसका अलग प्रभाव पड़ेगा। जब आदमी तार्किक हो जायेगा, logical हो जायेगा तब वैज्ञानिक हो जायेगा simple सी बात है। क्योंकि अब वो देखेगा कि ये फेन कैसे बनता है, कैसे फेन बनाया जा सकता है, plane कैसे उड़ता है, जहाज कैसे आता है या space में कैसे जाना है, उसको तार्किक होना होगा या planet कैसे move करते हैं तो वहां उसको logical होना पड़ेगा। जब वो logical हो जायेगा तो उसको social level पर या इस तरह के लाभ होना शुरू हो जायेंगे। तो वहां पर विकास हो सकता है, जब विकास करेगा, जब वो तार्किक हो जायेगा तो वहां पर वह सिद्ध करेगा तो वहां पर वह H_2O बनायेगा। हाइड्रोजन के दो atom और आक्सीजन का एक atom मिला देगा और उसमें बिजली कौंधा देगा तो पानी बना देगा तो इसका एक सूत्र हो गया फिर establish हो जायेगा फिर धर्म से पूछेगा कि आप बताइये आप कैसे परमात्मा हैं? सिद्ध करो? इसलिए पिछले दो-तीन सौ सालों में धर्म का जितना loss हुआ तो ज्योतिष का भी loss हुआ। वो मानेगा नहीं, आस्था का मतलब बैठता नहीं, विश्वास का मतलब कुछ बैठता नहीं। वो कहता है सिद्ध करिये आप, वो कहता है परमात्मा होता है तो दिखा दीजिये आप। आप दिखाने के लिए आप भी उसी की technique adopt करेंगे। और आप भी तर्क-वितर्क करेंगे और धर्म भी यही कर रहा है। फिर तर्क इकट्ठे

होना शुरू हो जाते हैं। तो परमात्मा इस-इस तरह से, ऐसा-ऐसा होता है तो होता है, ऐसा-ऐसा होता है तो होता है। ऐसा-ऐसा नहीं होता तो नहीं होता। तो आदमी ने क्या किया ये बुध की देन है, उसने उसे तार्किक बना दिया। सिद्ध करके बतायेंगे, you have to prove it, विज्ञान को तो हम सिद्ध करके बता देते हैं। विज्ञान बोलता है तो हम prove कर देते हैं हमारे पास में तक है। आप बोलते हो जीवन कैसे बनता है बताओ, अब बोलोगे कि आत्मा कैसे बनती है हमको दिखाओ। हालांकि आप विज्ञान को पूछो कि मन कहां होता है दिखाओ, यहां होता है या वहां होता है। वो नहीं दिखाया जा सकता, उसकी बात नहीं करेगा वो, अपने-अपने पक्ष के तर्क हैं। अपने साक्षी और उनको तोड़ मरोड़कर प्रस्तुत करेगा। जितने प्रस्तुत करेगा वो उसके विकास का मार्ग है तो वहां विज्ञान तो तरक्की करेगा लेकिन जब विज्ञान तरक्की करेगा तो औरों का condemn करता रहेगा, धर्म में ये नहीं होता, वो नहीं होता; योग नहीं होता तो फिर आपको उसको अलग तरह से सिद्ध करना पड़ेगा। जो आपके पहले के मापदंड है, आस्था, श्रद्धा, विश्वास का कोई मतलब बैठता नहीं, you have to prove once again, तो ये ही हो रहा है।

प्रश्न: *पंडित जी, जैसा कि आपने अभी बताया कि बुध ने तार्किक बनाकर रख दिया है, बुध ने जो विकास किया है 2000 साल में, ये तर्क का विकास है। जैसे हजारों साल पहले किसी ने आप से कुछ कहा तो आप मान लेते थे लेकिन अब आप मानने को तैयार नहीं हैं तो क्या बुध सिर्फ विज्ञान को ही फ़ायदा पहुंचाया है या इसके और क्षेत्र में भी लाभ हैं?*

उत्तर: बुध ने बड़े काम किये हैं। जानकारी, एक जानकारी दूसरी जगह पर चली जाना। जितनी भी जानकारी है टेलीविजन की जानकारी, रेडियो की जानकारी, एक जगह से दूसरी जगह जाने की जानकारी, mobile system, जो भी आप देख रहे हैं communication जिस भी तरह का हो, आकाश का हो, जमीन का हो, surface to surface हो, आकाश से हो, पानी के अन्दर हो, ये सारा बुध की देन है, ये बुध से connected है। बुध ने आपको एक जगह से दूसरी जगह जोड़ दिया और बुध ने आपको inform कर दिया, आपको information पूरी दे दी। जब आपने information पूरी ले ली तो आप information लेकर आप अपने आप को बड़े सशक्त और बड़े संतुष्ट महसूस करते हैं। मान लीजिए कोई नया मोबाइल खरीदता है बात की बात है तो वो समझता है कि उसको बड़ी power मिल गयी लेकिन मोबाइल का जो फायदा हो रहा है ये जो information जहां पहुंच रही है वहां फायदा बहुत कम हो रहा है, वो फायदा वहां हो रहा है जहां से आ रही है, जो मोबाइल कम्पनी बना

रही है। जो विचार दे रहा है, जिसका विचार travel कर रहा हैं, अगर आप विचार के source है तो आपकी उन्नति कई करोड़ो गुणा हो जाती है। अंबानी का example ले सकते हैं, बिल गेटस का example ले सकते हैं। किसी का भी examples ले सकते हैं, अगर आप सिर्फ user हैं तो आप सिर्फ मोबाइल इस्तेमाल करके रिलायंस का, you can feel proud of you. लेकिन बात कुछ ज्यादा बनीं नहीं तो उसने क्या किया बुध ने जो concentrate किया energy को चाहे वो business की हो, चाहे वैसी हो एक जगह से दूसरी जगह फैला दिया, उसकी शाखाएं निकाल दी, इधर से, उधर से और आप एक मोबाइल लेकर समझते हो कि बड़े powerful हो गये, आप दुनिया से contact कर सकते हो लेकिन उसका जो लाभ है वो नहीं हो रहा। आप यहां receiver हो गये हैं, being a receiver is nothing, receiver होने के भी बड़े फायदे हैं लेकिन source जो है वो है जब तक आप source नहीं है, creator नहीं है तब तक बुध का आपको पूरा फायदा नहीं मिलेगा। आप receiver होकर you can feel proud of you of it, that is a different meaning altogether लेकिन उसका जो real advantage है उस आदमी को है। जैसे कोई ज्ञानी है ज्ञानी अपना बोल रहा है उसका उसको advantage है। धार्मिक है अपना बोल रहा है जो भी है कोई actor है तो actor का अपना source है तो आप फिल्म देख सकते हैं। you can feel very happy, that is it.

प्रश्न: *आपने बुध की बुराइयों का विश्लेषण तो इतना सटीक किया परन्तु बतायें ये तो हुआ इसका negative पहलू, इसका positive पहलू भी तो कोई होगा, वो क्या है, बतायें?*

उत्तर: बुध का भी ठीक से लाभ लेना है तो संस्था या संगठन बनाकर रहना होगा। विचार पैदा तो एक व्यक्ति से होगा लेकिन उस पर पूर्ण रूप से वाद-विवाद रहेगा ही। जब वाद-विवाद की कसौटी पर विचार सटीक बैठेगा तो बाकी सब उस विचार को अमल करने में लग जायेंगे। सारे संगठन, कम्पनियां या MNC यही करते हैं और अपना घटिया माल भी हम सबको बेचते रहते हैं। यदि व्यक्ति भी संगठित हो जायेंगे तो विचार का विरोध सामूहिक रूप से कर पायेंगे। अकेला चना भाड़ नहीं फोड़ता है यह गांव की कहावत है। वैसे भी कहते हैं – Idea can change the world.

प्रश्न: *ये तो हुई बुध की सामूहिक रूप से यानि कि ग्रुप बनाकर सहायता करना, परन्तु क्या व्यक्ति विशेष को भी बुध लाभ देता है?*

उत्तर: हां ग्रुप की मदद करेगा। ग्रुप की मदद करेगा, individual की मदद नहीं करेगा, individual को तैयार होना पड़ेगा। तैयार होगा तो मदद करेगा

वरना नहीं करेगा। This is how it goes. सीधी बात यूं है 'संघे शक्ति करियते।' संघे शक्ति है उसको वो शक्ति देता है। एक और बुध का रूप देखिये। जितने भी हमारे कोर्ट है, इस दुनिया के जितने भी कोर्ट हैं, न्यायालय है, न्यायालय में क्या होता है कि अपराध जहां होता है, अपराध, उनके आंकड़े नहीं है मेरे पास लेकिन मैं बोलूं तो 50 प्रतिशत अपराध unplanned होता है। एक ने गाली दी दूसरे ने चाकू मार दिया। Planned कम होता है कि बिल्कुल cold blooded आपने किसी का murder किया। ऐसा भी हो रहा है लेकिन अधिकतर जो अपराध हो रहा है वो unplanned हो रहा है। अब कोर्ट बोलता है कि उसको re-inact करो। दोबारा बताओ कि क्या हुआ था, murder कैसे हुआ था। जब आप re-inact करते हैं तो आपका अपना साक्ष्य है, अपना logic है, अपना तर्क है, जो हुआ था वो तो हुआ ही नहीं था। इसलिए न्याय अधूरा है। इस दुनिया में न्याय पूरा नहीं होता और ना ही होने का कोई तरीका, क्योंकि हुआ कहीं और था आप re-inact कर रहे हो कहीं ओर, जो हुआ उससे कोई संबंध नहीं है। आप अपनी-अपनी बुद्धि से कर रहे हो। Now you are well prepared, जब अपराध हुआ था तब unplanned था, वहां action था यह replay है। Action, replay में बड़ा अंतर है। हो सकता है replay बड़ा सूक्ष्म दिखता हो लेकिन दोनों मे जमीन आसमान का फर्क है। इसलिए न्याय होने के बाद भी लगता है कि अन्याय हो गया। दुनिया भर में यही हो रहा है, बात यहां-वहां की नहीं है और judgment के बाद भी, Supreme court के judgment के बाद भी कहीं का भी हो इस देश का हो, कहीं का भी, फिर भी आदमी को लगता है कि judgment जो है पूरा ठीक से नहीं हुआ। उसके पक्ष में नहीं हुआ। इसका कारण ये भी है।

प्रश्न: *पंडित जी, आपने बुध की मक्कारी का खूब वर्णन किया कि ईमानदारी से मक्कारी ज्यादा है। परन्तु प्रकृति का जो low of nature का नियम है इसे पूरा करने में बुध का क्या रोल होता है?*

उत्तर: जब भी logic होगा तो reasoning होगी। जब भी आप logic देंगे किसी बात का तो आप अपने पक्ष की बात करेंगे, मेरी बात नहीं करेंगे। मैं करूंगा तो मैं अपनी बात करूंगा, आपकी नहीं करूंगा और जब भी हम logic की बात करेंगें, reasoning की बांत करेंगे क्योंकि उससे हमारा लाभ जुड़ा हुआ है। उससे हमारा लाभ जुड़ा हुआ है, बात चाहे हम कुछ भी करें। उससे ये हो सकता है कि लाभ हमारे ग्रुप को हो रहा हों इसलिए राष्ट्र बने, राष्ट्रों के प्रान्त बने, वो सब अपना-अपना है। एक ग्रुप बन गया, UN बन जायेगा, इधर वे अलग हो जायेंगे, communism अलग हो जायेंगे। दूसरे अलग हो जायेंगे।

फिर वो पैसे वाले अलग हो जायेंगे, non पैसे वाले अलग हो जायेंगे। तो ये ग्रुप बनते रहेंगे तो ये बुध का communication है। जहां पर भी ज्ञान का प्रदर्शन हो रहा है, knowledge का प्रदर्शन हो रहा है, knowledge का प्रदर्शन तभी होगा जब उसके ऊपर तर्क होगा, कुतर्क होगा, वितर्क होगा वरना जरूरत नहीं है। अगर आप knowledgeable हैं बैठे हैं चुपचाप इतना ही बहुत है। ऐसा नहीं होता, उसका प्रदर्शन करना पड़ता है, उसका प्रदर्शन करना पड़ेगा, उसका logic करना पड़ेगा, उसकी reasoning करनी पड़ेगी कि मैं क्यों आपसे बेहतर हूं। ये पार्टी दूसरी पार्टी से क्यों अच्छी है, ये नेता दूसरे नेता से क्यों अच्छा है, ये ग्रुप दूसरे ग्रुप से क्यों अच्छा है। डालडा फलाने से क्यों अच्छा है, whatever, you have to prove it. ये आइसक्रीम फलाने से क्यों अच्छी है। तो वो जितना communication है, जब तक आप ऐसा नहीं बोलेंगे तो आपका माल कोई खरीदेगा नहीं, आपका माल बिकेगा नहीं, तो आपकी उसमें रूचि नहीं होगी तो आपको अपने लिए साक्षी इकट्ठे करने पड़ेंगे। अपने तर्क इकटठे करने पड़ेंगे, उन तर्को को आप जितना विस्तार से कह पाओगे, जितना convincing आपकी power होगी उतना आप करोगे लेकिन ultimately कहीं न कहीं आप इसको छुपायेंगे।

प्रश्न: *पंडित जी, बुध का जैसे आपने विश्लेषण किया, जैसे आपने कहा कि पिछले 2000 सालों से बुध का ही विकास हो रहा है। जो देखने में आ रहा है आज तक, 2000 साल पहले की जो स्थिति थी वो honesty से cunningness का सफर है। यह cunningness ज्यादा है, honesty कम है। तो यहां पर जो प्रकृति का नियम है, law of balance है उसको balance करने में बुध विकसित कर रहा है या balance करने के लिए विकासशील हैं?*

उत्तर: विकास चल रहा है। विकास के क्रम पर तो हम चलते रहेंगे। विकसित तो कुछ होता ही नहीं। विकसित हो जायेगा तो सब कुछ खत्म हो जायेगा। विकसित हो जाता है तो खत्म हो जाता है। जब फूल विकसित हो जाता है तो खत्म हो जाता है। विकसित होने के बाद बात खत्म हो जाती है। अभी बात तो खत्म हुई नहीं। We are in the process. हम उस process में हम निश्चित तौर पर चल रहे हैं। वो हमारा process चलता रहेगा। यहां balance ये होगा you have to become source yourself. आप information receive करने वाले नहीं हो सकते। अगर आप information receive करने वाले हैं तो बात नहीं बनेगी। तो आप क्या करेंगे, तो संग्रह शक्ति जो आपने बोला कलपुर्जो की जगह आपको खुद शक्तिशाली होना पड़ेगा। you have to be knowledge on to yourself. आपको वो होना पड़ेगा। उसकी

मुश्किल एक ओर है मुश्किल क्या आती है मैं विकास के क्रम में नीचे हूं आप मेरे से आगे हैं। मैं यहां से चलकर वहां तक आता हूं, आप भी तो विकास की तरफ चल रहे हैं। आप कहीं ओर पहुंच गये, मैं कहीं और पहुंच गया तो balance कहीं ठीक से होगा नहीं। लेकिन इससे ही growth होगी। जो growth का पूरा process है उसके लिए इसकी अति आवश्यकता है। जहां-जहां बुध चलेगा वहां उन्नति होगी, नये-नये सूत्र निकलेंगे। नयी-नयी ruling निकलेंगी, जैसे कोर्ट में होता है, नयी ruling निकलेंगी। नयी चीजें आती हैं, नयी-नयी खोजें होती है। scince में खोजें होती रहती हैं तो जितनी ये खोजे होती रहेंगी इसलिए होती रहेंगी कि आपको नये तरीके से सिद्ध करना है, नये तरीके से आपको साक्ष्य इकट्ठे करने है, अपने पक्ष की बात कहनी है, अपने पक्ष की बात इतने solid तरीके से रखेंगे तो दूसरा तभी आपको वोट देगा या आपके पक्ष में हो जायेगा कि ठीक है ऐसा नहीं करेंगे तो आप हार जायेंगे।

प्रश्न: *तो क्या बुध हर एक आदमी को अपना स्रोत स्वयं बनने की प्रेरणा देता है? और अगर सभी अपना स्रोत आप बन जायेंगे तो बुध का क्या होगा?*

उत्तर: बुध की एक सोची समझी approach है कि सबको source नहीं बनने देगा। सबको वोट पावर देगा। आपके पास पावर है आप यहां बैठकर पूरी दुनिया से बात कर सकते हो। लेकिन controller दूसरा है। ये टेलीविजन दिखाया जायेगा, आप देखोगे आपको पसन्द हो या पसन्द न हो आपकी choice नहीं है कोई। हालांकि आपकी सारी choices है, आपके पास remote है, जो चाहे देखो लेकिन जो दिखा रहा है वो ही देखोगे। हो सकता है 50 channel हों लेकिन जो दिखा रहा है वो ही देखोगे ना। अपनी मर्जी से थोड़े ही देखोगे। अगर cassette खरीदकर लाओगे तो फिर आपकी pocket भी गरम होनी चाहिए, ये बड़ी मुश्किल है। इस तरह से बुध का एक रूप है। इस दुनिया में बुध इस तरह से करता है 2000 साल से। तर्क और logic पर दुनिया चलती है और इस दुनिया विकास भी हो रहा है। व्यक्तिगत विकास भी हुआ है लेकिन हमारा ऐसा मानना है कि यदि खुद आदमी source बनेगा तब ही उसकी मुक्ति होगी लेकिन source सामने वाला अपने हाथ में रख लेता है और ये बुध का चातुर्य है, ऐसा हमको लगता है।

❑❑❑

8

मानसिक रोगों में बुध की भूमिका!

दिनांक: 25/08/2003 **(अशोक अग्रवाल)**

भूमिका: पिछली बार हम बात कर रहे थे बुध ग्रह की और बुध के नीचत्व की बात करना है हमको। बुध की बात करते - करते हमने बोला था कि बुध ने क्या दिया है इस दुनिया को। इस पर हमारी काफी विस्तार से बात हुई थी। आप लोगों ने प्रश्न भी पूछे थे। आज हम बात करना चाह रहे हैं कि. बुध व्यकितगत स्तर पर आदमी के साथ क्या करता है। बुध का संबंध बुद्धि से है, intelligence से है और intellect से है, ऐसा बोलें तो ज्यादा बेहतर रहेगा और परमोच्च बुद्धि जो है उससे है और बुद्धि सबसे मुसीबत वाली चीज है। बुद्धि न हो तो झंझट और ज्यादा बुद्धि हो तो झंझट। क्योंकि बुद्धि न हो तो आदमी को पता नहीं इस दुनिया में कैसे जियेगा वो। क्योंकि ignorance can be bliss at one time. बुद्धि हो और उस बुद्धि में कोई दुषिता आ जाये तो संकट और जो बुद्धिमान हैं उनको दुषिता अवश्य आ जाती है। इसलिए बड़े-बड़े. वैज्ञानिक, बड़े-बड़े philosopher, कहीं न कहीं ऐसा लोग बोलते हैं कुछ हिले हुए होते हैं। न्यूटन के बारे में एक बात बोलते हैं कि उनकी एक बिल्ली थी और बिल्ली ने बच्चा दिया तो उन्होंने कारपेन्टर को बुलाया और बोला कि २ गेट बना दो एक बड़ा और एक छोटा क्योंकि बच्चा भी निकलेगा, आप समझ सकते हैं। तो बुद्धि के अपने-अपने संकट हैं, तो ऐसे बुद्धि का संकट पैदा होता है बुध से। बुध का दूसरा संबंध कॉमर्स से भी है और जीवन के कई आयामों से है। बुध कैसे operate करता है? आज इसकी बात करेंगे।

प्रश्न: *भाम्बी साहब, बुध के पास एक intellect भी है, बुद्धि भी है, कम-ज्यादा हो सकती है। मान लीजिए कोई बुध संचालित व्यक्ति है तो सबसे पहले ये बताइये कि उसकी mentality क्या होगी?*

उत्तर: देखिये बुध का संबंध intellect से है और intellect की जब हम

बात करते हैं तो ऐसी प्रखरता, ऐसी प्रत्युत्पन्नमति, कि इधर आपने प्रश्न किया और उधर उत्तर हाजिर। प्रश्न खत्म नहीं हुआ और उत्तर हाजिर और उत्तर इतना सटीक कि उसके अलावा दूसरा उत्तर नहीं हो सकता। ये बुध की पराकाष्ठा है। बुध की, intelligence की और कोई भी स्थिति हो उसमें तर्क से, logic से, reasoning से एक ऐसी जगह तक पहुंच पाना जिसके बाद कहीं और जाने की जरूरत नही। मतलब ultimate answer देता है बुध। ये बुध का कार्य है। यह स्थिति बहुत सुखद मालूम पड़ती है। कुछ लोगों के पास होती भी है यह विधा। लेकिन अक्सर हम अपनी बुद्धि से परेशान है, हम अपने तर्क से, logic से, बुद्धि से परेशान है और यदि कुण्डली में बुध की स्थिति जरा सी भी negative हो तो हमारी परेशानी का कारण हमारी बुद्धि हो जाती है। और बुद्धि के कारण परेशानी हो जाये तो या तो हमको बात समझ में नहीं आती या हम अपनी बात समझा नहीं पाते तो ये सारी चीजें है। तो वहां से मान लीजिए हम अपने logic से fear में चले जायें, fear psychosis में चले जायें तो वहां से फिर निकलना मुश्किल है ताजिन्दगी के लिए। ऐसा देखा है लोगों के साथ।

प्रश्नः *पंडित जी आपने जैसे fear बोला है। Fear एक confusion की स्थिति है। जैसा आपको किसी चीज से confusion हो गया तो confusion fear भी create कर देता है तो ये जो confusion है, बुध संचालित जो व्यक्ति है उसका confusion कैसा होता है?*

उत्तर: मान लीजिए ये बात समझ में आ गयी कि ये जो स्थिति है खराब है। आदमी के दिमाग में बैठ गया कि ये व्यक्ति मेरा भला नहीं कर सकता। मान लीजिए उसने आपका एक-दो बार बुरा भी किया है। तो अब उसके बाद आदमी बदल गया, पहले खराब रहा होगा अब वो खराब नहीं है। आपका reasoning और logic इतना सशक्त है, पुख्ता है कि आप मानने को राजी नहीं हैं। अब दुनिया का कोई भी डॉक्टर आपको नहीं समझा सकता कि आप ठीक हो। आपको लगेगा कि ऐसा है, उस पर आप विश्वास करेंगे ये बुध का काम है।

प्रश्नः *यानि कि जो अनुभव आपने किया है बुध उसी पर जोर देता है। जो आपको अनुभव हो चुका है उसी के सहारे आगे की जो अपनी सोच है वे बना लेते हैं।*

उत्तर: बुध से क्या होता है कि बुध में एक rigidity है और rigidity क्यों आती है। बुध के पास में अपना logic है, reasoning है और तर्क की कसौटी पर हर चीज को कसता है। आपने इस चीज को तर्क की कसौटी पर कस लिया और मान लिया कि ये तो यही है और बुध में क्या होता है कि packaging में बुध अपना पूरा influence डालता है। अन्दर का माल आपने बदल दिया,

उसने packaging देखी और packaging देखते ही बोलेगा कि ये तो वो ही है। आप उसको लाख समझाने की कोशिश करो वह समझेगा नही और ये बहुत ही अजीबोगरीब स्थिति है, कहने में तो आसान लगता है लेकिन ऐसा जिन्दगी में नहीं होता।

प्रश्न: *पंडित जी जैसा अभी आपने confusion और fear की बात की। confusion और fear से कुछ diseases भी हो जाते हैं। अगर बुध संचालित व्यक्ति है, अगर बुध थोड़ा सा भी कुण्डली में खराब हो तो किस तरह की diseases हो सकती हैं?*

उत्तर: बुध से दो तरह की problems आती हैं। जैसे पहले आती हैं स्कीजोफ्रेनिक, इस तरह के लोग हो जाते हैं जैसे किसी बात को बार-बार repeat करना, maniac हो जाते हैं, तो ये सब। तो जितनी भी ये diseases हैं जो हमको जिन्दगी में पहले नहीं होती हैं, बचपन में नहीं होती। जब हम पैदा हुए होते हैं तो शुरू में उनके symptoms नहीं होते, बाद में प्रकट होना चालू होते हैं। ये जो disease काफी आगे बढ़ जाती हैं तो फिर ये brain में भी देखने को मिल जाती हैं। brain के cells damage हो जाते हैं। मैं इसमें ज्यादा expert नहीं हूं, I am not an expert. दूसरा जो भी genetically parents से संबंधित समस्याएं आती हैं वो भी बुध से ही आती हैं वो चाहे हमको birth से ही आ जायें। आदमी का ठीक से नहीं बोल पाना, तुतलाना, हकलाना, stammering, forgetfulness, आप भूल गये या भीड़ में जाने से आपको डर लगना, आप भीड़ में नहीं जा सकते या आपको प्रश्नों के उत्तर तो आतें, बच्चा बहुत बढ़िया है, घर में बैठकर उत्तर देता है लेकिन जब स्कूल में जाता हैं, कॉलिज में जाता हैं तो उसको उत्तर लिखने में परेशानी आती है। Suddenly आपको लगता है कि अब तो मैं फेल ही हो जाऊंगा। आप interview में हैं, आपको अन्दर से बात आती है I am going to fail today. कोई कुछ भी नहीं कह रहा, अभी interview शुरू भी नहीं हुआ। हो सकता है आप interveiw दें तो पास हो जायें लेकिन आपका इतना conviction है कि मैं फेल हो जाऊंगा।

प्रश्न: *यह तो शायद intuition हुआ?*

उत्तर: This is not intuition, this is a disease. मैं इसे नाम नहीं दे सकता, शायद negative thought वहम समझिए, वहम कह सकते हैं। I cannot give the name. मैं disease को नाम नहीं दे सकता कि इसका नाम क्या है। लेकिन ऐसा लगता है कि अब मैं उस आदमी के पास जाऊंगा, उस आदमी से मिलूंगा तो मुझे कुछ हो जायेगा। I do not how am I going to behave. मैं वहां जाऊंगा तो मेरा झगड़ा ही हो जायेगा। या मुझे और दिक्कत आ जायेगी या मैं अपनी बात को कह नहीं पाऊंगा। तो उस fear से हम संचालित होकर चलते हैं तो वहां जाकर हम गड़बड़ें भी करते हैं। ऐसा मान लीजिए कि prejudice mind हो जाता है आदमी का। बहुत ग्रहों से संचालित, पूर्वाग्रह उसके इतने सशक्त हो जाते हैं इतने solid हो जाते हैं कि वो आदमी उनसे निकल नहीं पाता वहां जाकर वह वैसे का वैसे जैसे उसने सोचा था, यंत्रवत् काम करता है, robot की तरह काम करता है। ये काम बुध का है।

प्रश्न: *बुध से जो संचालित व्यक्ति है उनका उत्थान भी होता है और पतन भी होता है, बुध की स्थिति के अनुसार। बुध से व्यक्ति का उत्थान किस क्षेत्र में होगा और पतन किस क्षेत्र में होगा?*

उत्तर: देखिये किस क्षेत्र में होगा, क्षेत्र कोई भी हो सकता है जहां पर बुद्धि लगे, लेकिन बुध का जो काम है communication है, बुध का जो काम है मिमिकरी है, संगीत भी है कुछ हद तक, finance है, commerce है, सारी चीजें हैं उसकी कोई सीमा नहीं है। जहां बुद्धि प्रयोग होती है ऐसा मान लीजिए जहां बुद्धि है वहां बुध है। नाम भी बुध है। अब बुध से क्या होता है कि मान लीजिए विचार आया, विचार हर आदमी को आते हैं, विचार तो चलता रहता है, आपको विचार आया कि मैं ऐसा-ऐसा करूं तो मैं अपनी स्थिति में आमूलचूल परिवर्तन ला सकता हूं। वो व्यापार से संबंधित हो सकता है, आप poet हैं तो poetry से संबंधित हो सकते है, संगीत से संबंधित हो सकते है। whatever line जो भी आपका क्षेत्र है, ज्योतिष हो सकते हैं, आपको लगा कि scope इस विद्या में है, मुझे इसमें लग जाना चाहिए। बुध आपको इतने profession दे देगा, इतने ideas दे देगा, इतने तरीके दे देगा निकलने के, कि आप वहां पहुंच जाओगे इसलिए लोग वहां पहुंच जाते हैं, enthusiasm भर देगा, आपको इतना vibrant बना देगा, इतना energize कर देगा कि जब तक आप कर नहीं लोगो आप शान्त नहीं बैठोगे। तो बुध आपको रास्ता दिखाता रहेगा, आपकी सारी मुश्किलों को, कंकड़ों को, झंझटों को दूर करता रहेगा और आप हर स्थिति से खुद क़ो निकालते चले आओगे। पतन दो तरह से होता है। मान लीजिए बुध खराब है तो आपको वो confidence ही नहीं आयेगा कि मैं कर सकता हूं। थोड़ी देर के लिए prolong करोगे, फिर ढह गये, फिर करोगे, फिर ढह गये। ठीक ऐसा चलेगा। एक और बुध काम करता है मान लीजिए बुध कुण्डली में afflicted है, अच्छी राशि में है afflicted है। अच्छी राशि में है तो उठा देगा, जब आप ऊपर पहुंच जाओगे तो घबरा जाओगे,

आपको लगेगा कि मैं इसको maintain कैसे करूंगा, कहीं मैं मर गया तो। कोई मेरी मशीन को उखाड़ फेंक देगा, कोई मेरी सम्पत्ति को, मेरी creativity को ले तो नहीं जायेगा जो भी आपने सम्पत्ति वगैरा एकत्रित की है। वहां से वो fear देना प्रारम्भ करेगा। जब वहां से वो fear देना शुरू करता है तो अगर वहां से कोई disease आपके व्यक्तित्व में आ जाये तो आप उसका इलाज ही कराते रहेगे, आपको मुक्ति नहीं मिलेगी। चूंकि बुध panic create करता है, jittery बनाता है आपको। मान लीजिए आपको B. P. है तो B.P. बढ़ जाया करेगा, sugar है तो sugar बढ़ जाया करेगा। अगर हार्ट को कोई problem है तो वो बढ़ जाया करेगा। बुध का संबंध आपके nervous system से है तो वो आपके nervous system को disturb कर देगा। Nervous system disturb हुआ तो you do not know what to do तो उस तरह से आप depression में चले जायेंगे। apleptic के attack हो सकते हैं। आपको लगेगा कि आप में ताकत ही नहीं है। आप कितना भी खाओ तो आपको लगेगा कि मैं उठ ही नहीं पा रहा हूं। इस तरह का आपको लगेगा। इसके अलावा एक और भी बात करता है बुध से फिर आपक़ा confidence level zero हो जायेगा और आप logic and reasoning जो लगाओगे वो अपने पतन के लिए लगाओगे। इससे मेरा कैसे-कैसे क्या हो जायेगा, ये हो जायेगा, तो fear psychosis, क्या नाम लेना चाहिए I do not know that way, लेकिन आप इतने गहरे में चले जाओगे कि you do not know how to pull yourself out of it. उससे बाहर निकलने का कोई जरिया नहीं बचता। so you go down, एक बात और है बुध का संबंध हमारी skin से है तो skin से हमारी सारी problems शुरू हो जाती है। आदमी की skin खराब होना शुरू हो जाये, एग्जीमा वगैरा और skin में यदि problem हो जाये या चेहरे में तो आपको लोगों से मिलने में, जुलने में संकोच हो जाता है। आपका चेहरा विकृत हो जाता है तो आपको लगेगा कि ये मेरे को जान जायेगा। आप अपने को छुपाना शुरू करते हैं, एक छोटा सा दाग हाथ में हो जाये तो आपका बड़ा संकट है कि कैसे कवर करके चलूं। ऐसे कई लोग हैं। या फिर एक और problem होती है कि आदमी को ऐसी आदत हो जाती है कि आदमी अपने हाथ ही धोता रहेगा या सफाई करता रहेगा या ऐसा कुछ होगा।

प्रश्न: *पंडित जी ऐसी situation में जो बुध से संचालित व्यक्ति है उसकी education कैसी होगी?*

उत्तर: देखिए जहां बुध अच्छा है वहां आदमी को पढ़ने का, लिखने का शौक

होगा। वो information gather करना चाहेगा। आप उससे बात करो तो वो हर topic पर they can talk, there are many people on this earth. बहुत सारे लोग हैं। किसी भी विषय पर बात करो आप। हैं doctor, आप बात करो engineering पर, किसी भी विषय पर उत्तर दे देगा। ये आदमी का नैसर्गिक natural flare है towards the gaining information. क्योंकि information is also a knowledge. Information से लगता है कि आदमी बड़ा well informed है, और well informed बोलते ही उसकी इज्जत बढ़ जाती है जिस आदमी को हर तरह की जानकारी होती है। बुध आपको memory बड़ी अच्छी देता है। आपका जो memory होगा, आपको ऐसी घटनाओं की जानकारी होगी, आपकी ऐसी vivid memory होगी even यहां तक कि बचपन में क्या हुआ था, पांच साल की उम्र में, दस साल में क्या हुआ था, लंदन में क्या हुआ था, अमेरिका में क्या हुआ था, whatever जो भी आपके लिए घटना है आप ऐसे बता दोगे कि देखने वाला चमत्कृत हो जायेगा। क्या है ये? तो ये बुध positive है। अब मान लीजिए बुध negative है तो आपको मौके पर बात याद नहीं आयेगी। पहले याद आयेगी या बाद में याद आयेगी। You do not know what to do. मौके पर बात याद नहीं आयेगी तो वो आपकी education में भी घातक हो जायेगी। ऐसे कई बच्चे जो बिल्कुल फिट हैं जब वो पढ़ते हैं, वो जब exam देते हैं, बोलते हैं तो उनको लगता है कि वो कह ही नहीं पाते। बाद में examination house से निकले तो फिर याद आ जाता है तो एक ऐसा pressure जो न तो करता है, न कोई करने की स्थिति होती है, न कोई भूतप्रेत होता, न कोई ऐसा संकट है, हम खुद ही करते रहते हैं, वो आदमी खुद ही करता रहता है। उससे उसका निकलने का कोई रास्ता नहीं है।

प्रश्न: *पंडित जी बुध की जो स्थिति है finance के लिए दोनों स्थितियों में ये कैसा रहता है?*

उत्तर: Finance के लिए ये है कि अगर बुध अच्छा है तो आदमी दूर की कोड़ी लाता है। ऐसे कार्य आदमी से करवा देगा या ऐसी विधा में आदमी का interest दे देगा जैसे उसको सारे रास्ते मालूम हैं। चाहे मालूम न हों, वो चल देगा तो एकदम से निकलता चला आयेगा। उसे कहीं भी दिक्कत नहीं आयेगी। वो बिजनेस को इस angle से करेगा, बातचीत करने का तरीका होगा, वो इतना hope और माहौल create कर देगा। अगर बुध good हो तो आदमी बड़ा honest होता है और दूसरे आदमी को उस पर भरोसा हो जाता है। वो उसे धोखा नहीं देगा। Honest बुध होगा, जब honest बुध powerful होगा तो

बुध का काम है ईमानदारी। ईमानदारी किसी भी आदमी को attract करती है। ईमानदारी से कोई भी आदमी आपके साथ जुड़ने के लिए तैयार हो जाता है। और जब बुध powerful होता है तो आदमी के पास natural flare होता है कि दूसरे को अपने साथ मिलाने का, संग लेकर चलने का। तो ये जो सारी चीजें हैं जब मदद करती हैं तो आप किसी भी क्षेत्र में आप आगे बढ़ सकते हैं। यदि इसके opposite है so then you cannot reach that pinnacle in your life time. अगर afflicted हो तब भी आदमी तरक्की करता है लेकिन वहां उसको ऊपर जाकर घबराहट होती है।

प्रश्न: *पंड़ित जी, जो व्यक्ति ditch करते हैं, लोगों को धोखा देते हैं क्या वो भी बुध से संचालित होते हैं?*

उत्तर: जो धोखा देते हैं उनकी पूरी planning होती है, पूरी scheme होती है। क्योंकि मान लीजिए मन ने बोला कि ये-ये काम करना है। मन ने तो बोल दिया, मन तो रोज बोल रहा है। पता नहीं क्या-क्या बोल रहा है। उसको अमल में लाने के लिए एक खास किस्म की बुद्धि का प्रयोग करना पड़ेगा। मान लीजिए कोई कहता है कि इस ताले को तोड़ दो, ताले को तोड़ने के लिए कुछ तो करना पड़ेगा, कुछ तो औजार चाहिए होते हैं, वैसे भी देखना होता है कोई पकड़ न ले, कुछ भी हो सकता है। तो ऐसी बुद्धि भी देता है। कलुषित बुद्धि भी देता है। एक तरफ ईमानदारी और दूसरी तरफ बेईमानी वाली बुद्धि भी देता है और बेईमानी वाली बुद्धि देता है वहां बुध अपने जाल में फंसाता है आदमी को। सामने वाले को जाल में फंसायेगा। उसका पूरा भरोसा जितेगा, वो सारे काम करेगा। Information होगी उसके पास, information से influence करेगा। उसके पास गलत information होगी उससे ज्यादा influence करेगा। उसके पास ईमानदारी की बाते होंगी कहने को। ईमानदारी के किस्से होंगे सुनाने को। ऐसा ईमानदार, ऐसा हमने किया, ऐसा हम करते हैं, कुछ भी नहीं होगा, वो पूरा भरोसा बैठा देग़ा और पूरा भरोसा बैठ जायेगा।

प्रश्न: *पंडित जी, तो क्या बुध को शरारती ग्रह कहते हैं, चंचल ग्रह कहते है?*

उत्तर: शरारती ग्रह इसलिए कहते हैं बुध को। इसकी दो राशियां हैं एक है मिथुन और दूसरी कन्या। मिथुन भी द्विस्वभाव राशि है और कन्या भी द्विस्वभाव राशि है। मिथुन जो है उसका संबंध air से है, वायु से है, वायु तत्व है उसका और कन्या राशि का पृथ्वी तत्व है। बुध की जो पहली राशि है, वह मिथुन है तो वहां पर विचार पैदा हो रहा है और logic और reasoning पैदा हो रही है। लेकिन

duality है वहां कोई स्थायित्व नहीं आया। stability नहीं आयी। दोनों तरह की बात है। वो जो duality है वो कन्या में भी है। कन्या राशि भी द्विस्वभाव राशि है। पृथ्वी तत्व राशि है, उसका इस्तेमाल तो दुनिया भर में हो रहा है लाभ और नुकसान तो depend करता है किस situation में, लेकिन वहां duality है, जहां duality है वहां अस्थिरता है, जहां अस्थिरता है वहां चंचलता है। उसका संबंध चंचलता से है और चंचलता बुध का नैसर्गिक गुण है और इससे वो संचालित होता है और बुध अगर अच्छा हो तो आदमी आगे बढ़ने में बड़ी मदद देता है और बुध अगर खराब हो तो कभी मदद भी करता है और फंसाता भी खूब है। ये बात हमने हजारों- हजारों कुण्डलियों में देखी है।

❑❑❑

9

बुध की संवेदनशीलता और उसका नीच भंग

दिनांक: 29/08/2003 **(संगीता जी)**

भूमिका: हम बात कर रहे हैं नीच ग्रहों की और पिछली बार हमने बात की थी बुध ग्रह की। बुध ग्रह की बात करते हुए हमने कई आयाम उठाये थे। और आज हम बुध ग्रह के ऊपर पटाक्षेप करेंगे यानि आखिरी बार बात करेंगे बुध ग्रह की। और बुध ग्रह का एक पहलू रह गया है वह पहलू है बुध ग्रह से हमारी sensitivity का संबंध है। जितना भी हमारा logic और reasoning है उसको जो संचालित करता है, या उसको आगे बढ़ाता है या पीछे घटाता है उसका संबंध बुध से है और अगर ये हमारी sensitivity को पकड़ ले तो फिर वह शुरू हो जाता है बुध का संबंध है reasoning से, logic से जैसा मैने कहा। तो आदमी अपने ही तर्क में खुद ही फंसता है। उसको एक बार किसी बात का भरोसा हो जाये तो दोबारा से उसको वह बात अलग तरीके से नहीं समझायी जा सकती। तब यह बड़ी मुश्किल की स्थिति है, भरोसा हो जाये कि मान लीजिए कि मै यह कार्य नहीं कर सकता, तो उसको यह समझाना बड़ा मुश्किल है कि आप यह कार्य कर सकते हैं और यह समस्या अर्जुन की भी थी, अर्जुन को भी लगा था कि मैं यह कार्य नहीं कर सकता। फिर कृष्ण को अर्जुन को गीता का पाठ पढ़ाना पड़ा तब जाकर अर्जुन ने बोला कि मैं कर सकता हूं। हमारे पास में कृष्ण नहीं होते, ये ही मुश्किल है। बुध ये काम कैसे-कैसे करता है, गीता में जो भी काम हुआ, intellecutal discussion है, बुध का ही discussion है।

प्रश्न: *बुध के जो मौलिक गुणों में है, यह हमारी sensitivity को कहां तक और कैसे effect करता है?*

उत्तर: अभी मैने बात की, बात करते - करते मुझको अर्जुन याद आया, कृष्ण याद आये, अर्जुन की समस्या क्या है? वो कुछ जानता है, कुछ नहीं

जानता लेकिन मानता कुछ अलग है। I am not describing Gita. मैं उस पात्र की बात कर रहा हूं। सारी उसकी training योद्धा की। लेकिन अब वो दूसरी बात करता है। क्यों? क्योंकि उसकी जो sensitivity है वो collect हो रही है, वो कहता है कि न मेरा कोई पिता है, न माता है जो भी है भाई है, बन्धु है जिनके साथ मैने खाया-पिया, बड़ा हुआ, मुझे कभी ऐसा नहीं करना चाहिए। तो sensitivity affected हो गयी, wrong और right यह अलग बात है। जब sensitivity affected हो गयी है तब उसके सामने सारा अंधकार है। अब ये जो sensitivity affected हुई है ये उसके अपने तर्क से हुई है। उसके मन में उधेडबुन चल रही है, वो तर्क कर रहा है और तर्क करते-करते कहता है अब तो मैं ये कार्य नहीं कर सकता, मैं हथियार नहीं चला सकता, I cannot do any thing. तो जहां ये स्थिति होती है वहां बुध कुण्डली में affected हो जाता है। यूं तो यह स्थिति आदमी के साथ constant ही रहती है लेकिन ऐसी अवस्था में गहरी हो जाती है जैसे अगर उसे fear हो जाये तो बड़ी मुश्किल है। एक programme किया था उसके बाद मुझे फोन आया अपने पति के बारे में कोई महिला बता रही थी कि उनको रोड़ पर जाने से बड़ा डर लगता है। रोड़ पर जाने से डर लगता है जाने के लिए बस से जाओगे या तो कार से जाओगे और कार चलाओगे नहीं। बस से डरते हैं, सड़क से डरते हैं तो उससे क्या हुआ सारे आफिस का system disturb हो गया। अब वहां promotion कैसे होगा, अब वहां समझाना मुश्किल, ये तो मामला आगे निकल गया, इलाज कराओ, तो ये बुध आदमी की sensitivity को वहां affect करता है। यदि बुध sensitivity को वहां affect कर दे तो वहां से रोग की यात्रा भी हो जाती है। जितने भी मानसिक रोग है बहुत छोटे-छोटे से हैं कब आदमी नोर्मल है और कब आदमी abnormal है पता नहीं चलता। आपने कई बार देखा होगा कि आदमी बहुत अच्छा है और suddenly ऐसी बात बोल जाता है जिसकी उससे उम्मीद नहीं की जा सकती। या ऐसा reaction कर जाता है। तो वहां पर जब उसकी sensitivity is deeply affected, तो ये सब होता है जब आपकी कुण्डली में बुध affected हो और उसकी दशा हो या transit में खराब हो और ये सारी चीजें घटती तब है।

प्रश्न: *बुध का एक और गुण है, यह एक swift ग्रह है जिसका संबंध बदलाव से है, bubbling भी है, young भी है, इसका क्या तात्पर्य है?*

उत्तर: आपका ख्याल है कि बुध बड़ा bubbling है और young भी। हमारे यहां ज्योतिष में ऐसा माना जाता है कि बुध ग्रह young रहता है और संबंधों में बदलाव भी लाता है और बुध ग्रह से संचालित कुण्डली हो या दृष्टि

हो तो वो लोग young दिखते हैं, उम्र से भी कम दिखते हैं और बड़े active होते हैं। बुध हुआ bubbling वाला। बुध के बारे में और दो-तीन तरह की कहानियां हैं, एक कहानी ये भी है। Egypt की कहानी है। बुध, सूर्य का पुत्र है और सूर्य उसे घूमाने के लिए जंगल में ले आया। बुध जंगल में आ गया, वहां पर बुध ने क्या किया, वो वहां से जंगल घूमने चले गया वहां पर एक कबिला है, कुछ देर बाद में वहां से एक आदमी ने आकर सूर्य देवता को शिकायत की कि आपका जो बेटा है उसने मेरा बाजा चुरा लिया है, music instrument का। सूर्य को बड़ा गुस्सा आया मेरा बेटा और चोर, ऐसा कर सकता है और सूर्य ने कहा मैं इसको बख्शूंगा नही और सूर्य इधर ढूंढ़ रहा है, उधर ढूंढ़ रहा है, सूर्य को वो कहीं मिल नहीं रहा तो बड़ी दूर से एक मधुर संगीत की ध्वनि आ रही थी तो सूर्य ध्वनि को ओर चलने लगते हैं और सोचने लगते हैं कि ऐसा मधुर संगीत कहां से आ रहा है। वहां देखा तो बुध बजा रहा है, बुध को देखा तो सूर्य को लगा कि तो ये चोरी तो करता है लेकिन उसमें भी creativity है। ये भी बुध का एक गुण है। Swift ग्रह क्या है कि ये constantly बदलाव चाहता है जैसे बुध के आदमी का जो तर्क है वो चलता रहता है कि ये अच्छा है वो बुरा है, धारणा बदलती रहती है, आदमी भी बदलता रहता है। I think it is again attributed to this bubbling planet.

प्रश्न: *चूंकि यह messenger भी है, communicator भी है और यह दुनिया communication की है तो यदि बुध खराब हो तो किस प्रकार का communication देगा?*

उत्तर: आपने बोला कि ये Communicator है, messenger है। एक और कहानी है बुध से जुड़ी हुई। बुध से जुड़ी हुई बहुत सी कहानियां हैं। ये कहानियां बड़ी रोचक कहानियां हैं। Egypt की ही कहानी है। बुध के पैरों में पर लगे हुए हैं और बुध एक बालक की तरह हैं एक ऐसा बालक जो उड़ भी सकता है। पर लगे हुए हैं उसके, उसके पैरों में मान लीजिए एक पहिया लगा हुआ है, जिससे वो द्रुतगति से कहीं भी जा सकता है। ऐसा पहिया कि वह उड़कर जा सकता है। बिल्कुल aircraft है अपने आप में। उसके पंख भी, पहिया भी, वो जो गति है आदमी की जो पूरी कोशिश है इस दुनिया में वो अपने को व्यक्त करना चाहता है, अपने बारे में बताना चाहता है कि मैं हूं, जो भी वो जानता है। जो भी उसका ज्ञान है तो उसके लिए communicate करना पड़ता है। आप बतायेंगे नहीं तो दूसरे आदमी को आपकी बात समझ में नहीं आयेगी। बच्चे से लेकर बूढे तक हमें बताना पड़ता है। हर आदमी को हमे बताना पड़ता है। वो जो बताने का कार्य है, communicate करने का कार्य है वो बुध का कार्य है। messenger है ये। He is a messenger of God, ऐसा

भी बोल सकते हैं। तो यह God का messenger भी है तो अलग-अलग कहानियों से अलग-अलग तरीके से ये अपने आप को व्यक्त करता है। बुध का जो main object है वो है communication. Communication दो तरह के होते है, एक होता है सही और एक होता है गलत। जैसे अफवाहें फैलाई जाती है और अफवाहों का बाजार ज्यादा गर्म रहता है। तो अफवाह फैलाने में कुछ भी करने की जरूरत नहीं, कुछ भी कह दो तो ये काम बुध का है। जब बुध afflicted हो या किसी अन्य ग्रह का योग हो तो बुध वहां अफवाह creator हो जाता है।

प्रश्न: *कुण्डली में ऐसी कौन सी स्थिति होती है जिसमें बुध खराब होते हुए भी अच्छा होता है? तो क्या इसके negative गुण एकदम खत्म हो जाते हैं?*

उत्तर: जब बुध खराब होता है और अच्छे फल देता है, ये भी एक स्थिति होती है। बुध मीन राशि में नीच का होता है। मीन राशि का बुध नीच का है, बुध खराब है और वहां पर शुक्र भी है। वहां बुध है तो बुध नीच का हुआ और शुक्र उच्च का हुआ तो वहां पर बुध का नीचभंग हो गया। तो वहां पर बुध का शुद्ध नीचभंग हो गया। जब भी बुध मीन में होगा तो नीच का होगा और वहां पर शुक्र मिल जाये जिसकी उम्मीद काफी रहती है, क्योंकि शुक्र और बुध काफी पास-पास रहते हैं। बुध जो है सूर्य से 28 डिग्री की दूरी पर रहता है और शुक्र, सूर्य से 48 डिग्री की दूरी पर रहता है। तो उन दोनो के साथ-साथ रहने की संभावनाएं काफी रहती हैं। तो जब बुध नीच का होता है तो उम्मीद है कि शुक्र भी वहां मिले तो उसका नीचभंग हो जाता है। नीचभंग हो जाता तो उसमें जो कमियां होती हैं वो खत्म हो जाती हैं।

प्रश्न: *इसका 'नीचभंग' होने में ज्यादा ग्रहों का योगदान नहीं है (सिर्फ शुक्र के साथ) जबकि अन्य सूर्य, चन्द्र, मंगल आदि ग्रहों में काफी ग्रहों का योगदान होता है।*

उत्तर: बुध का 'नीचभंग' किसी और ग्रह से नहीं होता। यदि गुरु साथ में है तो स्थिति बेहतर हो सकती है, यदि चन्द्रमा है तो स्थिति बेहतर हो सकती है। सूर्य हो तो स्थिति बेहतर हो सकती है लेकिन मेरे हिसाब से 'नीचभंग' नहीं बनता।

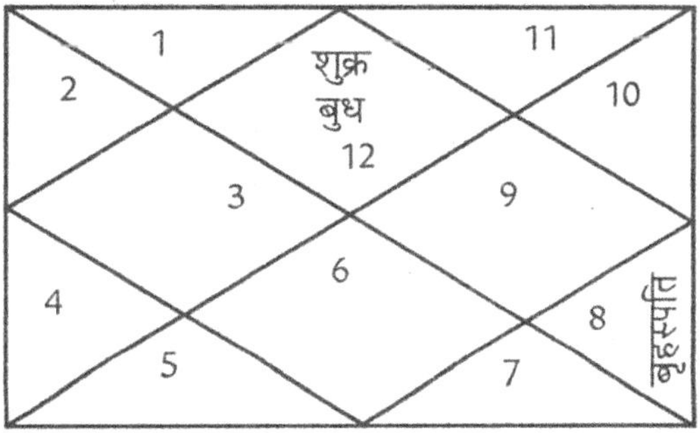

शुक्र द्वारा बुध का नीच भंग

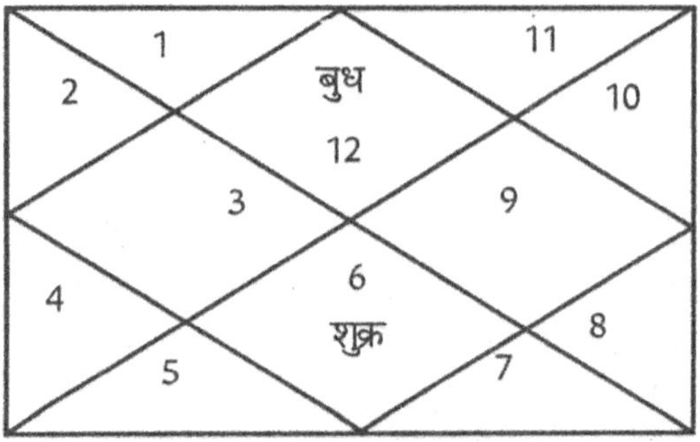

बुध-शुक्र दोनों का नीच भंग

इसका नीचभंग केवल शुक्र से होता है क्योंकि सूर्य, बुध और शुक्र पास-पास रहते हैं। जैसा कि मैने बताया कि बुध-रहता है 28 डिग्री की दूरी पर और शुक्र रहता है 48 डिग्री की दूरी पर। बुध का 'नीचभंग' शनि से होता नहीं, मंगल से होता नहीं, और बृहस्पति से होता नहीं, चन्द्रमा से होता नहीं। इन चार ग्रहों से इसका 'नीचभंग' होता नहीं। इसका 'नीचभंग' होता है शुक्र से और शुक्र इसके पास रहता है। They are very close most of the time. तो वहां पर इसका 'नीचभंग' हो जाता है और किसी ग्रह से इसका 'नीचभंग' नहीं होता। एक और भी स्थिति है अच्छी हो सकती है। मान लीजिए कुण्डली में बुध नीच का हो और नवांश में भी नीच में चला जाये तो 'नीचभंग' तो नहीं होगा लेकिन उसकी स्थिति वर्गोत्तम होने से definitely अच्छी हो जायेगी। ये भी एक स्थिति है जहां पर बुध खराब होकर भी खराब नहीं होता। नीच का असर पूरा खत्म तो नहीं होता लेकिन 70-80 प्रतिशत तक अच्छा हो जाता है।

प्रश्न: *क्या कोई ऐसी भी अवस्था है जहां बुध का नीचभंग न हो और बुध नीच अवस्था में होते हुए भी अच्छे परिणाम देता है?*

उत्तर: मैने इसके ऊपर काफी अध्ययन किया है। मैने देखा है यदि बुध का नीचभंग न हुआ हो और बुध जहां भी बैठा हो अच्छा बैठा हो। जैसे बुध लग्न में बैठा हो, मीन लग्न हो वहां बैठा हो या बुध पंचम भाव में हो या बुध नवम् भाव में हो या बुध ग्यारहवें भाव में बैठा हो और नीच का हो तो ऐसी स्थिति में बुध से जुड़ा हुआ जो व्यक्ति है, जहां बुध नीच होता है जिसकी कुण्डली में, फिर भी उसके पास एक बड़ा भारी imagi-

नवांश कुंडली से बुध का नीच भंग

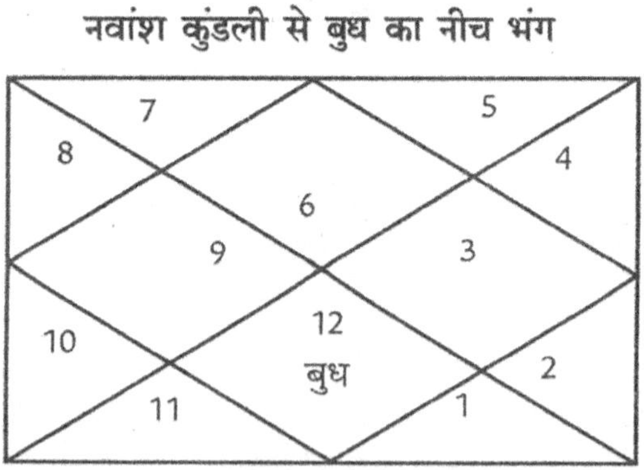

जन्म कुंडली

nation होता है। उसका logic इतना depth में होता है कि वो बात इतने गहरे में ही समझ सकता है कि जितना उच्च बुध वाला भी उस तरह की approach नहीं रखता। ऐसा मैने बहुत notice करके देखा है तो उसकी नजर बड़ी पैनी होती है,

नवांश कुंडली

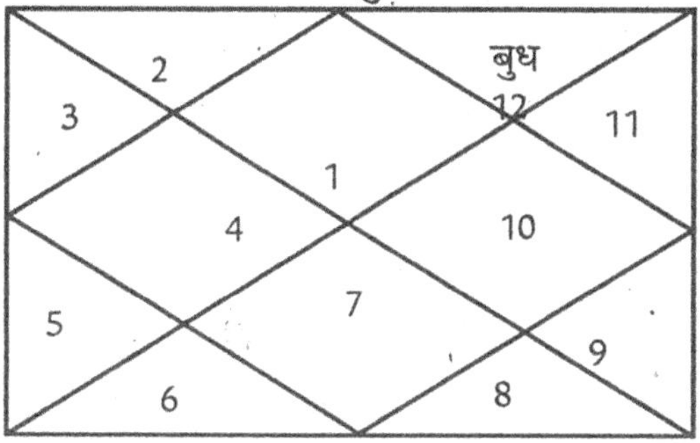

ऐसा आदमी बड़ी दूर की कौड़ी लाने वाला होता है। और ऐसा आदमी कोई writer हो, कोई poet हो, कोई musician हो या dancer हो या ऐसी कोई विधा से जुड़ा हो जिन लोगों की मैं बात करता हूं या leader हो या economist हो या इस तरह का हो या philosopher हो तो इनकी जो finding होती है अपने विषय के ऊपर, they are just marvelous. उसका कोई सानी नहीं होता तो वहां देखा गया है कि बुध नीच का होकर भी यदि उसका बृहस्पति अच्छा हो जाये, चाहे उसका नीचभंग न भी हो तो भी वो आदमी को जबरदस्त का व्यक्तित्व दे देता है कि वहां आदमी को किसी तरह की दिक्कत नहीं आती।

***प्रश्न:** तो क्या एक बार बुध नीचभंग हो गया तो यह व्यक्ति की कुण्डली में reflect होगा या महादशा से reflect होगा?*

उत्तर: यदि बुध का नीचभंग हो तो कुण्डली में भी reflect होगा। मान लीजिए कुण्डली में हो गया तो उसके व्यक्तित्व में काफी परिवर्तन आ जायेगा। नीच जैसा भी है नीच से जो negative बातें आती है वो अपने reasoning में नहीं फंसेगा। अपने ही तर्क को तोड़ मरोड़कर प्रस्तुत नहीं करेगा और clarity उसके पास आयेगी, यह एक पहली बात है। दूसरी बात यह है दशा जब आती है तो उसका फल मिलता ही मिलता है। दशा में अच्छा फल मिलेगा, यदि नीचभंग हो गया तो दशा में अच्छा फल मिलेगा ही मिलेगा।

***प्रश्न:** क्या किसी भी और तरह से बुध का 'नीचभंग' होता है?*

उत्तर: हां, दो और स्थितियां हो सकती है जहां बुध का नीच भंग हो जाये। पहली मूल कुण्डली में बुध नीच का हो और नवांश में उच्च नवांश में चला जाये तो नीच भंग हो जायेगा। दूसरा तब भी संभव है जब बुध मूल कुण्डली में तो नीच हो और नवांश में भी नीच ही रहे लेकिन शुक्र भी अपनी नीच राशि कन्या में चला जाये। अर्थात् दोनों ग्रह नवांश में नीच होकर एक दूसरे को देखेंगे तब भी बुध का और साथ में शुक्र का भी नीच भंग हो जायेगा।

❑❑❑

10

बृहस्पति से उपजा ज्ञान सदैव नया रहता है

दिनांक: 5/09/2003 **(संगीता जी)**

भूमिका: इस दुनिया में जितना भी ज्ञान है, जितने भी ज्ञान की पिपासा है और जितना भी ज्ञान हम अर्जित करना चाहते हैं और आदमी ज्ञान क्यों अर्जित करना चाहता है? ये भी एक प्रश्न है। आदमी धन अर्जित करना चाहता है, ये बात समझ में आती है आदमी शक्ति अर्जित करना चाहता है ये बात भी समझ में आती है। लेकिन आदमी ज्ञान क्यों अर्जित करना चाहता है इसके पीछे भी एक ही कारण है कि ज्ञान से उसको शक्ति भी आती है, धन भी आता है, दोनों आते हैं। और ज्ञान से एक ओर भी बात है, हम अपने पड़ोसी को बता सकते हैं कि तुमसे ज्यादा हम जानते हैं। हम सामने वाले को बता सकते हैं कि तुमसे ज्यादा हम जानते हैं, इससे कहीं न कहीं हमारे अहम् को संतोष प्राप्त होता है इसलिए हम ज्ञान को प्राप्त करना चाहते हैं। ये जो सारा ज्ञान है, इस दुनिया में जितना बिखरा हुआ ज्ञान है या जितनी भी form में ज्ञान है, information है वो सारी आती है एक ग्रह से और उसका नाम है बृहस्पति, जिसे आप बखूबी जानते हैं। और हम बृहस्पति की बात करेंगे। बृहस्पति के विभिन्न आयामों की बात करेंगे और ज्योतिष में बृहस्पति का क्या महत्त्व है उस पर एक सरसरी निगाह डालेंगे और फिर गुरु की क्या भूमिका है हमारे जीवन में और बृहस्पति ग्रह क्या करता है, इस पर भी हम बात करेंगे।

***प्रश्न:** ज्योतिष में गुरु का स्थान सर्वोपरि है। बृहस्पति जो देवों के भी गुरु हैं, उन्हें देवादिदेव भी बोलते हैं। इन गुरु का ज्योतिष में क्या महत्त्व है?*

उत्तर: देखिये सबसे पहले आपने बात की देवादिदेव गुरु की, उनसे बात शुरू करते हैं। जो गुरुओं के देवता हैं वो बृहस्पति हैं। वहां बृहस्पति physical form में हैं और जब हम ग्रहों की बात करते हैं तो यहां बृहस्पति physical form में नहीं हैं ग्रह form में हैं, पिंड हैं, ग्रह है, planet हैं। तो जो देवादिदेव बृहस्पति हैं, गुरू हैं जो देवता से एक सहज छवि आती है कि देवता जो देवत्व को प्राप्त

हो, जिसका आचरण सही हो और ज्ञानी भी हो, जानकार भी हो और अपने तरीके से जीवन को जीता हो और उसका एक अपना स्थान हो तो एक स्थान हो, ज्ञान हो, ज्ञान का भंडार हो, उसका एक आचरण हो, एक संहिता से उसका जीवन चलता हो वो देवता होता है और जब सारे देवता एकत्रित हो जायें तो ऐसे देवताओं का एक समूह जहां सभी ज्ञानी हैं, जानकार हैं उनका गुरु होना बड़ा कठिन कार्य है। किसी ज्ञानी आदमी को समझाना बड़ा मुश्किल कार्य है। एक बार बच्चे को समझाना या मूर्ख को समझाना तो हो सकता है लेकिन एक ज्ञानी को समझाना मुश्किल कार्य है। वो भूमिका गुरु की है। वहां हम देखते हैं कि बृहस्पति वो भूमिका बखूबी निभाते हैं। वहां उनका अलग वर्चस्व है लेकिन ज्योतिष में जो ग्रह है बृहस्पति उसके बारे में ऐसा कहते हैं कि कुण्डली में जितने भी ग्रह है जो positive ग्रह है, शुभ ग्रह हैं वो बृहस्पति से संचालित होते हैं और जो क्रूर ग्रह हैं, अशुभ ग्रह हैं वो संचालित होते हैं शनि से। दो ग्रुप भी बना सकते हैं - एक गुरु ग्रुप और एक शनि ग्रुप। तो Jupiter group में जो ग्रह हैं वो हैं सूर्य, चन्द्र, मंगल आदि। इस तरह से बृहस्पति का बड़ा महत्त्व है एक ग्रह के रूप में।

प्रश्न: *बृहस्पति जो देव हैं व बृहस्पति ग्रह में अंतर मालूम पड़ता है। क्या इन दोनों के चरित्रों में व परिणामों में भी क्या समानता है?*

उत्तर: Actually क्या है कि ज्योतिष जो है उसे प्रतीक शास्त्र भी कह सकते हैं। यहां प्रतीकों से बात कहीं गयी है। चिन्हों से, संकेतों से, प्रतीकों से बड़ी बात कहीं गयी है। तो प्रतीक का अपना बड़ा महत्त्व है। तो प्रतीक से क्या है कि एक image बनती है। जैसे बृहस्पति की जो image है गुरु में, मैं ग्रह की बात नहीं कर रहा, ऐसे गुरु की है जो जानकार है और ज्ञानियों में भी ज्ञानी है। पंडितों में भी महापंडित है ऐसा कह सकते हैं। वो बृहस्पति की स्थिति है। ऐसे ही ग्रहों की दुनिया में बृहस्पति कुण्डली में अच्छा हो और कुण्डली को control कर रहा हो वो कुण्डली जो है बृहस्पति group को belong करना चाहिए। क्योंकि बृहस्पति का जो वर्चस्व है देवताओं में है राक्षसों में नहीं है। अगर बृहस्पति राक्षस खेमे में चले जायेंगे तो बृहस्पति को कोई जानेगा नहीं, मानेगा नहीं। हां लेकिन बृहस्पति अपने खेमे में होंगे, देवताओं के खेमे में होंगे, ज्ञानियों के खेमे में होंगे तो फिर वो देवादिदेव हो जायेंगे लेकिन अगर वो राक्षसों के खेमे में चले जायेंगे तो वो सम्मान या वो फल उनको नहीं मिलेगा। ऐसे ही अगर कुण्डली में गुरु इस तरफ आ जायेगा देवताओं वाली जो positive कुण्डली है जहां शुभ ग्रहों का महत्त्व होता है। उसके लिए लग्न मेष हो सकता है, कर्क हो सकता है, सिंह हो सकता है, वृश्चिक हो सकता है, धनु

हो सकता है, मीन हो सकता है वहां अगर कहीं ऐसी स्थिति हो तो वहां गुरु का वही फल हो जाता है जो प्रतीक में बृहस्पति का है।

प्रश्न: *गुरु की जब हम बात करते हैं तो प्राचीन, बूढ़े व्यक्ति का चरित्र ध्यान में आता है तो क्या यह traditions की ही बात करता है या modernization से भी इसका संबंध है?*

उत्तर: गुरु का जो संबंध tradition है जैसे आपने बताया। गुरु का जो प्रतीक है गुरु है एक बुजुर्ग आदमी, जिसकी लम्बी दाढ़ी है, लम्बे से बाल है, लम्बा सा ललाट है, बड़ा ज्ञानी है, उसके देखते ही ऐसे व्यक्ति को एकदम से सम्मान पैदा हो जाता है और आप झुकना चाहते हैं और उसके पास बैठकर कुछ पाना चाहते हैं। तो ये गुरु की बात है, इससे लगता है कि ये बड़ा traditional मामला है। वैसे भी ये प्रतीक की बात है जो एक बुजुर्ग आदमी है। जैसे कोई बच्चा आपको समझाने लगे तो आपको उसकी बात समझ में नहीं आयेगी। जैसे ज्ञान की जो बात है, ज्ञान की कोई सीमा नहीं है। ज्ञान न तो बड़े से आता है, न छोटे से आता है, उससे आता है जिसकी बात समझ में आ गयी हो। और यदि किसी को बात समझ में आ जाये तो बात बन गयी। अष्टावक्र बड़े छोटे थे और जनक बहुत बड़े थे जिन्होने उनको अपना गुरु मान लिया था। जनक ने अष्टावक्र को अपना गुरू मान लिया था जब वो बच्चे थे। तो ज्ञान की पराकाष्ठा हो और ज्ञान पल्लवित हो रहा हो और ज्ञान स्फुटित हो रहा हो तो फिर फर्क नहीं पड़ता कि कोई बच्चा है, छोटा है, लेकिन generally ऐसा माना जाता है यदि व्यक्ति logical मालूम पड़ता है तो लगता है कि कोई बुजुर्ग आदमी है, समझदार आदमी है। बुजुर्ग आदमी इसलिए कि उसने achieve किया, अनुभव से भी ज्ञान का संबंध है। ज्ञान किताबी नहीं होता, अनुभव से भी है। तो अनुभव जो है वो उम्र से आता है इसलिए उम्र को वहां importance दी गई है। वरना ज्ञान तो वैसे भी आता है लेकिन ज्ञान प्राचीनतम् नहीं होता। ज्ञान होता है बिल्कुल fresh. प्राचीन जो होता है, वो ज्ञान नहीं होता फिर वो tradition हो जाता है। जहां ज्ञान खत्म हो जाता है वहां tradition हो जाता है। ये तो ऐसे हो जाता है कि सांप तो निकल गया और लकीर को पीटने वाली बात हो गयी। ज्ञान तरोताजा होता है, शाश्वत होता है और ज्ञान जब ठीक से हो तो फिर वो किसी भी काम में अपना वर्चस्व स्थापित कर सकता है।

प्रश्न: *एक तरफ गुरु का संबंध ज्ञान से है, expansion of growth से है, दूसरी ओर गुरु की जिम्मेदारी धर्म को बचाने व पल्लवित करने की ही है?*

उत्तर: ज्ञान जब बहुत बढ़ जाता है तो फिर ज्ञान protection चाहता है और धर्म उसको protection देता है। ज्ञान को अगर जीवन्त रखना हो, जिन्दा

रखना हो तो वहां पर धर्म की भी आवश्यकता होती है। ज्ञान जब आगे बढ़ेगा तो दर्शन हो जायेगा और जब दर्शन आगे बढ़ेगा तो फिर वो धर्म हो जायेगा और जब धर्म आगे बढ़ जायेगा तो spiritualism हो जायेगा, आध्यात्म हो जायेगा। अगर वो सीधा ज्ञान रहेगा तो वो बात नहीं बनेगी। तो ये गुरु की, बृहस्पति की जिम्मेदारी है कि ज्ञान को, ज्ञान की पराकाष्ठा को, क्योंकि ज्ञान में तर्क-वितर्क चलता रहेगा। यदि तर्क-वितर्क चलता रहेगा तो फिर ये दर्शन का विषय हो जायेगा। दर्शन तक तो ठीक है दर्शन में ये भी चलेगा, philosophy में वो भी चलेगा, फिर धर्म होगा, जब धर्म होगा तो उसमें rigidness आयेगी। उसमें fundamentalism आयेगा क्योंकि उसकी बड़ी आवश्यकता पड़ जाती है लोगों को जिन्दा रखने के लिए। क्योंकि हम मानकर चलते हैं कि जब तक धर्म रहेगा तो ritualistic होना शुरू हो जायेगा। एक following हो जायेगी particular किस्म की। वहां से आध्यात्म पैदा हो जायेगा और आध्यात्म में जब मामला जायेगा फिर वो philosophy से भी आगे, धर्म से भी आगे, तो ये ज्ञान का process है ज्ञान को जिन्दा रखने के लिए, एक system बनाना पड़ता है तो वहां धर्म की आवश्यकता पड़ती है।

प्रश्न: *एक बात और समझ आती है कि गुरु का कार्य धर्म को बढ़ाने का है तो यह धर्म को बढ़ा रहा है, परन्तु अपने धर्म के प्रति आस्था व दूसरे के धर्म के प्रति हेय दृष्टि, यह क्या है?*

उत्तर: देखिये धर्म जो निकला गुरु से निकला, ज्ञान से निकला, गुरु मतलब ज्ञान। ज्ञान हुआ धर्म बना, उससे ज्ञान आगे बढ़ा तो ज्ञान का protection चाहिए। धर्म की आवश्यकता पड़ेगी और जैसे ज्ञानी आदमी का संकट है कि उससे बड़ा ज्ञानी कोई दूसरा नहीं है। अगर ज्ञान बिल्कुल परम अवस्था में चला जाये तो फिर फर्क नहीं पड़ता कि मैं ज्ञानी हूं या अज्ञानी हूं। कोई आपको क्या मानता है यदि आपको मालूम है तो फिर आपको फर्क नहीं पड़ता कोई आपको ज्ञानी बोले या अज्ञानी बोले। परन्तु normal course में ज्ञानी आदमी की position ये है कि वो अपने से ज्ञानी किसी को नहीं मानता और उसी से धर्म निकलता है तो फिर आपके धर्म से बेहतर कोई और धर्म कैसे हो सकता है तो दुनिया में इतनी लड़ाई है आज से नहीं जब से धर्म बना है तब से है और जब तक धर्म रहेगा तब तक रहेगी और धर्म रहने वाला है। इसलिए ये लड़ाई चलती रहेगी।

प्रश्न: *क्या गुरु धर्मान्धता भी फैलाता है? धर्म के नाम पर जितने दुख, पीड़ा और हत्याएं होती हैं, क्या वह सब गुरु से ही आते हैं?*

उत्तर: गुरु के होते नहीं हो रहा। ऐसा नहीं कहेंगे, तो मुश्किल हो जायेगी।

गुरु के होते हो रहा धर्म, गुरु ने धर्म को निकाला अपने system में से। गुरु के कारण धर्म है, गुरु को एक व्यवस्था चाहिए। जैसे राज्य को एक व्यवस्था चाहिए वैसे गुरु को भी एक व्यवस्था चाहिए। राज्य को व्यवस्था चाहिए समाज की, अलग जरूरतों की। गुरु को ऐसा समाज चाहिए जो धार्मिक भी हो, जिसकी धर्म में आस्था हो तो state को run करने के लिए धर्म की आवश्यकता है। इसलिए state और धर्म का संबंध रहता है कहने को हम कुछ भी बोलें। चाहे हम secularism बोले, कहीं न कहीं रहता है चाहे वो नेपथ्य में रहे। चाहे वो direct रहे लेकिन बीच में भी आता है direct भी आता है। नेपथ्य में भी रहता है। अगर पीछे हो तो भी आगे आ जाता है। उन दोनों में गहरा relationship है। अपने धर्म से आगे दूसरा धर्म होता नहीं। जब अपने धर्म से आगे होता नहीं तो धर्म को आगे बढ़ाने के लिए क्या चाहिए, numbers चाहिए? numbers game। जैसे parliament चलाने के लिए numbers game है, जिसकी पार्टी में ज्यादा members होते हैं उसकी सरकार बन जाती है। ऐसे अपने धर्म का वर्चस्व बढ़ाने के लिए numbers चाहिए, numbers कहां से आते हैं, numbers लोगों से आते हैं। जनता से आते हैं, उसमें आदमी चाहिए, groups चाहिए। तो वहां आदमी अपने group कों बढ़ाता है। इसलिए कभी आदमी तलवार से दूसरे को convert करने की कोशिश करता है, कभी bread के लोभ से, bread खिलाकर, लालच से, इस तरह के कार्यो का क्रम तो चलता रहेगा। ये धर्म से मुक्ति का संबंध है तो मामला बड़ा गहरा है। होती है या नहीं होती है, यह विषय है अलग। अगर होती है तो पता नहीं, किसी की हुई है तो बतायी नहीं जा सकती। लेकिन उस पर विश्वास है, हर आदमी का विश्वास है। किसी का आज विश्वास है, किसी का 15 दिन बाद विश्वास है लेकिन हर आदमी का विश्वास है। मुक्ति का जो लालच, उस लालच से धर्म पल्लवित होता है और उस लालच के लिए आदमी कुछ भी करने को राजी हो जाता है। तो वहां से fundamentalism पैदा हो जाता है।

प्रश्न: *आदमी अपने धर्म को जीवित रखने के लिए कई सिद्धान्त व विधियां खोजता है। यह सिद्धान्त देखने में आसान परन्तु काफी जटिल होते हैं? आदमी की विधियों में अपने को torture करने वाली विधियां ज्यादा हैं। जैसे उपवास करना, एकान्त में जाकर तपस्या करना तथा ईश्वर प्राप्ति के लिए क्या-क्या नहीं करना। कृपया इस पर प्रकाश डालें?*

उत्तर: इसमें गुरु का बड़ा जबरदस्त role है, अगर सिद्धान्त नहीं होगा तो आप क्या मानोगे? क्योंकि दुनिया चलती है सिद्धान्त से, आप बोलेंगे कि सूर्य पूरब से निकलता है। एक सिद्धान्त है। सुबह निकलता है और शाम को छिप

जाता है। रात को चन्द्रमा निकलता है, एक सिद्धान्त है जीवन चलने का। जीवन खुद एक सिद्धान्त पर चलता है। तो सिद्धान्त को मानते हुए तो मानना पड़ेगा कि धर्म में भी सिद्धान्त होता है। सिद्धान्त होना शुरू हो जायेगा। सिद्धान्त में rigidity आ जायेगी और जब rigidity आ जायेगी, क्योंकि सिद्धान्त होगा तो उसको follow करना पड़ेगा। क्योंकि उसको follow नहीं करेंगे तो उसमें फिर pinance, पश्चाताप का दौर शुरू हो जायेगा। उससे अच्छा क्या होगा, बुरा क्या होगा, उसमें क्या मिलेगा आपको, क्या नहीं मिलेगा? जन्नत मिलेगी या जहन्नुम मिलेगा? वो सारा शुरू हो जायेगा और अब उस सबको पाने के लिए सिद्धान्त बनायेंगे। सिद्धान्त is not good enough. सिद्धान्त अपने आप में पूरा नहीं है। फिर सिद्धान्त के साथ में विधियां आयेंगी। विधियां जो होंगी torture से संबंध रखती हैं, उसमें बहुत सारी विधियां torture से संबंध रखती हैं। फिर आपको लगेगा कि यदि मैं अपने शरीर को अगर तपाऊं तो शरीर तपा हुआ है ऐसा लगता है। आंखों में बड़ी रोशनी है, चेहरे में बड़ा तेज है ऐसा। तो उसके लिए क्या करना पड़ेगा। उसके लिए उपवास करना पड़ेगा। उपवास से बात नहीं बनेगी तो आपको लगेगा कि जंगल में जाना पड़ेगा। जंगल enough नहीं लगेगा तो आप लगेगा कि हिमालय ज्यादा बेहतर रहेगा, किसी गुफा में। तो ये वो सारा जो process है begin होगा और फिर चलता रहेगा। और जिसने जितने ज्यादा उपवास किये होंगे, जिसने जितनी ज्यादा धर्म यात्राएं करी होंगी तो फिर busyness करना पड़ता है, अलग से आदमी को busy करना पड़ता है। busyness करना पड़ता है busyness. धर्म से व्यापार का भी बड़ा गहरा संबंध है, business का। फिर demand और supply दोनों, वो अलग विषय हो जाता है। लेकिन ये जितना भी कुछ है इसका और जहां से भी धर्म originate हो, जहां से भी ज्ञान originate हो और जहां तक भी उसकी reach जाये, उसका संबंध बृहस्पति से है और बृहस्पति इस सबको देता है, इस सबसे संबंध रखता है और यही हमारे जीवन की कड़िया हैं चाहे हम यहां रहते हों या अमेरिका में रहते हों। कहीं भी रहते हों। हर आदमी इसी में जी रहा है फिर वहां से उसके अलग-अलग संकट शुरू होते हैं, वहां से व्यक्तिगत चीजें आती हैं, वहां फिर बृहस्पति कैसे करता है कुण्डली में कैसे करता है अलग चिन्तन पैदा होता है। उसकी भी हम बात करेंगे।

❑❑❑

11

सम्मान हर आदमी की मुख्य चाहत है

दिनांक: 8/09/2003 (श्री अशोक अग्रवाल)

भूमिका: पिछली बार हम बात कर रहे थे बृहस्पति की। बृहस्पति एक बहुत ही वृहत planet है। जैसा कि हम जानते हैं यदि बृहस्पति को वैज्ञानिक दृष्टि से देखें तो जितने भी ग्रह उनमें यह सबसे विराट ग्रह है और यदि संधिविच्छेद करें तो बनता है वृहत + पति यानि आकार में सबसे विराट। कुण्डली में बृहस्पति अच्छा हो तो कुण्डली खराब भी हो तो भी अच्छी हो जाती है। बृहस्पति के ये गुण हैं। बृहस्पति इस दुनिया के लिए क्या कर रहा है उसकी हम बात कर रहे थे। थोड़ी हमारी बात अधूरी रह गयी थी उस बात को आगे बढ़ाते हैं। बृहस्पति का संबंध ज्ञान से है, कुछ हद तक विज्ञान से भी है। और बृहस्पति का संबंध धर्म से है और धर्म जो है जीवन का आधार है, हर आदमी के जीवन का आधार है और हर संस्कृति में, हर देश में, हर मानव ने, हर जमाने ने, अनादि काल में भी, उससे बाद भी और आज भी कहीं न कहीं धर्म का वर्चस्वं रहता है और धर्म का एक मर्म भी है और धर्म एक ऐसी अवस्था है, एक ऐसी स्थिति है जहां से आदमी इस दुनिया में अंपने आप को संवार सकता है एक आचरण के साथ और गहरे में जाकर अगर मुक्ति होती है तो ये concept हर जगह ही है कहीं न कहीं, मुक्ति के मार्ग में भी धर्म मदद करता है। धर्म का मतलब स्वभाव से भी है। आपका स्वभाव क्या है? आदमी का जो स्वभाव है, आदमी की जो nature है, आदमी की जो प्रकृति है। उस प्रकृति की बात करें तो मनुष्य की प्रकृति समझ में आ जाती है। प्रकृति से तात्पर्य ये है कि ना आप पड़ोसी को कुछ कहें और न पड़ोसी आपको कुछ कहे। तो You love your neighbour ऐसा बोलते हैं। Love the neighbour. तो इस तरह से मामला चलता है। बृहस्पति क्या करता है? इस पर हम बात करेंगे।

प्रश्न: *जैसा आपने बोला कि धर्म का मर्म बड़ा गहरा है क्योंकि धर्म ही जीवन का आधार है। इस आधार को बृहस्पति कैसे पुख्ता करते हैं?*

उत्तर: देखिये जब भी कोई दुनिया चलती है, जब भी कोई दुनिया चलेगी, आपका परिवार चलता है ऐसा पकड़ें तो जल्दी बात समझ में आ जायेगी। आपका परिवार चलता है एक system से चलता है। एक उसकी कोई व्यवस्था है। सारी व्यवस्था में क्या है, रोटी है, खाना है, चद्दर है। ये सब तो हो गया। रोटी, कपड़ा और मकान तो हो गया। जब ये सब हो गया तो जीवन मात्र इतना ही नहीं है कि रोटी खायी और कपड़ा पहना और मकान में रह लिये, इसके जो beyond है कि कैसे हम एक व्यवस्था को रखें। तो वहां कोई हमारा आचरण होना चाहिए, हमारी कोई व्यवस्था होनी चाहिए। कोई हमारा लक्ष्य भी होना चाहिए इस जीवन में। तो लक्ष्य में ये होना चाहिए कि मैं आपको कोई दुख न दूं, आप मुझे न दें। तो वो दुख मैं आपको न दूं, आप मुझे न दें और एक व्यवस्था क्या बोलती है? व्यवस्था बोलती है कि हम एक दूसरे के प्रति आदर से, प्रेम भाव रखते हुए रहे। जो बड़प्पन के योग्य है उसको बड़प्पन देना पड़ेगा। क्या करें ताकि आपके आचरण से लोग, परिवार, समाज और देश प्रसन्न हो, या एक ऐसी अवस्था हो, जहां हर आदमी को एक शान्तिमय, सुखमय जीवन की तलाश हो, क्योंकि अशान्ति कोई नहीं चाहता है, हर आदमी सुखमय जीवन चाहता है। उसे कहीं न कहीं सुख चाहिए और सुख के लिए सारे प्रयास करता है। तो बृहस्पति basically सुख देता है और सुख के लिए शान्ति की बहुत आवश्यक है। अगर अशान्ति है तो सुख भी नहीं है। सुखहीनता और अशान्ति को जो दूर करता है वह बृहस्पति है।

प्रश्न: *धर्म जीवन का हिस्सा है। अगर जीवन धर्म से संचालित है तो वहां equality हो जाती है और जब equality हो जाती है तो सबके लिए समान अवसर हो जाते हैं। जीवन सात्विक और धार्मिक हो जाता है तो यहां बृहस्पति व्यक्ति को किस लक्ष्य की तरफ प्रेरित करता है?*

उत्तर: देखिये equality जो है, आपने जो समानता की बात की, equality is very important. आप सामने वाले को हीन न समझें। उसको अपने बराबर या बहुत विशेष समझें वो तो अलग बात है उसमें जो भी गुण हों। उसको कम से कम हीन दृष्टि से न देखें। आप उसे अपने level पर लायें, अपने level पर कौन लायेगा वो जिसने अपना कोई level प्राप्त किया होगा। मान लीजिए एक पिता बोलता है अपने पुत्र से कि आप मेरे level पर आओ तो पिता ने कुछ achieve करा होगा इस जीवन में। यदि खुद उसने कुछ achieve नहीं किया

होगा तो कैसे बोलेगा या गुरू बोलेगा कि मेरे level पर आओ। या मैं जानता हूं या मैं तुमको बता सकता हूं या तुम मुझसे सीख सकते हैं या जान सकते हो। ये वो ही आदमी बोल रहा है जो जानता है, बिना जाने तो बोल नहीं रहा। आपने एक घर लिया है तभी तो आप घर में किसी को बुला सकते हो, आपके पास रोटी है तभी तो आप खिला सकते हो किसी को like that. जब आपने achieve किया है। equality कौन देगा? Equality वो देगा जो इस मर्म को समझता है कि unequality जो है वो आदमी के उत्थान में बाधक है। ये जो unequality है, आपके पास उतनी सुविधाएं नहीं हैं उतने सौपान नहीं है, उतनी व्यवस्थाएं नहीं है तो आप वो सारे कार्य नहीं कर सकते जो एक आदमी कर रहा है। मान लीजिए एक आदमी किसी भी तरीके से सम्पन्न होता है तो बृहस्पति का संबंध सुख सम्पंनता से भी है। सुख संपंनता जिस ढंग से आती है और गहरे में जो सुख संपंनता आती है वो आती है आंतरिक शांति, सुख, और संतुष्टि से। तो संतुष्टि, शान्ति के भाव में बृहस्पति का भी एक रोल है। उसका रोल आपकी काफी मदद करता है।

प्रश्न: *तो पंडित जी संतुष्टि के लिए आत्मबोध होना बहुत जरूरी है। तो ये आत्मबोध भी बृहस्पति कराते हैं?*

उत्तर: आत्मबोध भी बृहस्पति कराते हैं हां, आत्मबोध से जो आपका संबंध है उसका भी कारक बृहस्पति है। क्योंकि बृहस्पति ज्ञान, धर्म, आध्यात्म का ग्रह है। जब ज्ञान होता है तो आदमी दूसरे को अपने से हीन नहीं समझता। अगर मान लीजिए उसमें अज्ञान है तो अपने ज्ञान से उसको साफ कीजिए। ऐसा कहते हैं कि गंदगी साफ करने लिए स्वच्छ पानी चाहिए। स्वच्छ पानी से गंदगी साफ हो सकती है तो ये बृहस्पति का एक रोल है।

प्रश्न: *पंडित जी, आप देखते हैं कि दुनिया में ज्ञान, धर्म और सम्मान, इन तीनों का आदमी misuse कर रहा है। बृहस्पति की इसमें क्या भूमिका है?*

उत्तर: दो तरह की चीजें है - एक है ज्ञान, जहां सहज में ज्ञान घट रहा हो तो फिर वहां ज्ञान के misuse की जरूरत नहीं पड़ती। जहां सहज में धर्म घट रहा हो तो फिर धर्म के misuse की जरूरत नहीं पड़ती। जहां सहज में आध्यात्म घट रहा तो फिर वहां आध्यात्म को misuse करने की आवश्यकता नहीं पड़ती। होता क्या है कि दो तरह की बातें हैं परमज्ञान की उत्तम अवस्था या धर्म की उत्तम अवस्था। वहां exploitation और manipulation की कोई गुंजाइश नहीं है। वहां पर manupulation करने की जरूरत नहीं है वहां पर हर एक विधि है और

हर विधि का एक तरीका है और जो लोग जानते हैं उनकी आजमाई हुई है और वो अपने अनुभव से, अपने ज्ञान से, अपनी जानकारी से आपको guide करते हैं कि आप ऐसा-ऐसा करें। आप ऐसा करते हैं तो ऐसा देखा गया है कि गुरु शिष्य को guide करता है और एक दिन शिष्य गुरु हो जाता है और ये परंपरा चलती रहती है। और गुरु - शिष्य की परंपरा अनादिकाल से चलती आती है। तो वो जो एक जानता है, एक नहीं जानता है, यहां तो ठीक है। ये पूरी व्यवस्था एक system है, एक गहरी व्यवस्था है और सीखने के लिए एक तो गुरु पारंगत हो और शिष्य भी उतना ही आतुर हो और disciplined हो। यदि example लें तो हम ले सकते हैं हम ले सकते हैं द्रोणाचार्य और अर्जुन का। तो फिर कहते हैं कि अर्जुन जैसा धनुर्धर नहीं था। फिर ऐसा भी कह सकते हैं कि द्रोणाचार्य जैसा सिखाने वाला नहीं था। दोनों तरह की चीजें हैं, आपने सीखा तो बात बिल्कुल सही है। ऐसे ही अलग - अलग किस्सों में चलता है। ये तो वो हुआ जहां एक आदमी जानता है, यह गुरु का काम है। चूंकि हम बात बृहस्पति की कर रहे हैं। जहां बृहस्पति का रोल है वहां बृहस्पति मदद करता है दिक्कत कहां आती है जहां आदमी जानता नहीं। जानने का आडम्बर करता है, जानने का नाटक करता है, जानता नहीं है क्योंकि उसको मालूम है जानने का जो process है बड़ा लम्बा process है। किसी भी चीज में पारंगत होना एक बड़ी लम्बी विधि है और आसानी से होती नहीं। तो इतना जानना उसका हो नहीं पाता लेकिन वो उसके नाम पर, उसकी आड़ में वो सारे सुख भोगना चाहता है। वो गुरु होना चाहता है, वो अपनी भीड़ इकट्ठी करना चाहता है वो गुरु के नाम से धन संपत्ति एकत्रित करना चाहता है। वहां जब ऐसा होता है तो वहां दुर्दशा होनी शुरू हो जाती है।

प्रश्न: *पंडित जी मैं पूछ रहा था आपसे की गुरु, बृहस्पति का रूप ही है। उसके लिए शिष्य का जिज्ञासु होना बहुत जरूरी है। तो ये जो शिष्य की जिज्ञासा है क्या गुरु की वजह से ही है?*

उत्तर: बिल्कुल गुरु के कारण होती है, बृहस्पति के कारण होती है क्योंकि शिष्य जो है कल गुरु होना चाहता है। इसलिए वो सीखना चाहता है और बृहस्पति की खूबी ये है कि जो आज शिष्य है जिसमें जिज्ञासा है वो इतना जान जाता है वो स्वत: ही गुरु हो जाता है। उसको सिद्ध, declare नहीं करना पड़ता। वो अपने आप ही हो जाता है क्योंकि वो जान जाता है, ये नेपथ्य में है। क्योंकि इस दुनिया में हर आदमी कहीं न कहीं सम्मान पाना चाहता है। इससे उसके सम्मान का संबंध है।

प्रश्न: *आपने ठीक बोला आदमी यहां सिर्फ जीवनयापन करने ही नहीं आता, सम्मान भी चाहता है। बल्कि कई तो रोटी से ज्यादा सम्मान को महत्त्व देते हैं तो बृहस्पति सम्मान दिलाने में कैसे सहायक होते हैं?*

उत्तर: ठीक बात है रोटी जीवन की आवश्यकता है। प्रेम जीवन की आवश्यकता है। आदमी को रोटी भी चाहिए, प्रेम भी चाहिए, सम्मान भी चाहिए, सम्मान के बिना, अगर आप आदमी का सम्मान न करो और रोटी दो तो उसको बर्दास्त नहीं है क्योंकि सम्मान से आत्मा की तुष्टि होती है और सम्मान आदमी पाना चाहता है। लेकिन बृहस्पति का जो संबंध है सम्मान से है, सम्मान पाइये और सम्मान दीजिए। That's the process, ऐसा नहीं कि पाना ही पाना, जब आपको कोई सम्मान देता है तो आप एकदम से उठ जाते हैं, suddenly आदमी elevate हो जाता है। आदमी वो नहीं रहता जो वो था। यदि कहीं कोई सम्मान उससे बड़ा दे दे तो वो सम्मान चर्चा का विषय हो जाता है कि आज उसने हमारी इतनी तारीफ की कि पूछो मत। तो सम्मान से आदमी चलता और ये सारा सम्मान बृहस्पति से आता है।

प्रश्न: *पंडित जी ये जो धर्म के नाम से exploitation होती रही है या होती है। क्या इसके लिए भी बृहस्पति जिम्मेदार है? और क्या ये होती रहेगी या इसका अंत भी होगा?*

उत्तर: देखिये यहां यही स्थिति है कि बृहस्पति जब कुण्डली में अच्छा होता है या बृहस्पति का positive role है कुण्डली में। बृहस्पति के दो तरह के role हैं। एक है positive role और दूसरा है negative. जब उसका positive role है तब बृहस्पति सहज सारी चीजें करता है। जैसा कि आप जानते हैं कि जब एक टीचर अपने सारे students को समझाता है, सबके साथ बराबर का, समान भाव करता है, equality का भाव करता है। उस भाव से सबको समझाता है, कौन कितना सीखता है यह तो अपनी-अपनी जिज्ञासा से, अपनी-अपनी बुद्धि की बात है लेकिन उसके समझाने में कहीं कोई कमीं नहीं है। जब गुरु समझा रहा है, गुरु, शिक्षक, teacher, master, he is teaching हर आदमी को बराबर से और उसकी कोशिश यह है कि उसका अंधकार दूर कर दे। गुरु शब्द का जब संधिविच्छेद करेंगे तो अंधकार दूर करने वाला है। गुरू जो अंधकार को दूर कर दे। तो गुरु का एक कार्य है। तो गुरु का ये कार्य है positive. जो हर व्यक्ति में positivity लाना चाहता है। गुरुता से यह होता है कि आप समाज में विलक्षण से मालूम पड़ते हैं। आपकी इज्जत, सम्मान भी

रहता है, जिसकी हर आदमी को तलाश है। न तो आप ज्ञानी है और न ही गुरु के लायक है लेकिन आप चाहते सब कुछ हैं। यहीं से आदमी का आडम्बर, नाटकीयता और ड्रामेबाजी का दौर शुरू होता है अर्थात आदमी का exploitation शुरू होता है। क्योंकि exploit करने में आसानी है। जितना यहां धर्म के नाम पर exploitation और manupulation होता है और कहीं नहीं होता। धर्म को कोई challenge नहीं कर सकता। क्योंकि उसे कोर्ट में नहीं लेकर जाया जा सकता। कोई आपसे बोले कि मोक्ष मिल जाएगा और मोक्ष मिलता नहीं। ऐसे में कोर्ट में तो किसी को लेकर जा नहीं सकते। मान लो आप व्यापारी है आपसे कोई डील की, आप डील पूरी न करें तो मैं आपको कोर्ट में ले जाऊंगा। हर तरह के arrangements हैं मेरे पास। लेकिन आप बोलो कि भगवान मिलेंगे वहां पर और नहीं मिले तो मेरे पास कोई तरीका नहीं आपसे मिलवाने का। इसलिए ये व्यवसाय चलता रहता है।

प्रश्न: *धर्म और अधर्म दोनों चलते रहते हैं। क्या धर्म का ग्रह होकर बृहस्पति अधर्म, hatred, उदासीनता और नास्तिकता के भाव फैलाना इसकी देन है?*

उत्तर: सिर्फ बृहस्पति की देन तो नहीं लेकिन कुछ हद तक तो हैं ही क्योंकि धर्म और अधर्म साथ-साथ चलता है। जब धर्म अपनी पराकाष्ठा कर लेता है तो वो जो लोग अधर्म से जुड़े है, अधर्म से मतलब आचरण को follow नहीं करते, जो system से growth नहीं चाहते, दूसरे आदमी की संपंनता से आपको दिक्कत है, दूसरे आदमी के काम से आपको दिक्कत है, दूसरे आदमी के ज्ञान से आपको दिक्कत है, दूसरे आदमी के comfort से आपको दिक्कत है आपको अपने दुख से दिक्कत नहीं है, उसको कोई चिन्ता नहीं है, उसका कोई दुख नहीं है लेकिन आपके दुख का जो कारण है वो पड़ोसी का सुख है।तो पड़ोसी का सुख जो है वो आपका विषय बना हुआ है। आप चाहते वो ही सब हैं। जब आप वो सब चाहते हैं तो कोई क्या करेगा। दो तरह की स्थितियां हैं या तो आप उसी में manupulate करोगे, exploit करोगे तो आप कम जानते हुए भी धर्म के नाम की दुहाई देने लगेंगे। This is what you have to do. आप धर्म को exploit करोगे। अगर यह नहीं हो रहा है तो आप उसके विरोध में खड़े हो जाओगे। फिर आप उसके विरोध में खड़े हो जाओगे, आप कहोगे कि ये नहीं होता है। आप उसका opposition करोगे कि ये सब नहीं होता है। उसके लिए आप उतने ही बड़े तर्क लेकर आओगे,

उतनी ही बड़ी बुद्धि लेकर आओगे, उतनी ही बड़ी बातें लेकर आओगे, जैसे नीत्से ने बोला था पिछली century में कि God is dead तो आपको बोलने में कोई दिक्कत नहीं है। नीत्से पश्चिम का बहुत बड़ा चिन्तक है, विचारक है, philosopher है उसने बोला था कि God is dead. उसने God को dead बोला, तो फिर ये सब शुरू हो जाता है। फिर एक दूसरा ग्रुप शुरू होता है। God is dead, इसको कहने के लिए भी God को समझना पड़ता है। धर्म को समझना पड़ता है, पूरी व्यवस्था को इतना पढ़ा लिखा आदमी जान सकता है। उसको कहने में कोई आपत्ति नहीं थी तो वहां से एक नई शुरूआत होती है।

***प्रश्नः** पंडित जी जैसे आपने कहा कि एक नई शुरुआत होती है। धर्मों के नए-नए सूत्र निकलते हैं। आखिर तो धर्मों का एक ही उद्देश्य है, उनका जो लक्ष्य है, सब धर्मों का वो एक ही है। जैसे Christianity है, Islam धर्म है, Hinduism है, Parsism है, Jainism है, Buddhism है। इनको भी बनाने में बृहस्पति की भूमिका है?*

उत्तरः जितने भी धर्म है सभी बृहस्पति का क्षेत्र है। वो तो देश, काल और परिस्थिति से है ना इस परिस्थिति में, हर काल में धर्म influence होता है किसी ना किसी prophet से, गुरू से जो बोलें या पैगम्बर से होगा तो जो-जो, जिस-जिस स्थिति में आयेगा जिसका जहां-जहां influence है। अगर हर धर्म को देखें तो हर धर्म की बात एक सी है। धर्मों में कहीं पर झंझट नहीं है, झंझट आदमी में है। आदमी जब उसको मनवाना चाहता है तो उसको मनवाने के लिए कहीं वो तलवार से मनवाता है, कहीं वो लालच से मनवाता है तो वहां झंझट शुरू होता है। दूसरी बात क्या है कि हम अपने धर्म के अलावा दूसरे धर्म को मानते ही नहीं। हमको लगता है कि जैसे अर्धज्ञानी होता है, जिसे pseudo intellectual बोलेंगे वो अपने धर्म और ज्ञान से बेहतर किसी को नहीं मानता। उसको अपना धर्म तो बहुत ऊंचा लगता है, high quality का लगता है, चाहे कोई भी हो, दूसरे का उसको दो कौड़ी का लगता है। दूसरे को, फिर वो condemn करना शुरू कर देता है। ये भी एक झंझट चलता रहता है। इससे भी division रहता है। division से अशान्ति है। ये divide करता है जोड़ता नहीं है, जबकि धर्म का काम कुल मिलाकर जोड़ना है। ये बृहस्पति के सारे रूप है और फिर ये जो समाज में फैला हुआ है, यहां से शुरुआत होती है कि आपका व्यक्तिगत धर्म क्या है? व्यक्तिगत धर्म का मतलब है स्वभाव, जिसको कृष्ण भी बोलते हैं गीता में। अर्जुन से बातचीत होती है कि तेरा स्वभाव क्या है? तेरा स्वभाव है लड़ना, तेरा स्वभाव बहस करना नहीं है। वो जो पूरा गीता का

मर्म है। I am not going into that, मैं उसकी पूरी व्याख्या करने में interested नहीं हूं लेकिन उससे हमको एक ही बात समझ में आती है कि तुम्हारा स्वभाव क्या है। तुम्हारा स्वभाव है युद्ध करना, तुम एक ही काम जानते हो। अर्जुन से बोलते हैं। अब अर्जुन बोलते हैं हम ये भी कर सकते है, ये क्या होता है, वो क्या होता है? जो सारे प्रश्न है। जो आपका सवाल हो वो करो। जो आपका सवाल है यदि आप वो करेंगे तो आपके साथ अत्याचार नहीं होगा। आप से गलत नहीं होगा, आप अधर्म कहीं नहीं कर पायेंगे। उसके लिए कोई धर्म करने की आवश्यकता नहीं है। मुझे एक छोटी से कहानी याद आ गयी मैं उसको आपको सुनाता हूं शायद उससे कुछ बात बने। ऐसा कहते हैं कि नारद मुनि ने विष्णु से पूछा कि आप बताइये कि आपका सबसे पक्का भक्त कौन है? उन्होने कहा कि फलाने गांव में फलाना आदमी है। तो नारद ने कहा कि मैं देखकर आता हूं। नारद जी पृथ्वी पर आये उस गांव में देखा तो वह व्यक्ति सुबह 6 बजे उठा, नहाया-धोया, पूजा पाठ किया, खेत पर चला गया, वहां काम किया उसके बाद बच्चों को खाना खिलाया । शाम तक जो करना था किया और 10 बजे वो थककर सो गया। रात खत्म हो गयी। नारद जी ने 10-15 दिन देखा, वो बड़े नाराज हुए कि ये कैसा भक्त है, एक बार नाम लेता है और विष्णु बोलते हैं कि मेरा इससे बड़ा भक्त नहीं है। नारद जी बड़े गुस्से में आये, नारद जी बड़ा गुस्सा करते हैं। विष्णु से बोले कि मैं आपकी माला जपता रहता हूं उसके बाद भी प्रिय भक्त नहीं हूं। तो विष्णु बोले कि एक काम करो, तो उन्होंने उनको तेल से भरी हुई एक कटोरी दी और कहा कि इसे पूरी दुनिया में ले जाओ और तेल गिरना नहीं चाहिए। एक भी बूंद गिरी तो अनर्थ हो जायेगा। कहते हैं कि नारद जी पूरी दुनिया में घूमे, एक भी बूंद नहीं गिरी और उन्होने कटोरी लाकर विष्णु जी के चरणों में रख दी तो उन्होंने बोला कि ले आये और पूछा कि आपने इसके साथ क्या किया। तो नारद जी बोंले कि मैं इसे पूरे concentration से लेकर चला था तो बोले मेरा नाम कितनी बार लिया, नारद बोले कि नाम तो भूल गया। नाम कहां लिया तो आदमी जब अपना काम करता है तो नाम को भूल जाता है। तो सवाल ये है कि धर्म के कई रूप हो सकते हैं। अपने काम और अपने स्वभाव में आदमी रहे तो आदमी न किसी के साथ अत्याचार करता है, न दुख देता है, न परेशानी करता है।

❑❑❑

12

धर्म, धर्मान्धता और गुरु का नीच भंग

दिनांक: 9/09/2003 **(संगीता जी)**

भूमिका: पिछले दिनों से हम बात कर रहे हैं बृहस्पति की। बृहस्पति कैसा होता है? बृहस्पति का जो main संबंध है वो संबंध है ज्ञान से, धर्म से, विस्तार से, धन से, संपत्ति से ये सारी चीजों का जो ग्रह है वो बृहस्पति है। बृहस्पति जब कुण्डली में नीच हो जाये तब क्या करता है? ये हमारा मूल विषय था, आज हम इस पर बात करेंगे। बृहस्पति जब नीच हो तो क्या करता है और कहां पर उसका नीच भंग होता है और अगर नीच भंग हो जाये तो बृहस्पति के जो negative गुण हैं कैसे खत्म हो जाते हैं?

प्रश्न: *जब कुण्डली में गुरु नीच का होता है तो क्या करता है? यदि किन्हीं कारणों से उसका नीचभंग न हो तब गुरु क्या करता है?*

उत्तर: आपका प्रश्न है कि जब बृहस्पति का, Jupiter का, गुरु का नीच भंग नहीं हो पाता है और बृहस्पतिं नीच राशि में हो कुण्डली में तो बृहस्पति क्या करता है? यही बात है न। बृहस्पति नीच होता है मकर राशि में, बृहस्पति उच्च होता है कर्क राशि में। ये दो राशि बड़ी important हैं और मकर राशि में बृहस्पति नीच का हो जाता है। मकर राशि का जो स्वामी है वो शनि है, वहां जाकर बृहस्पति अपनी सारी ताकत खो देता है। यदि बृहस्पति नीच राशि में हो कुण्डली में और उसका नीच भंग भी न होता हो तो फिर ऐसा बृहस्पति कई तरह के काम करता है। बृहस्पति का संबंध है ज्ञान से, धर्म से, आध्यात्म से। तो जब बृहस्पति अच्छा होता है तब आदमी को ज्ञान की ओर प्रेरित करता है, आध्यात्म की ओर प्रेरित करता है, धर्म का जो मर्म है उसको समझाने की कोशिश करता है और जब बृहस्पति नीच का हो तो ज्ञान तो अपनी जगह कुण्डली में और भी कई कारण से हो सकता है लेकिन यहां भी आदमी धार्मिक

प्रवृत्ति का होता है परन्तु यहां पर उसके लिए धार्मिक, ritualistic पहलू ज्यादा महत्त्वपूर्ण हो जाता है। Ritualistic पहलू में जैसे पूजा पाठ बढ़ जाते हैं और ऐसा आदमी यात्राएं बहुत करेगा धार्मिक स्थानों की, व्रत भी रखेगा, कथाएं भी करेगा, उसका जो ritualistic पहलू है, जब बृहस्पति उच्च का हो या अच्छी स्थिति में तब आदमी का जो धर्म है बड़ा आध्यात्मिक हो जाता है और objective हो जाता है और जब बृहस्पति नीच का हो तो धर्म subjective हो जाता है और आदमी धर्म के प्रति आशावान और निराशावान होता रहता है। मान लो प्रभु ने उनकी सुन ली, परीक्षा में पास हो गये या नौकरी लग गयी तो प्रभु से खुश हैं और प्रभु ने नौकरी नहीं लगवायी तो प्रभु से विरक्ति हो गयी। उसकी आस्था और अनास्था चलती रहती है। तो ये उसका ऐसा चलता रहता है और ऐसा आदमी धर्म भीरू भी हो जाता है। धर्म से डरता है और धर्म से डरता भी है और धर्म के नाम पर औरों को डराता भी है और उसको भरोसा जाता है कि उसके ऐसा न करने से वैसा हो जायेगा और वैसा न करने पर ऐसा हो जायेगा। जैसे आपने लोगों से बाते सुनी होंगी कि हमने एक यात्रा पर जाने के लिए बोला था पर हम गये नहीं, देवी नाराज हो गयी या देवता नाराज हो गये, देवी-देवता क्यों नाराज होने लगे। आप खुद ही याद करके दु:ख इकट्ठा कर रहे थे, आप खुद ही यात्रा करने नहीं गये। देवी-देवता को फुर्सत ही नहीं कि यात्रा के लिए आपकी टांग तोड़ दे। ऐसा नहीं होता, देवता ऐसा नहीं करता, लेकिन आपके मन में भय बैठ जाता है कि मैने ऐसा नहीं किया, इसलिए ऐसा हो गया। ऐसा कई बार सोचा था कि ऐसा-ऐसा करेंगे और व्रत रखेंगें, व्रत रखेंगे तो ठीक हो जायेगा। मान लो व्रत रखना भूल गये, आदमी को लगता है कि कोई बड़ा भारी पाप कर दिया। एक और चीज लगती है, मान लो आपने कुछ खा लिया, किसी के घर चले गये उसने खिला दिया तो ऐसा आदमी अपने से ही डरता रहता है। जबकि जितनी भी धर्म की बात है, ऐसा कुछ भी नहीं है, मान लीजिए व्रत भूल भी गये, खा भी लिया, प्रभु नाराज होने वाले नहीं है। क्योंकि भूलना, खा लेना, ये सब आपकी memory की बात है और आपने ध्यान नहीं दिया। पचास काम होते हैं आदमी को, तो आदमी भूल भी जाता है उससे प्रभु को इतनी चिंता नहीं है कि आपने क्या किया। प्रभु इतने संकीर्ण होकर नहीं सोच रहे। लेकिन ऐसा आदमी संकीर्ण होकर सोचता है।

प्रश्न: *मान लो गुरु का नीच भंग नहीं हुआ और गुरु नीच राशि में भी और वक्री भी है, तब गुरु क्या करता है?*

उत्तर: पहली अवस्था मैने आपको बतायी कि जब गुरु नीच का हो तो आदमी धर्म भीरू होगा, धर्म से डरेगा। मान लो उसका काम नहीं हुआ तो अब मैं 21 व्रत रखूंगा या फलाना करूंगा या सोमवार व्रत रखना शुरू कर दूंगा और खुद ही अपने मन से, ऐसा नहीं है कि कोई उसे बताये। वो खुद ही चर्चा सुनता रहता है या किसी से सुन लिया, किसी को समझ लिया, खुद ही decide करता रहता है। अगर उसका काम हुआ तो बड़ा खुश है और काम न हुआ तो नाखुश है। लेकिन उसकी धर्म में आस्था पक्की होती है। बीच में चाहे टूट जाये लेकिन उसकी धर्म में आस्था बड़ी पक्की होती है। ये जो गुरु नीच का हो वक्री न हो तब की स्थिति है और जब गुरु नीच का हो और वक्री भी हो तब क्या होता है आदमी यहां भी धार्मिक होता है, धर्म के प्रति उसकी रूचि रहती है, आस्था रहती है, वक्री होने से उसका जो आध्यात्मिक पहलू है वो ज्यादा उजागर होता है। वो ritualistic तो होगा, rituals जो है, संस्कार जिसको बोलते हैं वो तो करेगा ही करेगा, उससे ज्यादा जो उसका अंदाज होगा सोचने का, समझने का वो आध्यात्मिक होता चला जायेगा समय के साथ, he will be more on spiritualism side जब spiritualism की बात करते हैं तो धर्म और spiritualism में अंतर सब लोग जानते हैं। मुझे समझ में आता है। धर्म में rituals ज्यादा important part play करते हैं और उसमें आकृति का भी सवाल है। धर्म में कोई आकृति चाहिए। मतलब द्वैत का है और अद्वैत में चले जाओगे। तो इस तरह का अंतर उनमें होता है।

प्रश्न: *गुरु का नीच भंग किन - किन ग्रहों से होता है और नवांश में गुरु किस राशि में हो तो उसका नीच भंग हो जाता है?*

उत्तर: गुरु मकर में नीच होता है। मान लो कि अगर गुरु मकर में हो और चन्द्रमा कर्क में तो चन्द्रमा से उसका 'नीच भंग' हो जाता है। तो पहला जो 'नीच भंग' होता है चन्द्रमा से होता है और दूसरा जो 'नीच भंग' होता है वह मंगल से होता है। मान लो गुरु मकर में और मंगल मेष में हो तो वहां पर 'नीच भंग' हो जायेगा और ये एक स्थिति है। जब मंगल कर्क में है तो नीच का होता है। गुरु मकर में नीच हो या आमने-सामने हो तब भी दोनों के गुरु का और मंगल का नीच भंग हो जाएगा। ऐसी भी एक स्थिति है। गुरु का एक 'नीच भंग' चन्द्र से होता है, दूसरा मंगल से होता है गुरु का 'नीच भंग'। इसके अलावा मान लीजिए गुरु मूल कुण्डली में नीच का है और नवांश कुण्डली में उच्च का हो गया वहां भी 'नीच भंग' हो जाता है और भी स्थिति है ये जो गुरु की debiliate state है वो खत्म हो जाती है।

प्रश्नः जब गुरु का 'नीच भंग' चन्द्रमा से होता है तो गुरु में कितने परिवर्तन आते हैं और गुरु कितना अच्छा हो जाता है?

उत्तरः देखिये चन्द्र और गुरु जो है इनका कुण्डली में बड़ा महत्त्व रहता है। जितने भी योग बनते हैं वो सूर्य के कारण या चन्द्र के कारण बनते हैं। जब भी योग चन्द्र के कारण बनते हैं तो उसमें गुरु का, मंगल का बड़ा और अन्य ग्रहों का भी महत्त्वपूर्ण योगदान रहता है। जैसे 'गजकेसरी' योग है बड़ा पुख्ता और सुन्दर योग है जो आदमी में आमूलचूल परिवर्तन कर देता है वो चन्द्रमा और गुरु से बनता है। मान लीजिए गुरु जो है मकर में है और चन्द्रमा भी मकर में आ गया या कर्क में चला गया तो दोनों ही स्थितियों में एक तो 'नीच भंग' हो गया और दूसरा 'गजकेसरी' योग भी बन गया। तो दो योग बन गये, जब भी चंद्रमा से योग बनेगा तो एक तो 'नीच भंग' हुआ और एक नया योग create हुआ राजयोग।

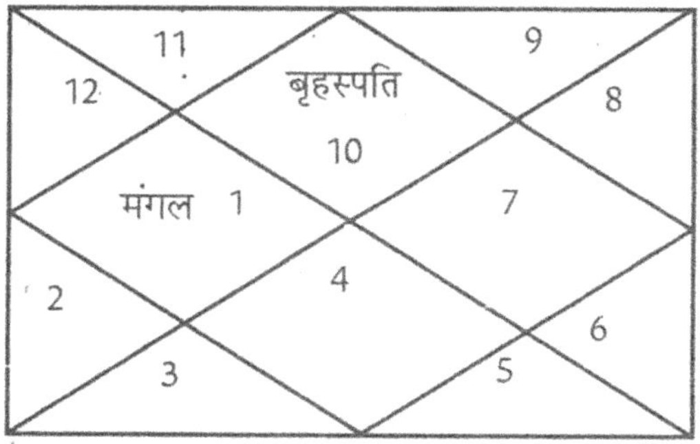

सशक्त मंगल से बृहस्पति का नीच भंग

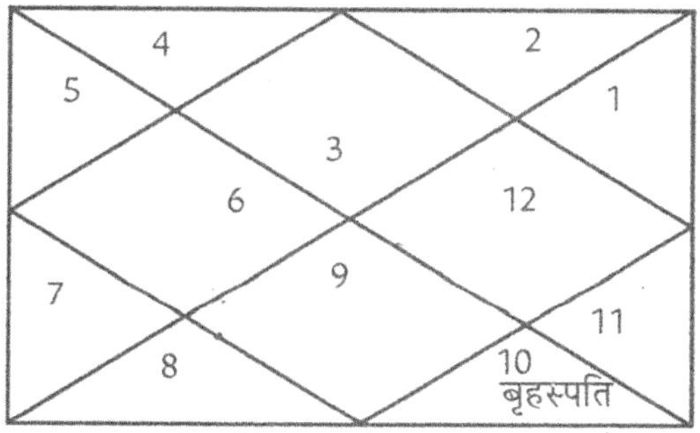

नवांश में बृहस्पति का नीच भंग

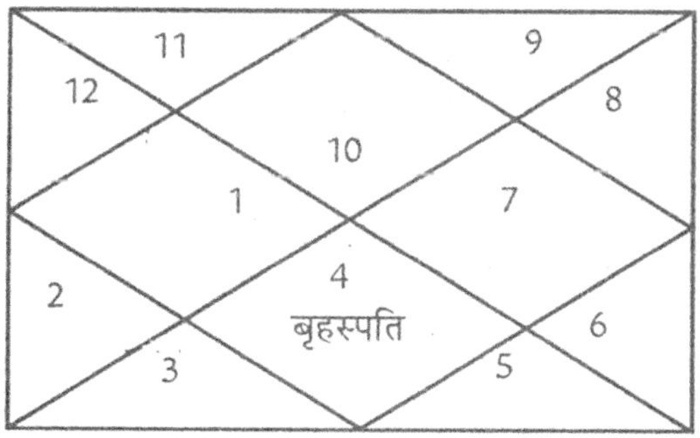

नवांश कुंडली

प्रश्न: भाम्बी साहब जैसे आपने चन्द्रमा से बताया तो क्या ये कोई अच्छे फल भी देते हैं?

उत्तर: मैंने बताया ना जहां राजयोग हो गया तो बात ही खत्म हो गयी। नीच भंग जहां हुआ तो वहां गुरु के जितने भी negative points है सारे खत्म हो गये। मान लीजिए नीच होने के कारण गुरु उन्नति नहीं दे रहा या आदमी के व्यवहार में परिवर्तन है वो तो है ही या अव्यवस्था या व्यवधान आ रहे हैं जीवन में, growth में problem है, finance में problem है, बच्चों में problem है या कोई भी जीवन में जहां भी आदमी तरक्की करना चाहता है वहां दिक्कत है तो 'नीच भंग' होकर योग भी पैदा हो जाता है। Invariably चन्द्रमा के साथ में राजयोग परिर्णित हो जाता है वहां सारी जगहों पर। तो दो तरह के फल होते हैं एक तो नीच भंग हुआ और दूसरा राजयोग भी हो गया। गुरु और चन्द्र का 'गजकेसरी' बन जाता है और योग भी बन सकते हैं ये तो बन ही जाता है। 'अधियोग' भी बन जाता है। जहां भी योग बनेगा वहां पर उसका जो negative, जितना भी है वो खत्म हो जायेगा।

प्रश्न: जब गुरु का नीच भंग मंगल से होता है तो गुरु में कितने परिवर्तन आ जाते हैं?

उत्तर: जब भी नीचभंग होगा तो जैसा मैने बोला जो भी गुरु के negative फल है वो सारे खत्म होंगे। दूसरा ग्रह उसको एकदम उठा देगा। मंगल बड़ा force वाला ग्रह है, चन्द्रमा, जैसे मन का बता रहा था। मंगल में बड़ा force है तो वो सारी ताकत गुरु को दे देगा। गुरु जब भी

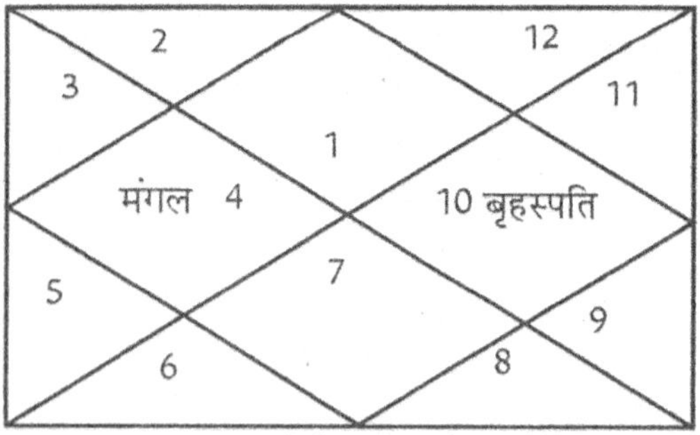

मंगल - बृहस्पति दोनों नीच ग्रहों का नीच भंग

उच्च के बृहस्पति से मंगल का नीच भंग

debiliated हो जाता है तो उसको additional strength की आवश्यकता पड़ती है। अगर कोई भी ग्रह उसको दे देगा, especially वो ग्रह जो उसका 'नीच भंग' करने में मदद दे रहा है तो वहां गुरु negative ना रहकर positive हो जायेगा।

प्रश्न: *आपने गुरु की बड़ी तारीफ की, आपने गुरु के बारे में बोला भी है कि यदि गुरु का और ग्रहों के साथ में योग बन जाये तो गुरु पूरी कुण्डली को विशिष्टता प्रदान करता है और खासकर जब गुरु नीच का हो तब क्या करता है?*

उत्तर: गुरु जब नीच में हो तो जैसा कि मैने बोला आदमी कई बार अपने ही confusion में फंसता है। धर्म जो आगे बढ़ने का मार्ग है, वो भी अधर्म का मार्ग हो जाता है। आदमी ज्यादा आडम्बर में फंस जाता है, fanatic हो जाता है, यह सभी स्थिति में दुख देता है। ये धर्म का जो आडम्बर है, आडम्बर वाला पक्ष ज्यादा उजागर हो जाता है। धर्मान्धता भी गुरु से आती है। जब गुरु नीच का हो, negative ग्रहों से संचालित हो जाये तो वहां आदमी धर्मान्ध हो जाता है, तो धर्म को लेकर काफी स्थितियां उल्टी हो जाती है। Negativism की तरफ चला जाता है और जब गुरु का 'नीच भंग' हो जाता है तो गुरु के जितने भी दोष हैं वो खत्म हो जाते हैं। फिर आदमी आंख बंद करके नहीं जीता, objectively जीता है। बिल्कुल ही आंख बंद करके नहीं जीता, equality का जो भाव है, हर किसी के प्रति सम्मान और प्रेम, वो सारा करने के लिए प्रेरित हो जाता है। गुरु अगर अच्छा हो जाये तो गुरु की सारी बुराइयां खत्म हो जाती हैं।

❑❑❑

13

शुक्र - संघर्ष और परम सुख देता है

दिनांक: 11/09/2003 **(श्री अशोक अग्रवाल)**

भूमिका: पिछले कुछ दिनों से हम ग्रहों की बात कर रहे हैं। बहुत सारे ग्रहों की बात की है हमने। सूर्य, चन्द्रमा, मंगल, बुध, बृहस्पति की और आज हम बात करने वाले हैं शुक्र की यानि Venus की। Venus का संबंध हमारे जीवन में सबसे महत्त्वपूर्ण है। हालांकि बाकी सारे ग्रह उनका संबंध भी महत्त्वपूर्ण ही है। शुक्र का संबंध है, धन से, संपत्ति से, वैभव से, सुख से, आकर्षण से और जितने भी आराम हो सकते हैं, जितनी भी सुख सुविधाएं हो सकती हैं उनका संबंध शुक्र से है और हम सब लोग सुख को ढूंढ़ने के लिए ही घूमते रहते हैं। आदमी ज्यादा से ज्यादा सुखी होना चाहता है और सुखी होने के लिए धन चाहिए और शुक्र का संबंध धन से भी है। आदमी जब सुखी हो जाये तो उसको कई तरह की सुख देने वाली चीजें चाहिए जैसे कि संगीत, संगीत का संबंध भी शुक्र से है। नाच-गाना, फिल्म उद्योग है जितना भी, जो भी कोई फूल है तो और स्त्री को आदमी ने सबसे ज्यादा अपने सुख का साधन माना उसी तरह स्त्री ने पुरूष को सुख का साधन माना तो वो भी शुक्र है। तो ये सारा शुक्र है।

प्रश्न: *इस दुनिया में हर आदमी सुखी रहना चाहता है और सम्पन्न होना चाहता है और इस दुनिया में आदमी की जो पहचान है तब तक नहीं होती जब तक वो भौतिक स्तर पर सफल नहीं हो जाता। सफल होने पर ही आदमी को महत्त्व और शौहरत क्यों मिलती है?*

उत्तर: ठीक बात है आदमी को हम कैसे पहचानेंगे। मान लीजिए एक भीड़ है लोगों की और भीड़ में लोग चले जा रहे हैं तो ढूंढना मुश्किल है कि किसके पास क्या है, किसके पास क्या नहीं है। मान लो शाम को भीड़ में लोग जा रहे हैं, किसी जलसे में लोग जा रहे हैं तो आप नहीं पहचान सकते। जब भी आप आदमी को पहचानोगे तो पहचानोगे कि कैसे वो अपने को प्रदर्शित करता

है, उसका getup क्या है, क्या पहनता है, क्या खाता है, कहां रहता है, कहां से आता है, कहां जाता है, क्या उसका style है। Style is a man, ऐसा कहते हैं ना, हर आदमी का एक style है औरं style तब आता है जब आदमी ने कुछ उपलब्धि प्राप्त की हो और उपलब्धि कहां प्राप्त की जा सकती है, मान लीजिए पढ़ता हो आदमी तो education में हो सकती है, खेलता हो तो खेलने में हो सकती है लेकिन जीवन की उपलब्धि, विशिष्ट उपलब्धि है कि उसने सुख कितना अर्जित किया, सुख अर्जित करने के लिए कोई cost लगती है, price है, price देना पड़ती है। कहते हैं कि सांस लेने के लिए भी आपको पैसे की जरूरत है, पानी भी महंगा मिलता है। तो वो जो सब संपंनता है, सुख संपंनता है वो आती है शुक्र से और शुक्र की जो कई तरह की कहानियां है। शुक्र कहते हैं ज्योतिष में शुक्राचार्य राक्षसों का गुरु था, गुरु होने के लिए उसने बड़ी तपस्या की, शिव की आराधना की, तो शुक्र को कई सारे वरदान मिले, उसमें एक ये था कि वो संपन्न हो जाये, तो कहते है कि भगवान शिव ने इसे देवताओं की और राक्षसों की जितनी भी धन संपत्ति है उसका lord बना दिया। जिसमें दोनों लोक शामिल थे अर्थात पृथ्वी और स्वर्ग भी, दोनों के आदमी संपन्न हो गये और शुक्र के पास धन है और धन से सारी चीजों का संबंध है। तो इस तरह शुक्राचार्य या शुक्र की कहानियां भी चलती जाती हैं।

***प्रश्न:** पंडित जी शुक्र जिन दो राशि का स्वामी है उनसे भी इसका कोई संबंध है?*

उत्तर: देखिये Taurus का जो संबंध है, Taurus zodiac की दूसरी राशि है और पहली जो राशि है वो मेष है। मेष जो राशि है ऐसा मानकर चलें जैसे पहाड़, आप कल्पना कर सकते हैं जैसे कोई पहाड़ी ऐसी कोई स्थिति, जहां कोई आदमी पहाड़ से चलकर आता है। आदमी की जो यात्रा शुरू हुई थी आदमी गुफा से आया था। We all come from caveman, we are caveman. हम सब गुफा के आदमी है। राशियां वे सब बताती हैं। दूसरी जो राशि है उसका जो element earth है, Taurus जो है पृथ्वी तत्व राशि है। आप ऐसा मान लो कि आपको 100 किलोमीटर land का टुकड़ा दे दिया जाये जो बंजर हो, उपजाऊ न हो, nonproductive हो लेकिन उसमें संभावनाएं बहुत हो और आपको उसमें छोड़ दिया जाये और आप अपने प्रयासों से, पूरे bull की तरह आप उसमें भिड़ जाये, पूरा bull का force लगा दें, ये bull भी इसका sign है ना। Bull का पूरा force लगा दें, जब आप पूरा force लगा दें तो आप उसको हरा-भरा कर दें, उसमें आप हरियाली पैदा कर दें। जब उसमें हरियाली

पैदा हो जाये तो वहां से उपजना शुरू होगा। क्योंकि आदमी का जो सुख है, सुख जमीन से ही शुरू होता है। पृथ्वी से अनाज आता है और पृथ्वी पर ही आदमी मकान बनाता है ultimately. जितना समुद्र बनेगा वह पृथ्वी का ही हिस्सा है। आदमी की जो यात्रा है वो यहां Taurus से होती है। Libra जो sign है, तुला जो sign है वो balance का sign है उसका जो तत्त्व है, उसका तत्त्व है वायु। पहले आपने जो धन कमाया, धन से आपने संपन्नता प्राप्त की। संपन्नता की चर्चा हुई, तो चर्चा की जो राशि है वो है तुला। तुला में आप खो गये। जैसे मान लीजिए बिल गेटस ने धन कमाया, तो पूरी चर्चा है उसकी, बिरला या टाटा तो उनकी चर्चा है, ऐसे फिर बाद में चर्चा हो जाती है, बाद में establishment है। Taurus में आपने एक बंजर को उपजाऊ बनाया और वहां से जो फसल आना शुरू हुई, रहने का जो बंदोबस्त हुआ तो वहां से पूरी सुख संपन्नता हुई तो शुक्र में दोनों राशियों से, उससे तो है ही, राशियां भी indicates करती हैं, पहले struggle और फिर उन्नति। जिंदगी में आदमी ने जो भी achievement किया हो चाहे वो धन से संबंध रखता हो या कोई और achievement या पद से संबंध रखता हो तो उस आदमी का struggle भी है। हम शुक्र को क्या समझते हैं कि बिना struggle के सब कुछ बनाया, ऐसा कुछ भी नहीं है। मान लीजिए आप धर्मेन्द्र की बात करें, वो बहुत बड़े स्टार हैं, ऐसा सुनते हैं कि एक ज़माने में train में बैठने के लिए उनके पास पैसे नहीं होते थे, local train में Bombay में। ऐसा भी है तो किसी भी आदमी की बात करेंगे। कितने से कितना बड़ा धन्ना सेठ हो तो उसने भी एक जमाने में struggle किया है। जो struggle है वो आदमी को आगे लेकर जाता है, ये तो बड़े लोगों की बात है। आम आदमी भी अपने struggle से बाहर आता है तो शुक्र का संबंध struggle से भी है। शुक्र दो तरह के काम करवाता है। एक तो मेहनत करवाता है, एक आपको आपके अस्तित्व के प्रति जाग्रत करता है कि आप चाहते हैं कि अच्छा कपड़ा पहनें, आप चाहते हैं कि अच्छा खाना खायें, आप चाहते हैं कि अच्छी जगह रहें, आप चाहते हैं कि अच्छी गाड़ी चलायें, तो ये सारी चीजें तब आती हैं जब आप कुछ करें, ऐसे नहीं आती। अपने अस्तित्व की पहचान कराता है, मान लीजिए एक आदमी के पास बड़ा ज्ञान है, एक आदमी बड़ा अच्छा गाना गा सकता है। इस दुनिया में आते - आते जहां हम आ गये वो अच्छा गाना गाता है, हो सकता है वो सुख के लिए गा रहा हो लेकिन गाकर वो आशा भौंसले नहीं होता, मोहम्मद रफी नहीं होता या उससे जुड़ी जितनी संपंनताएं है वो उसके पास नहीं आती तो उसका

identification नहीं होता, आपका जितना भी talent है, salable talent है वो salable talent तब ही मालूम पड़ता है कि आपके पास धन संपत्ति कितनी है। तो धन संपत्ति आपको दर्शाती है। आप साधु भी बन जाये तो भी मालूम पड़ता है कि कितने आश्रम हैं आपके। कोने में बैठकर मालूम नहीं पड़ता, जमाना बदल गया। चूंकि शुक्र का वर्चस्व है तो मालूम पड़ता है कि इनके वहां भी आश्रम है, वहां भी हैं, यहां भी दिखते हैं, सर्वत्र व्याप्त हो जाये। दरअसल आदमी जितना-जितना व्यापक होता जाता है उसका असर उतना ज्यादा पड़ना शुरू हो जाता है।

प्रश्न: *इस दुनिया में जितना आकर्षण है या जितना जलवा है, glamour है वो है तो क्षणभंगुर लेकिन वो आदमी को इतना लालायित क्यों कर देता है?*

उत्तर: बिल्कुल शुक्र ही जिम्मेदार है, क्षणभंगुर तो है। लेकिन दो चीजें हैं दुख और सुख। दुख तो आदमी को ज्यादा आकर्षित नहीं करता, और दूसरा बोल सकते हैं गंदगी और स्वच्छता। तो गंदगी आदमी को ज्यादा आकर्षित नहीं करती। स्वच्छता में आदमी रहना चाहता है। एक फूल है और दूसरा बिल्कुल कांटों का वातावरण हो तो जो भी आदमी के सारे प्रयास है वो है कि मैं कैसे comforts में रहूं और अपने लोगों को कैसे comforts में रखूं। दो स्थितियां हैं पहली ये कि मैं कैसे comforts create करूं? आदमी अपने लिए ही comforts create नहीं करता। अपने परिवार के लिए, अपने बच्चों के लिए, जिनके लिए उसकी सारी जिम्मेदारी है। हर आदमी पर कोई न कोई जिम्मेदारी होती है शुक्र और जिम्मेदारी के लिए आपको कुछ करना पड़ता है और कुछ करने के लिए मेहनत करनी पड़ती है, प्रयास करने पड़ते हैं, जब प्रयास करते हैं तो वहां फिर से सुख संपन्नता आती है। है क्षणभंगुर लेकिन उस क्षणभंगुर में जो आनन्द है उसक। ठीक से बयान भी नहीं किया जा सकता।

प्रश्न: *Glamour के अलावा जीवन के जितने भी रस है उनसे इसका गहरा संबंध है वो सब शुक्र से प्रभावित हैं, इस पर जरा प्रकाश डालें?*

उत्तर: जीवन जितना भी है, रस है, जितना भी juice है, जितना भी glamour है, जितनी भी संपन्नता है, comforts है, luxury है, juice है। जीवन juice से चलता है। It is very strange. दो तरह के juice होते हैं। एक तो जीवन में चाहिए, शरीर में juice न हो तो शरीर नहीं चलता। शरीर को रसों का बना हुआ मानते है। रसों में बल्ड को भी ले सकते हैं हालांकि शुक्र का semen से संबंध हो जाता है directly but it can be there also. जितना भी connectivity है that is there. लेकिन इसके अलावा रस का जो

गहराई में संबंध है, जैसे रस नौ प्रकार के होते हैं जिनमें रौद्र रस, शृंगार रस, हास्य रस और आदमी को अपने को जीवित रखने के लिए केवल भीतर के रसों के बाहर के तो रस हैं उनमें भी संबंध रखना पड़ता है जैसे संगीत या जितने भी रस है और इतने ही movement आदमी के अंदर भी होते हैं। कभी आप बड़े परेशान है, कभी दुखी हैं, कभी रो रहे हैं, कभी रौद्र रस है तो कभी विलास है तो वो जो सारे रस हैं उन्हीं से जीवन संचालित होता है। शुक्र सबको represent करता है। इसीलिए हम अपने प्रेम के लिए इतने तड़पते भी हैं और प्रेमी मिल जाये तो अलग-अलग स्थितियां हैं, उसके कष्ट से हमको कष्ट होता है। हमारे किसी खास व्यक्ति को कष्ट हो तो उससे हमको पीड़ा होना शुरू हो जाती है। इससे पूरी इस दुनिया का संचालन है कि दूसरा कितने दुख में है, कितने सुख में है और उससे अपने को अपना भी पता चलता है कि हमारा औरों के प्रति concern कितना है। आपका जो concern हैं उससे होता है।

प्रश्न: *जब आदमी को ये सारे सुख मिल जाते है तो वो इनमें लिप्त हो जाता है या निर्लिप्त हो जाता है या उसकी क्या अवस्था होती है? और जब उसको ये सब नहीं मिलता तो आदमी की स्थिति क्या होती है?*

उत्तर: वो अलग-अलग स्थितियां है। पहले तो लिप्त की बात करते हैं। आप एक स्थिति चाहते हो कि मेरे पास इतना बड़ा घर हो जाये या इतने सारे नौकर-चाकर हो जायें या इतनी बड़ी कारें हो जाये। जैसे ही आदमी को घर मिलता है तो उस घर से आदमी की रुचि खत्म हो जाती है। उससे बड़ा घर पाने की इच्छा में आ जाता है। उसका जो पहला reaction होता है कि वो चाहता है कि आज ऐसी-ऐसी कार हो जाये, उसके बाद में उससे बड़ी कार चाहता है, फिर उससे बड़ी कार चाहता है। मान लीजिए उसके पास सारी स्थितियां हैं, तो अधिकतर आदमी लिप्त हो जाता है और जब वहां लिप्त हो जायेगा तो वहां से उसका पतन शुरू हो जायेगा, वहां से वो ऊंचाई पर नहीं जायेगा। उसी में वो लिप्त हो जायेगा, उसी से वो खुश होगा, उसी से वो नाराज होगा, उसी से संचालित होगा लेकिन शुक्र का एक और भी बड़ा खूबसूरत point है कि शुक्र का जो exaltation point है वो है Pisces में, मीन में जाकर उच्च का होता है और मीन जो घर है गुरु का घर है। और गुरु का संबंध ज्ञान से है और बारहवां जो sign है पराकाष्ठा का sign है। मतलब final, exit का sign है। तो पूरे ज्ञान का भंडार गुरु है और यहां पर सारी चीजें हैं और शुक्र वहां पर जाकर exalted होता है, उच्च होता है। अगर वहां आदमी को परम सुख में जाये तो उसके बाद उसकी जो पिपासा है, भौतिक सुख से हट जाती है और ज्ञान के सुख

की तरफ चली जाती है। जब वो ज्ञान के सुख की तरफ चल दे तो ज्ञान से एक शान्ति, एक संतुष्टि, एक satisfaction और उसको वो सारी चीजें से उसको उस तरह की दिक्कत नहीं आती। जिस आदमी ने सुख, संपन्नता, सारे सुखों को भोगा हो तो उसके बाद उससे उसकी विरक्ति भी हो जाती है। तो भोग फिर repeatition है, sex फिर repeatition है। हो सकता है शुरू में आपको बहुत attract करता हो लेकिन बाद में पुराने जो experiences है उनका repeatition है। वो repeat होता नहीं लेकिन वो एक आदत हो जाती है, कुत्ते की हड्डी जैसा मामला है। उस तरह की चीजें हैं। जब आपको ये भाव पल्ले पड़ता है कि कुत्ते को हड्डी में से खून नहीं आता बल्कि जबड़े में से खून आता है तो इस तथ्य को कुत्ता समझे न समझे, आदमी की समझ में आ सकता है लेकिन आदमी अधिकतर समझता है कि हडडी में से ही खून आ रहा है। शायद समझकर भी समझना नहीं चाह रहा।

प्रश्न: *पंडित जी, शुक्र को स्त्री ग्रह की संज्ञा क्यों दी गयी है?*

उत्तर: स्त्री ग्रह की संज्ञा इसलिए दी गयी है कि हमारी जितनी भी delicacies हैं इस दुनिया की वो स्त्री है। जितनी भी, आदमी ने कल्पना की फूल, फूल बड़ा सुन्दर है, नाजुक है, बड़ा क्षणभंगुर है, उसकी beauty से लगता है, खासतौर से आदमी को लगता है कि समाज शुरू से पुरुष dominated रहा है। पूरी दुनिया में पुरुष ने ही इसको dominate किया है। पुरुष ने जब dominate किया तो उसका जो opposite है, opposite sex वो स्त्री है। स्त्री न तो पुरुष की तरह strong होती है, मन की बात नहीं कर रहा हूं, physical की बात कर रहा हूं, nature ने उसको उस तरह से strong नही बनाया हालांकि आजकल स्त्री वो ही कर रही है। पहलवानी कर रही है अगर आप WWF देख ले तो लगता है कि वो पहलवान ज्यादा है, स्त्री कम है। तो उसमें स्त्री देखना बड़ा मुश्किल है, उसमें पहलवान देखना ज्यादा आसान है। आजकल जब वो compete कर रही है आदमी से तो muscle बनाकर compete कर रही है। Muscle बनाकर जरूरत नहीं है उसे compete करने की, वैसे भी compete करे तो आगे निकल सकती है। इसलिए भी उल्टा-पुल्टा हो रहा है जमाने में। वैसे भी women liberalization की एक स्थिति है, उसको भी सोचना पड़ेगा स्त्री को, एक अलग मुद्दा है altogether. चूंकि beauty का जो संबंध है हमारा वो स्त्री से है, जो delicate चीज है, जितनी भी delicate चीजें है उन्हीं ने आदमी को जोड़ा है। उसमें चूंकि स्त्री delicate और attractive है, शुक्र में ये सभी चीजें है और उसमें जो रस हैं, जितने भी रसों की कल्पना है, स्त्री से ज्यादा रस आदमी को कहां मिल सकता है।

प्रश्न: *पंडित जी आखिरी प्रश्न और पूछना चाहूंगा कि Pisces में जाकर शुक्र उच्च का हो जाता है। गुरु ज्ञान का ग्रह है। यदि भोग विलास में ज्ञान का प्रवेश हो जाये तो आदमी निर्लिप्त हो जाता है यानि शुक्र उच्च का हो जाता है, बहुत बढ़िया हो जाता हैं। तो Virgo में जाकर, कन्या राशि में ये शुक्र नीच का हो जाता है तो वहां ये नीच क्यों है,*

उत्तर: देखिये दो तरह की चीजें है। आदमी की जो उत्पत्ति होती है वो इस तरह से है। आदमी की उत्पत्ति स्त्री से है तो वहां स्त्री मां है। स्त्री creation कर रही है। स्त्री का संबंध creation से है, वो मां है उसका काम है शुक्र exaltation वाला। गुरु मां है, मां गुरु है तो वह अपने जैसा या अपने से सुन्दर एक बच्चे को जन्म देती है। आदमी का जो पहला attraction है वो औरत पर रहता है। और पुरुष के लिए वो Virgo है जब बच्चा पैदा हो रहा तो वो पुरुष से पैदा हो रहा है। बच्चा पैदा हो रहा है तो पुरुष के लिए वो Virgo है यानि कि sex है। अब वो मां है बच्चे के लिए। उसके लिए जिससे वो बच्चा पैदा कर रही है उसके लिए वो Virgo का काम कर रही है। उसके लिए नीच का शुक्र काम करता है जब तक कि वीर्य का पतन नहीं होगा तब तक बच्चा पैदा नहीं होगा। एक जगह उसका निम्न स्तर है और एक जगह उच्च स्तर है। जब तक वो निम्न से नहीं जुड़ेगा तब तक उच्च पैद्रा नहीं होगा। घानिष्ट संबंध है एक दूसरे का। शुक्र को हम ऐसे देखते हैं। Virgo में शुक्र नीच के हो जाते हैं क्योंकि वहां से उत्पत्ति है। जो उत्पन्न हो रहा है उसके लिए महान हो जाता है शुक्र। तो मां के दो रूप हो जाते हैं। मां, मेरी मां हो सकती है, मेरे पिता के लिए उनकी पत्नी हो सकती है और दोनों के लिए स्त्री का जबरदस्त महत्त्व है और दोनो के बिना जीवन नहीं चलता। इसलिए स्त्री के साथ दोनों ही जुड़े रहते हैं पति भी और बेटा भी।

❑❑❑

14

संजीवनी एक छलावा है

दिनांक: 12/09/2003 (संगीता जी)

भूमिका: आज हम बात कर रहे हैं शुक्र की और शुक्र से जुड़ी बहुत सारी कथाएं हैं और एक कथा यह भी है कि शुक्र को जब भगवान शिव ने पृथ्वी और देवताओं की सारी जो धन संपत्ति है उसका lord बना दिया, संरक्षक बना दिया तो उसके बाद शुक्र ने क्या किया? शुक्र जो राक्षसों के देवता हैं एवं जो उनके अन्य शिष्य गण थे उनमें सारी धन संपत्ति बांट दी और हिमालय पर चले गये तपस्या करने। यह भी एक शुक्र का रूप है। इसकी हम बात करेंगे।

***प्रश्न:** तो इसका तात्पर्य यह हुआ कि शुक्र के जो पर्याय शुक्राचार्य हैं, जिन्होंने धनधान्य प्राप्त कर अपने शिष्यों में बांट दिया था तो क्या ऐसी भी कोई स्थिति आती है जब धन व वैभव से विरक्ति हो जाती है?*

उत्तर: देखिये जितनी भी कथाएं है वो केवल प्रतीक मात्र हैं। ऐसी कथाएं हुई हों या न हुई यह महत्त्वपूर्ण बिल्कुल नहीं है। अगर न भी हुई हों तो भी चलेगा, क्योंकि ये कथाएं बड़ी प्यारी है और बड़ी meaningful है। धन संपत्ति का मतलब यह है कि आपने पद, धन, संपत्ति पैदा किया और उसमें आसक्ति नहीं रखी। आसक्ति नहीं हुई तो वो धन संपत्ति आप पर हावी नहीं होता क्योंकि वो धन संपत्ति आपका creation है, आपने create की है। आपने पूरी जिन्दगी लगायी, पूरे प्रयास किये, पद प्राप्त किया, धन संपत्ति प्राप्त की या जितना भी वैभव हो सकता है वह भोगा आपने। इसके साथ problem ये है, भोगने का मतलब यह है कि फिर आदमी भोग विलास में फंस जाता है, लिप्त हो जाता है तो वो शुक्र का message नहीं है शायद कहीं। शुक्र का message है कि आपके पास धन संपत्ति इतना हो कि आपको किसी तरह की कमीं महसूस न हो। आपकी जरूरत से ज्यादा भी होना चाहिए, मैं इसके पक्ष में भी हूं, शायद शुक्र भी इसके पक्ष में है। क्योंकि जो निर्धन आदमी या विपन्न

आदमी होता है, उससे बड़ा कोई दुख नहीं होता। विपन्नता से बड़ा कोई कष्ट नहीं होता, ये दुख नहीं होता, इसलिए आपने खाया, पिया, ऐश किया और उसमें involve नहीं हुए। that is the message. इसलिए शायद शुक्र हिमालय पर चले जाते हैं।

प्रश्न: शुक्र, राक्षसों के गुरु कहलाए जाते हैं, राक्षसों से क्या अभिप्राय है?

उत्तर: राक्षसों से अभिप्राय यह है कि राक्षस again प्रतीक है, सारे प्रतीक हैं। राक्षस का मतलब यह है कि ऐसा मन जो पहले अपने लिए चीजें चाहता है और उसको जो चीजें चाहिए पहले अपने लिए। उसको शुक्र से जो चीजें चा!हिए, मान लीजिए मैं अपनी बात करता हूं सुंदर पत्नी चाहिए तो अपने लिए चाहिए, सुन्दर पुत्र चाहिए तो अपने लिए चाहिए, सुंदर घर चाहिए तो अपने लिए चाहिए, सुंदर कार चाहिए तो अपने लिए चाहिए। ये अलग बात है कि वो सारी सुंदर चीजें औरों को सुन्दर लगती हैं। ये शुक्र की खास बात है कि मुझे जो सुन्दर लगता है वह अपने लिए ला रहा हूं। मैं अपनी सुंदर पत्नी अपनी मां के लिए भी नहीं लाता, कहने को मैं कुछ भी कहूं। ये आदमी का मन है, हर आदमी का मन ऐसा ही है। Beauty के प्रति जो आपका आकर्षण है वो आपके मन से उपजा हुआ भाव है। किसी ओर के लिए नहीं है भाव तो ये राक्षस प्रवृत्ति हो गयी। You want things for yourself not for others. कुछ चीज आपको सिर्फ अपने लिए चाहिए। शुक्र की खूबी यह है कि आपके पास कोई चीज सुंदर हो तो वो औरो को भी सुन्दर लगती है। ऐसा नहीं है कि कोई और बोले की वो सुंदर नहीं है। सुंदर बेटा है ऐसा नहीं है कि असुन्दर है, सुंदर घर है तो ऐसा नहीं है कि कोई बोले बड़ा बेकार घर है। Jealousy में कुछ भी बोले आदमी, अंदर से जानता है कि सुंदर है तो सुंदर है तो राक्षस प्रवृत्ति से मेरा interpretation ये है कि जहां चीजें हमको भली लगें और हमको वो चीज़ें आकर्षित करें और जब आकर्षण गहरा हो जाये तो आसक्ति हो जाती है और आसक्ति अति हो जाये तो वहां स्वार्थ हो जाता है, वहां झंझट हो जाता है। तो फिर राक्षस मन वैसा भी हो जाता है जिसके लिए राक्षस बोला। ऋषि-मुनि बड़े विद्वान थे, बड़े ज्ञानी थे, जानते थे कि राक्षस मन जिसको पा लेता है तो उसको छोड़ना नहीं चाहता, हालांकि राक्षसों का गुरु शुक्र छोड़ देता है। होना वो चाहिए, होता ये है इसलिए धन से जुड़ी जितनी भी चीजें हैं, संपत्ति को लेकर, स्त्री को लेकर इस दुनिया में युद्ध होते रहे। जितने भी युद्ध हुए इस दुनिया में पिछले पांच हजार साल में इतिहासकार बोलते हैं कि 5000 युद्ध हुए, इससे भी ज्यादा हुए होंगे। तो ये सारे युद्ध इन्हीं कारणों से हुए, दूसरे

की संपत्ति चाहिए, दूसरे का देश चाहिए हड़पने को, दूसरे का महल चाहिए, तो ये राक्षस प्रवृत्ति है।

***प्रश्नः** शुक्राचार्य के पास संजीवनी भी थी और संजीवनी मृत आदमी को भी जिन्दा कर देती थी। आज विज्ञान के चलते क्या यह possible है?*

उत्तरः Actually, संजीवनी जो है ये प्रतीक हैं सारे। इनको समझना पड़ेगा। संजीवनी क्या है hope है hope, उम्मीद। एक आम आदमी को उम्मीद चाहिए और राक्षस मन को तो बहुत ज्यादा उम्मीद चाहिए कि तुम मर जाओगे तो भी जिन्दा कर लूंगा, जाओ, युद्ध में जाओ। ऐसा होता होगा, ये मुझे नहीं लगता कि ऐसा होता होगा। मुझे यह बात समझ में नहीं आती। ऐसा होता तो आज भी कहीं न कहीं संजीवनी होती। क्योंकि संजीवनी जैसी कोई चीज हो नहीं सकती, क्योंकि body जो है, body का जो structure है जिस प्रकृति से हम आते हैं nature से। तो शरीर का पहला गुण है क्षय होना, शरीर एक सा नहीं रहता। शरीर का मतलब ही है क्षय होना, जो क्षय होने वाला है उसको आप जिन्दा नहीं कर सकते। ऐसा कोई अमृत है भी नहीं, अगर अमृत से जिन्दा भी कर दोगो तो उसका decay कैसे रोकोगे। आप 100 बरस के बाद आदमी को एकदम जवान पट्ठा पायेंगे ऐसा नहीं हो सकता। तो decaying process का मतलब खत्म हो जायेगा। संजीवनी का मतलब बैठता नहीं कोई। संजीवनी एक ढकोसला है, एक उम्मीद है और आदमी इस उम्मीद पर जीता है कि मैं कभी न मरूं। तो उसके लिए संजीवनी ढूढ़ता रहता है, आज भी पूछता रहता है। आज वो अपनी उम्र बढ़ा रहा है, पहले life expectancy थी 30-35 साल थी आज से 50 साल पहले, आज वो 55-60 के बीच में है। हो सकता है 100 साल के बाद आदमी 150 साल तक भी जीने लगे लेकिन उसका decaying process stop नहीं हो सकता। There is no way, otherwise nature के खिलाफ हो जायेगा। तो इसलिए संजीवनी न तब थी, न आज है न कल होगी। होगी तो उसका कोई मतलब नहीं होगा क्योंकि decaying process तो होगा ही होगा। जब decay होगा तो सब कुछ खत्म हो जायेगा, nothing will remain the same. यह मामला hope से संबंध रखता है क्योंकि हम इस बात पर जिन्दा रहते हैं कि आज पैसा नहीं है, कोई बात नहीं है, कल आ जायेगा, चिन्ता न करो। आज पद नहीं कल आ जायेगा। आज health नहीं कल आ जायेगी, आज पत्नी नहीं कल आ जायेगी, आज पुरुष नहीं कल आ जायेगा। Whatever जिसको जो चाहिए, तो ये जो सारी उम्मीदें हैं, उम्मीदों

का संबंध संजीवनी से है न कि उस संजीवनी से है जिसको हम समझ लेते हैं। हमने क्या किया कि संजीवनी दवाई होती है, संजीवनी बूटी, धनवंतरी आये, ऐसी कोई दवाई नहीं होती, न है, न ऐसी कभी होगी। ऐसा मेरा मानना है।

प्रश्न: *आदमी धन कमाने के लिए, संपत्ति पाने के लिए और सुन्दर चीज को अपने पास रखने के लिए नियमों का पालन न कर सभी हथकंडे अपनाते हैं। इसमें शुक्र का क्या role है?*

उत्तर: पहली बात तो ये है कि आप इस लायक है जैसे संपत्ति कमाना या अच्छे-अच्छे जितने भी भोग है, उनको प्राप्त करना, इसमें कोई आपत्ति नहीं है, भोगने में ही भोग है। नाम है भोगने का, नाम से ही स्पष्ट है। योग अलग है तो भोग अलग। भोगना भी होता है आदमी को। आदमी भोग के लिए आता है और आदमी की पहली इच्छा भोग की होती है। योग तो उसको सिखाया जाता है। भोग उसके सहज में आता है, योग उसको समझाना पड़ता है। पूरी दुनिया का यही हाल है। भोग के प्रति हर आदमी की आसक्ति natural है। क्योंकि हर आदमी सुख चाहता है। अच्छा बैड मिले तो क्या बुरा है, अच्छा घर मिले तो क्या बुरा है, अच्छा माहौल मिले तो क्या बुरा है, अच्छे सुंदर पकवान मिले तो क्या बुरा है। हो सकता है आपके मुंह में पानी आ रहा हो लेकिन हर आदमी को मन ऐसा ही है। हर आदमी के मन में कहीं न कहीं ये ही है। तो भोग के प्रति आदमी की आसक्ति जायज है। बिल्कुल genuine है लेकिन मुश्किल कब आती है कि आप सक्षम तो हैं नहीं, दूसरे ने प्राप्त किया उससे आपको jealousy है, उससे आपको असुविधा है तो फिर आप येनकेन प्रकारेन उसके धन को हड़पना चाहते हैं या उसको दुख देना चाहते हैं, चोरी चकारी, वहां से एक माहौल ही अलग शुरू हो जाता है। अच्छा फिर जितने भी नियम है आप उन सबको ताक पर उठाकर रख देते हैं। जो विधि विधान है, कानून को अपने हाथ में लेने की कोशिश करते हैं, यदि धन बिना प्रयास के आता दिखता हो तो फिर आदमी प्रयास नहीं करता। ऐसा कहते हैं कि भारत में कृष्ण से पहले एक ऐसी संस्कृति थी चारवाहक की। चारवाहक की संस्कृति ये थी, चारवाहक बड़े भारी ऋषि थे वो कहते थे कि उधार लो और घृत खाओ। उसके बाद कृष्ण ने जो गीता में सुनाया तो वो कर्म की पूरी philosophy थी। वो बाद की बात थी। उधार लो और घृत खाओ। घी, मक्खन खाओ वो चाहे उधार से मिले। ऐसा मन हो जाता है आदमी का। जब आदमी का मन पतन की तरफ जाता है, भोग विलास से, धन, संपत्ति से जुड़

जाता है तो फिर वो सारे नियम उठाकर ताक पर रख देता है। तो शुक्र उसकी इजाजत नहीं देता, शुक्र उसके favour में नहीं है। शुक्र उसके पक्ष में नहीं है लेकिन फोकट में जब चीजें लेने की आदत पड़ जाती है तो आदमी की प्रवृत्ति विकृत हो जाती है। पहले जब आदमी को अलग से पैसा आता दिखता है तो आदमी रिश्वतखौर हो जाता है। मुझे कहने की जरूरत नहीं है आदमी क्या-क्या नहीं करता। हम सब जानते हैं कि आदमी क्या-क्या नहीं करता।

प्रश्न: *जब कुण्डली में शुक्र नीच का हो तो कैसे फंसाता है? यह हमेशा बुरे परिणाम ही देता है या अच्छा भी करता है?*

उत्तर: देखिये कुण्डली में जब शुक्र उच्च का होगा या शुक्र कुण्डली में बड़ा संतुलित होगा, संयमित होगा तो आदमी इस तरह की चीजों की तरफ आकर्षित नहीं होगा। वो अपने हक के लिए तो लड़ेगा, हक प्राप्त करने के लिए तो प्रयास करेगा, वो competition से तो निकल कर आयेगा। वो धोखाधड़ी में believe नहीं करेगा, वो इधर उधर के जो negative methods हैं उनकी तरफ नहीं जायेगा, उसका सीधा-सीधा positive approach होगा और मान लीजिए उसको उसमें सफलता नहीं मिली तो वो अपने मन को समझा पायेगा और समझ पायेगा और मान लो नहीं समझ पायेगा, उत्तेजित भी होगा, तो कोई भी उसको समझायेगा, जैसे कोई घर का, कोई मित्र, कोई भी गुरु, मास्टर, टीचर। वो उसकी बात को समझ पायेगा और उसमें जो भी कुछ है उसमें संतुष्टि का अनुभव होगा। लेकिन जब वो नीच का होता है, नीच का जो विषय है बड़ा गहरा विषय है, मैं ऐसा नहीं कहता कि जिसकी भी कुण्डली में नीच शुक्र है वो ऐसा हो जायेगा। नीच का शुक्र हो और uncontrolled हो तब आदमी की प्रवृत्ति तो जो नियम हैं, वो जो विधान हैं, जो systems हैं जो dos हैं और don't हैं वो dos में कम और don't में ज्यादा believe करेगा। ऐसा नहीं है कि जब नीच को शुक्र है तो व्यक्ति यह ही कर रहा होगा। ये ग्रहों की बड़ी खूबसूरती और ज्योतिष की बड़ी महानता है और ग्रह आपस में ऐसे चलते हैं। जब शुक्र चलता है।शुक्र नीच का होता है कन्या में आकर और जब शुक्र नीच का होता है तो अधिकतर उसके साथ बुध होता है। जब बुध होगा तो उसका 'नीच भंग' हो जायेगा। जब 'नीच भंग' होगा तो शुक्र में जो tendencies हैं वो सारी नहीं प्रकट होंगी। शुक्र का जो संबंध है, शुक्र जब नीच का होता है तो क्या करता है। इस विषय को किसी और दिन लेना पड़ेगा। जब शुक्र नीच का होता है तो आदमी को वो सारे सुख चाहिए, सुख उसको अपनी ओर बड़ी जल्दी आकर्षित करते हैं, किसी को भी करते हैं, उसको बड़ी जल्दी

करते हैं। ऐसा मानो। और वहां पर वो नियमों की परवाह नहीं करता, नियमों से उसका संबंध नहीं होता और उसकी दो स्थितियां हैं या तो वो exploit करेगा लोगों को या लोग उसको exploit करेंगे। ये उसकी कुण्डली पर निर्भर करेगा कि पहले उसका exploitation हो रहा है या वो लोगों को exploit कर रहा है तो वहां पर exploitation पहला होगा और वहां पर जितनी भी हैं sex को लेकर problem आयेगी। Sexual life को लेकर problem आयेगी। ये एक होगा, धन संबंधी मुश्किलातें आयेंगी और कई बार ऐसा लगेगा कि इज्जत भी जाती मालूम पड़ेगी, कई बार भारी losses भी होते मालूम पड़ेंगे। आदमी अपनी property भी खो सकता है और relationship में tension रहेगा। relationship चाहे वो पति-पत्नी के बीच के रहे हों, प्रेमी-प्रेमिका के बीच के रहे हों, या परिवार से संबंध रहा हो तो वहां पर असुविधाएं आयेंगी, जीवन में असफलताएं आयेंगी, मतलब इस तरह का रहेगा और आज आदमी एक काम को बड़े उत्साह से शुरू करता है, कुछ दिन बाद फिर मालूम पड़ता है कि उसका उत्साह खत्म हो गया। इधर - उधर करेगा। उसकी जो साख है, उसको अपनी साख maintain करने में बड़ा संकट रहता है। उसकी जो साख है कहीं न कहीं doubtful रहती हैं और कहीं न कहीं वो फंसता रहता है। These are the factors. पूरे विषय को हमको लगता है अलग से लेना पड़ेगा क्योंकि शुक्र का अधिकतर 'नीच भंग' हो जाता है, कई बार शुक्र supported हो जाता है, सूर्य से भी मदद मिल जाती है उसको, कई बार गुरु भी मदद कर देता है, कई बार शनि भी मदद कर देता है, कई बार चन्द्र भी मदद कर देता है। तो बहुत सारे ग्रह, मान लो 'नीच भंग' ना हो एक तरह से तो बहुत सारे ग्रह मदद कर ही देते हैं। अगर शुक्र को मदद न मिले कहीं से तो वहां जीवन में definitely असुविधाएं, संकट, परेशानियां बनी रहती हैं।

❑❑❑

15

शुक्र का नीच भंग और समलैंगिक यौन समस्या

दिनांक: 16/09/2003 (संगीता जी)

भूमिका: पिछले कुछ दिनों से हम बात कर रहे हैं शुक्र की, शुक्र के विभिन्न पहलूओं की हमने बात की। एक पहलू है जिसकी बात न की जाए तो बात पूरी नहीं होती और कई बात करने में भी अजीब सा लगता है लेकिन बात तो करनी पड़ेगी। शुक्र का जो गहरा संबंध है वो है sex से, जीवन के sex से। बड़ी अजीब बात है कि sex के ऊपर इतना कहा गया, इतना लिखा गया, भारत पहला देश है जहां पर वात्सायन भी है। ऐसा कोई देश नहीं मिलता जहां पर शास्त्र की तरह से इस विषय को पढ़ा गया और बहुत गहरे में जाकर जाना गया। जितने आश्रम है, चार आश्रम हैं तो उनमें से एक गृहस्थ आश्रम भी है, उसका भी sex से पूरा लेना देना है और खजुराहो भी है हमारे, अजन्ता भी, एलोरा भी है फिर भी कहीं न कहीं हम बात करने से डरते हैं। हमें लगता है कि ऐसी बात करेंगे तो शायद लोग क्या कहेंगे, क्या सोचेंगे, क्या होगा, बच्चों के सामने कैसे बात करेंगे, बड़ों के सामने कैसे बात करेंगे, तो इस सबके चलते-चलते भी काफी कुछ perversion हुआ है और इसकी बात करेंगे, फिर शुक्र की बात करेंगे, जब शुक्र नीच का होता है तो कैसा होता है?

प्रश्न: *Union जीवन की शुरूआत है और जब बच्चा पैदा होता है तो बच्चे में कोई खोट नजर नहीं आता, वो creation मालूम पड़ता है जबकि sex की बात करने से आदमी बचता है। ऐसा क्यों है?*

उत्तर: इसमें जो है शुक्र का कोई कसूर नहीं है। इसमें जो कसूर है समाज का कसूर है। शुक्र अपनी जगह पर है, जैसे आपने बोला की यूनियन पवित्र है, विवाह करते हैं तो विवाह का मतलब क्या है हम सब जानते हैं। इसलिए दुनिया में विवाह होता है और अगर मैं यहां बैठा हुआ हूं या कोई घर पर

बैठकर हमको देख रहा है तो हम यहां sex के कारण बैठे हुए हैं। अगर sex न होता तो हम यहां नहीं होते, सवाल ही पैदा नहीं होता। लेकिन हमको बात करने में अड़चन है। जो आपने बोला बच्चा sacred है, पवित्र है, उसको देखकर प्रेम झलकता है। किसी का बच्चा हो, गरीब का बच्चा हो, काला हो, गोरा हो, कैसा भी हो उसके प्रति तो कोई दिक्कत नहीं है, वो हमको स्वीकार है और sex की बात करना हमको स्वीकार नहीं है क्योंकि उसके पीछे कारण क्या हुआ कि हमने उसको इतना दबाकर रखा। दो स्थितियां है। एक स्थिति यहां पर वात्सायन है इतनी गहरी बात करता है, शास्त्र है पूरा और दूसरी तरफ खजुराहो है, अजन्ता है, एलोरा है, इतनी openness है और दूसरा इतना दबाव है। दोनों के चलते क्या हुआ कि दब के रह गया और दब के रह गया इस कारण से हमको बात करने में बड़ी असुविधा है और शायद इस कारण से दुनिया में sex related अपराध होते हैं या sex related अज्ञानता है, इस कारण बात नहीं की। हालांकि अब open up हो रहा है लेकिन ठीक से open नहीं हो रहा। इसके लिए दोषी समाज है, समाज के टीचर हैं, जिन लोगों ने बात को अलग तरह से सोचा और बात को दबाने की कोशिश की।

प्रश्न: *इस दुनिया में एक और समस्या है। union अपने आप में पवित्र है लेकिन आदमी ने शुरू से ही sex में perversion को allow किया है। इससे शायद लगता है कि इसमें sex की जो purity खत्म हो गयी और perversion ने उसमें अश्लीलता ला दी।*

उत्तर: ये जो Perversion है, perverted sex जिसको बोलते हैं। ये आज से नहीं है, शुरू से है। It is very strange, आज की जो समस्या है, gay समस्या है या lesbian समस्या है, ऐसा नहीं है कि पहले नहीं थी। बल्कि हमारे यहां तो वराह मिहिर ने ऐसे योग बोले हैं कुण्डली में, कि इस तरह योग हों तो व्यक्ति gay होता है, lesbian होता है और जब वात्सायन बात करते हैं तो वो भी gay की बात करते हैं, lesbian की बात करते हैं। तो वो एक sex से जुड़ा हुआ पहलू है, वो एक अलग मुद्दा है लेकिन वो जो perverted जो शब्द आपने बोलां, perversion जो हुआ, perversion इस कारण से हुआ कि आदमी ने जो अपने को freedom अख्तियार की sex में, sex का जो natural course है। सिर्फ इतना सा है, आदमी में भी है, जानवर में भी है कि अपने जैसा पैदा करना, बात खत्म हो गयी। शेर अपने जैसा पैदा कर रहा है, आदमी अपने जैसा पैदा कर रहा है, sex का इससे ज्यादा मतलब कुछ बैठता नहीं है।

हमने इसको glamourise कर दिया, हमने इसको बिजनेस बना दिया आज, पहले ऐसा नहीं होता था। जब हम बचपन में थे पहले ऐसे अखबार नहीं थे, आजकल जो हमारे बच्चे अखबार पढ़ते हैं उनमें इतना sex है। पहले ऐसा कहां sex बिकता था। उसकी अलग से मैग्जीन हुआ करती थी, आज जो अखबार आता है, मेरे को बता रहा था मेरा एक मित्र कि मेरा बेटा सबसे पहले अखबार ढूंढकर लाता है, उसके पीछे का पन्ना पढ़ता है, जैसे ही हॉकर अखबार छोड़कर जाता है। तो sex is being thrown on us from all the channels. Sex थोपा जा रहा हैं। आजकल सेक्स कॉलम की जरूरत नहीं, आप कोई भी अखबार पढ़ लें, national हों या international हो तो उनके जो additional pages हैं उनमें जो चित्र हैं कोई भी जवान लड़का उनको देखना चाहेगा। उसके लिए अलग से मैग्जीन लाने की जरूरत नहीं है, सब कुछ घर में ही आ रहा है, टेलीविजन तो बाद की बात है, अखबार से ही आ रहा है। जिस अखबार से हम बड़ी उम्मीदें लगाते थे कि समाचार पत्र है और पता नहीं क्या-क्या, national और international खबरे देगा, वो खबरे तो बाद में देगा, पहले ये देगा और ये बिकता है तो बात हो रही है तो sex हमने saleable बना दिया है। उसका जो purpose था वो खत्म हो गया, purpose सिर्फ इतना है बच्चा पैदा करना। बात खत्म हो गयी लेकिन ऐसा नहीं लगता, ऐसा लगता है कि पूरी industry है, sex is an industry, चाहे वो फैशन के माध्यम से हो, टेलीविजन के माध्यम से हो या उपन्यास के माध्यम से हो या कैसे भी या सीरियल्स के माध्यम से हो। industry है ये और sex is thrown either way और बचपन से अगर sex throw करो तो return क्या आयेगा, वो ही तो आयेगा। जो मिल रहा है वो ही तो वापस करोगे आप तो वहां से perversion आता है। Perversion जो था जिसकी बात वराह मिहिर करता है कि कभी-कभी आदमी gay भी होता है, कभी-कभी औरत lesbian भी होती है तो वो लाखों में एक होगी। आज gay एक movement है, lesbian, movement है एक। आज पुरुष-पुरुष शादी करना चाह रहा है, स्त्री-स्त्री शादी करना चाह रही है तो perverted क्या हो गया, स्त्री और पुरुष की जो union है और जानवर तो ऐसा नहीं करता ना, शेर थोड़े ही न बोलता है कि शेर से शादी करेगा। ये आदमी बोलता है और शेरनी भी नहीं बोलती कि शेरनी से शादी करनी है। सीधी सी बात है। क्योंकि वहां जो purpose था sex का purpose था, आदमी जैसा पैदा करना। That is it. क्योंकि हमारा पूरा है amusement, entertainment movement बन गया है। हमारा उससे entertainment होता है ना। हमारा उसमें entertainment है। तो entertainment industry है पूरी। इस पूरी दुनिया में industry है। Industry चलती है, sex की industry चलती है तो perversion के chances ज्यादा है। उसके लिए बड़ी-बड़ी कहानियां, बड़े-बड़े imagination, images बनाकर बेचा जा रहा है।

प्रश्न: *Sex में जो आदमी इतनी दिलचस्पी रखता है और इसमें जो perversion की ओर जाता है। इसमें नीच के शुक्र की क्या भूमिका है?*

उत्तर: आप बोल रहीं थी कि शुक्र का क्या मतलब है। देखिये, शुक्र के दो मतलब हैं। जिस शुक्र की हम बात करते हैं, जो normal शुक्र है या exalted शुक्र है या सहज शुक्र है। आपने नीच के शुक्र की बात की तो उसकी बात करता हूं। Normal शुक्र में sex एक normal हिस्सा है हमारे जीवन का और उससे हर आदमी को गुजरकर जाना पड़ता है। जब तक कि आदमी बिल्कुल ही ब्रह्मचार्य को अख्तियार न कर ले और ऐसा हर किसी के साथ तो होता नहीं। So we all go through that process. तो वो जो process है उसकी बात करता है normal शुक्र। हर आदमी के लिए एक सहज सी बात है और शुक्र से संबंध शुक्राणु से भी है हमारे ज्योतिष में और वहां से उत्पत्ति का संबंध भी है, sperm count से, शुक्र का संबंध semen से भी होता है। सीधा ही अर्थ निकालते हैं उससे, तो उससे उत्पत्ति का भी संबंध है। पूरी उत्पत्ति में, उत्पत्ति का कारक है। तो शुक्र का मतलब ये है कि आदमी में वो ताकत जो आदमी अपने जैसा पैदा कर सकता है तो यो शुक्र का मतलब है। जब शुक्र नीच का होता है तों वहां से perversion आता है। वहां से कई तरह की समस्याएं आती हैं।

प्रश्न: *भाम्बी साहब आप हमें बता रहे थे कि जब नीच का शुक्र हो तो sex का जो perverted रूप है कैसे उजागर करता है।*

उत्तर: देखिये नीच का जो शुक्र है वो दो तरह की चीजें करता है। जैसे मैं बोल रहा हूं कि मेरे को बात समझ में आती है कि this is an entertainment industry. पूरा entertainment, sex का entertainment industry है ये। इसी से कपड़ा है, इसी से पिक्चर्स हैं, इसी से nudeness है जो भी है इसी से है। फिर वो dance भी इसी से है, music है। पूरा-पूरा drama है। हर तरह से है, उसकी कोई limit नहीं है। कुछ लोग बोलते हैं कि विदेशों से आता है, ऐसा कुछ नहीं है। यहां भी काफी है। विदेशों से आने की जरूरत नहीं है और विदेशों और आप में फर्क रह भी नहीं गया क्योंकि जितना communication

बढ़ेगा फर्क रह नहीं जायेगा। जो अमेरिका में हो रहा है वो यहां भी हो रहा है, होने लगा है और हो जायेगा। वो एक अलग मुद्दा है। जब हम शुक्र के debiliation की बात करते हैं तो sex का जो एक सुन्दर स्वरूप हो सकता है वो खत्म हो जाता है। सुन्दरतम खत्म हो जाती है और उसका perversion जो है वो आ जाता है। Perversion का मतलब है कि enjoyment के साथ amusement कैसे हो। entertainment कैसे हो। enjoyment, entertaiment जब शुरू हुआ तो वहां से आदमी experimental हो जाता है। Experimental हो जाता है तो पहले तो natural sex में experimental हो जाता है, वो तो है ही, उसके लिए तो वात्सायन भी support करते हैं। सारे support करते हैं, खजुराहों के चित्र भी support करते हैं, वो तो अपना-अपना अलग है। इसके अलावा जब वो perversion में जाता है तो वहां जहां उसका perverted रूप है क्योंकि within, सीमाओं के साथ रहकर एक बार उसमें आप allow कर भी सकते है, जब वो सीमाओं के beyond चला जाता है तो noncreative हो जाता है। तो sex का जो basic purpose है वो है उत्पत्ति, अपने जैसा पैदा करना, पुरुष या स्त्रियां जो स्वयं को समलैंगिक बोलते हैं, वहां कुछ पैदा होने वाला नहीं है, perversion होगा, बीमारियां फैलेंगी और उसका जो घिनौना रूप है वो सामने आयेगा बजाय कि उसके पवित्र रूप के।

प्रश्न: *व्यक्तिगत स्तर पर जब नीच का शुक्र हो तो आदमी के जीवन की financial, social और personal life में क्या-क्या परिवर्तन आते हैं?*

उत्तर: देखिये शुक्र से जो चीजें जुड़ी हुई हैं आदमी की। पहली बात तो शुक्र से जुड़ा हुआ है sex वो तो है ही। दूसरा जुड़ा हुआ है आदमी का धन संपत्ति कह सकते हैं, सुख। सुख, संपत्ति, वैभव कह सकते है और उसका जुड़ा हुआ है social acceptance. इस society में समाज के अनुरूप है या समाज के खिलाफ। किसी भी आदमी का यही है कि समाज के अनुरूप है या खिलाफ। यदि कुण्डली में शुक्र debiliation में हो और

उच्च बुध द्वारा शुक्र का नीच भंग

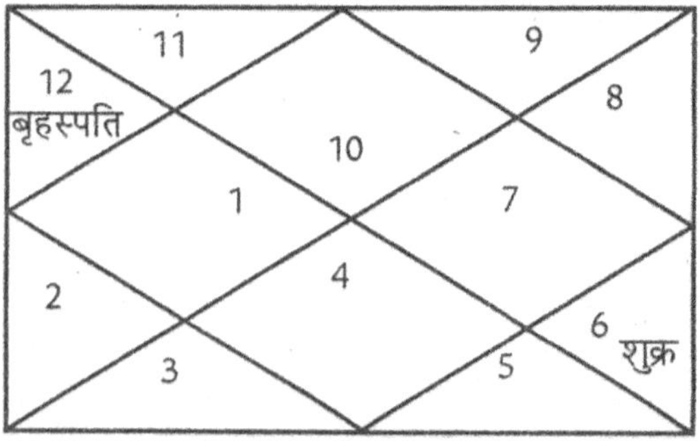

सशक्त बृहस्पति द्वारा शुक्र का नीच भंग

उसका 'नीच भंग' न होता हो, ऐसा कई बार हो जाता है और शुक्र नीच का होता है कन्या राशि में। तो वहां पर होता है, मैंने देखा कि व्यक्ति स्त्री हो या पुरुष, उसकी जो sex life है उसमें कुछ कमीं रहती है या तो अति होती है या कमीं होती है। अति का भी process है। कमीं इस तरह से होती है कि मान लीजिए seperation हो गया या marriage न चली या marriage चली उसमें कुछ झंझट रहा या seperation भी नहीं हुआ marriage भी चलती रही। जिन्दगी के सारे पहलू ठीक हैं और sexual पहलू ठीक नहीं है। तो दो स्थितियों से आदमी अवश्य गुजरता है जितने भी मेरे केस हैं। एक हिस्से में उसके पास अति sex होता है। उसके पास experiments का मौका मिलता है और दूसरे में कमीं आ जाती है। दोनों स्थितियां चलती हैं। यदि वहां और कोई crisis न हो तो financial crisis भी बीच-बीच में रहते हैं। जिन्दगी के एक पहलू में financial स्थिति बड़ी अच्छी होगी। क्योंकि ऐसा आदमी जो experimental होगा, जो शौकीन होगा, जब उसके पास पैसा होगा तो वो खर्चीला भी होगा। क्योंकि sex को ठीक से enjoy करने के लिए आदमी को बहुत सारी चीजें चाहिए। उसको अच्छे कपड़े भी चाहिए, उसको अच्छा माहौल भी चाहिए, अच्छा घर भी चाहिए, अच्छी गाड़ी भी चाहिए, levish भी होना चाहिए और उसको कई तरह के पर्यटन भी चाहिए तो वो जो सारा है वहां उसका खर्चा होना शुरू हो जाता है। ये भी एक कारण होता है। उसका enjoyment का पहलू इतना आगे बढ़ जाता है तो उसकी अपने काम के प्रति भी लग्न कम हो जाती है। This is what happens. तो अलग-अलग phases पर अलग-अलग तरीके हैं या कह सकते हैं कि लोग उसका शोषण कर लेते हैं। कहीं न कहीं sex related problem जरूर रहती है और वो कहीं उसकी society पर भी आकर reflect होती है। society भी उस पर आक्षेप या कुछ न कुछ गडबड़-सडबड़ जिसको बोलतें हैं इस तरह की स्थितियों उसको बिल्कुल गुजरना पड़ता है।

प्रश्न: *Sex abusive बहुत होता है बच्चों के साथ, कई impression*

बच्चों के दिमाग में पड़ जाते हैं जो उनको हिलाकर रख देते हैं, इसमें भी नीच के शुक्र का कुछ लेना-देना है?

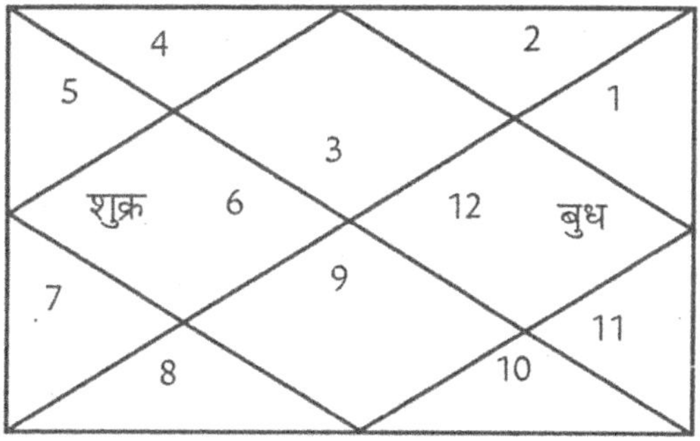

शुक्र - बुध दोनों का नीच भंग

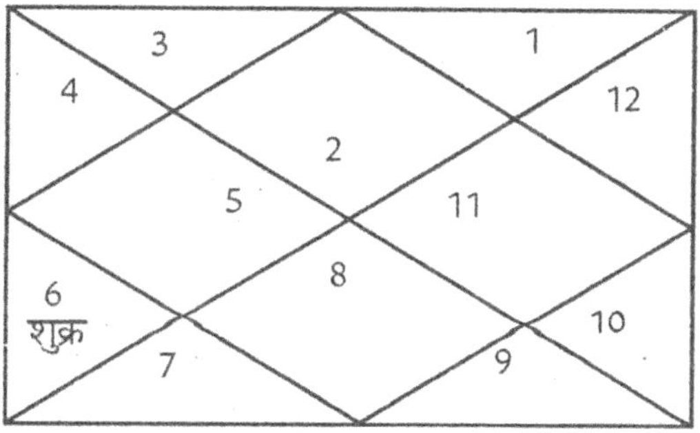

नवांश कुंडली से शुक्र का नीच भंग

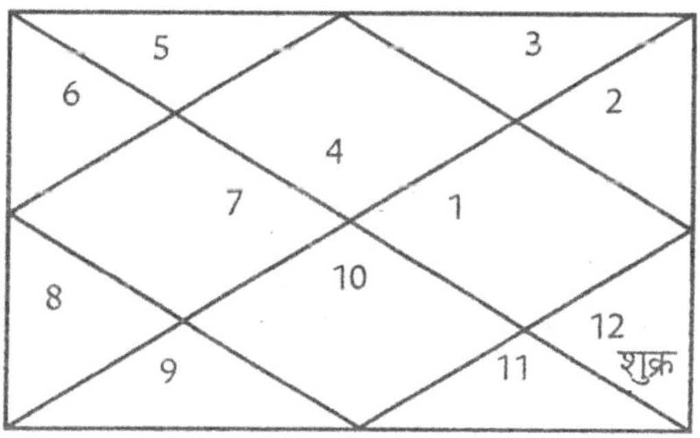

नवांश कुंडली

उत्तर: दो स्थितियां है। जिस चीज को ज्यादा छुपाकर रखा जायेगा तो उसके प्रति उतनी ही उत्सुकता बढ़ जायेगी। पहली बात तो छुपाकर रखा गया, अपने देश की बात करें तो। कई सालों तक छुपाकर रखा गया और अब क्या है कि छुपाकर तो नहीं रखा गया, अब उसको हमारे ऊपर फैंक दिया गया। दोनों ही स्थितियां है। पहले तो उसको बचाकर रखा गया कि फिल्म मत देखो, ये मत देखो, वो मत करो, ऐसे अखबार मत पढ़ो, ऐसे उपन्यास मत पढ़ो, ऐसा ये मत करो, उस जगह मत जाओ। पहले तो ये रखा। अब उल्टा शुरू हो गया, pub भी शुरू हो गया, dancing भी हो गया, अखबार ही घर में ऐसा आता है, और कुछ नहीं तो अखबार तो पढ़ियेगा ना, टेलीविजन तो खोलियेगा ना, इसके अलावा कुछ करने की जरूरत नहीं है। न तो मैं इसके

against हूं और न हीं मैं इसके pro हूं। ना तो मैं चाहता डूं कि क्या हो रहा है या क्या नहीं हो रहा है। मैं तो इस वक्त शुक्र की बात कर रहा हूं। मैं न तो कुछ sell कर रहा हूं, I am just trying to express. वहां पर जो एक स्थिति आती है कि lack of knowledge, जो sexual knowledge होना चाहिए, जिस चीज का अभाव है हालांकि दी जाती है। knowledge बढ़ाने के लिए that it will help, चूंकि छुपाकर रखा जाता है इसलिए आदमी को उत्सुकता है तो try करना चाहता है। बच्चा वो काम बहुत जरूर करना चाहता है जिसको मना किया जाता है। यदि उसे मना किया जाये कि इस पेन को मत छुओ तो पेन को छूने की उत्सुकता ज्यादा है उसके मन में। I think that is the reason. तो उसके लिए एक अलग स्थिति हो तो उसमें मदद हो सकती है। दूसरा क्या होता है कि sex से guilt का बड़ा भारी संबंध है। sex इतना बुरा नहीं है, guilt जितना बुरा है। मान लीजिए किसी के साथ गलती से rape हो जाये या कुछ और भी हो जाये तो वो भी उतना बुरा नहीं क्योंकि उसमें rapist का तो कसूर हो सकता है। जो victim है जिसके साथ हुआ उसका कोई कसूर नहीं है। हमारी उसके प्रति जो दृष्टि है वो खराब है। देखा गया है कि बच्चों में ऐसे कई बार कई तरह की बीमारियां हो जाती हैं। Psychological भी हो जाती है, physical भी हो जाती हैं। आप निकल ही नहीं पाते, आप बात ही नहीं कर सकते, आप parents से बात नहीं कर सकते। टीचर से बात नहीं कर सकते, ये एक पहलू है, that is also negative. अगर कुण्डली में यदि शुक्र खराब हो तो ऐसे लोगों के साथ ज्यादा देखा है कि जहां पर sex abuse होता है। हर आदमी.के साथ तो होता नहीं। उन लोगों के साथ जरूर देखने को मिलता है जहां पर शुक्र नीच का हो या शुक्र खराब हो, राहु हो या इधर उधर से हो तो व्यक्ति को फिर इस तरह की society मिल जाती है बच्चे को, तो वहां वे victim हो जाते हैं। यह हमने निश्चित तौर पर देखा है।

प्रश्न: *जब शुक्र का नीच भंग हो जाता है तो आदमी के financial, social और personal जीवन में क्या कुछ खास परिवर्तन आता है?*

उत्तर: देखिये शुक्र का नीच भंग कब होता है। शुक्र नीच होता है कन्या राशि में और शुक्र, बुध और सूर्य ये अधिकतर साथ-साथ रहते हैं। सूर्य के आसपास ये दोनों ग्रह रहते हैं और सूर्य से बुध होता है 28 degree अधिकतम और शुक्र होता है 48 degree अधिकतम। तो ये इनकी दूरी रहती है। चूंकि ये दोनों आसपास रहते हैं तो अधिकतर जब शुक्र कन्या में होता है जहां वो नीच का होता है तो invariably वहां बुध होता है। और ये समय होता है आपका

अगस्त लेकर अक्तूबर के आसपास का। मोटा-मोटा बोलता हूं, that is the time. इसके आसपास होता है। अगस्त से अक्तूबर का जो है 3 महीने, तीन - साढ़े तीन महीने तो वहां पर शुक्र नीच का हो सकता है। उससे इधर-उधर नहीं होगा, वहीं एक स्थिति है। इसके अलावा बाकी नवांश में हो जाये तो अलग स्थिति है। मूल कुण्डली में जो है इसके अलावा नहीं होता। मान लीजिए बुध वहां पर है फिर वहां नीच भंग हो गया, तो वहां पर 'नीच भंग राजयोग' हो गया। जब 'नीच भंग राजयोग' हो गया तो वहां पर जितने भी मैने शुक्र के negative points बोले, personal life में या sexual life से संबंधित, social life से संबंधित या financial life से संबंधित तो वहां पर ये दोष काफी हद तक खत्म हो जाता है। ये दोष उस अनुपात में नहीं रहता। दोष वहां पर नहीं रहता तो दोष का निराकरण अपने आप हो जाता है। इसके अलावा यदि शुक्र नीच का हो और उसको गुरु देखता हो या गुरु साथ में हो तो शुक्र का जो नीच है वो काफी हद तक खत्म हो जाता है। इसके अलावा मान लीजिए शुक्र नीच का हो और नवांश में जाकर उच्च का हो गया हो तो वहां पर भी उसका नीच काफी हद तक खत्म हो जाता है। मान लीजिए शुक्र नीच का ही हो कुण्डली में और इसके बाद नवांश में भी शुक्र नीच का ही हो तो शुक्र वर्गोत्तम हो जाता है तो वहां पर वो शुक्र उतना तंग नहीं करता। वरना ऐसा हो जहां शुक्र गडबड़ हो तो वहां sex related abuse होते हैं, victim हो, तो वहां abuse भी करना शुरू कर देता है, sex का abuse भी करता है और उससे भी उसको दुख मिलता है या बदनामी मिलती है या परेशानी मिलती है तो ये एक शुक्र से related बात है।

❑❑❑

16

शनि को आपके मन की पूरी खबर है

दिनांक: 19/09/2003 **(संगीता जी)**

भूमिका: धीरे-धीरे करते-करते, शंनैः-शनैः हम शनि पर आ पहुंचे हैं। आज हम बात करेंगे शनि की और शनि से जुड़ा पूरा शनि का अस्तित्व, शनि को लेकर बहुत सारी स्थितियां है लेकिन ज्योतिष में शनि को हम बोलते हैं masses का ग्रह। जनता का ग्रह है ये और जनता कैसे feel करती है उसका ग्रह है। जब जनता की बात करते हैं तो बात शुरू हो जाती है आम आदमी की। तो शनि आम आदमी का ग्रह है और आम आदमी को सारे दुःख हैं दर्द है, पीड़ा है, तकलीफ है, आम आदमी की अपनी-अपनी व्यथा है लेकिन ये व्यथा क्या शनि देता है और फिर जब शनि नीच का हो कुण्डली में तब क्या करता है क्योंकि हमारा मुख्य विषय तो है नीच, उस पर तो हम आयेंगे ही आयेंगे लेकिन हम जान लें कि शनि क्या करता है, शनि का origin क्या है, शनि की उत्पत्ति क्या है और शनि से जुड़ी कोई कथा है तो क्या हैं और वहां से आते-आते फिर हम बात करेंगे कि शनि कैसे-कैसे हमको, आपको प्रभावित करता है?

***प्रश्न:** शनि के जन्म से जुड़ी कथा क्या है? जरा उसको विस्तार से समझायें।*

उत्तर: हर ग्रह से जुड़ी हुई कोई न कोई कथा है। बल्कि एक नहीं कई-कई कथाएं हैं। एक कथा है। शनि पुत्र है सूर्य के, सूर्य की जो पत्नी थी वो सूर्य से परेशान थी। वो सूर्य की तपिश से परेशान थी। ऐसा कहते हैं, शास्त्रों में लिखा है कि she could not tolerate Sun. तो उन्होंने अपनी एक छाया create की, अपनी जैसी एक स्त्री बना दी और कहते हैं वो चली गयी। सूर्य को समझ में नहीं आया और उस छाया के साथ सूर्य रहे और कुछ समय के बाद शनि पैदा हुआ। शनि जब पैदा हुआ था तो शनि बड़ा कुरूप था, काला था, लंगड़ा भी था, बड़ी-बड़ी आंखें थीं और बिल्कुल ही opposite था और सूर्य के बारे में बोलते हैं कि सूर्य सुन्दर है, सूर्य में प्रकाश है और प्रकाश से सुन्दरता का संबंध

है। कथा आगे कहती है कि सूर्य ने जब शनि को देखा कि ये तो इतना कुरूप है, मेरे घर में कैसे पैदा हुआ तो सूर्य ने शनि को सूर्य लोक से, स्वर्गलोक से पृथ्वी पर पटक दिया। ऐसे ही सारी कथाएं चलती रहती हैं।

***प्रश्नः** एक तो कथा की उपयोगिता यह है कि कथा के माध्यम से ग्रह का पूरा स्वरूप जिन्दा रहता है और आदमी कथा भूलता भी नहीं है। दूसरा कथा का विश्लेषण किस तरह से किया जा सकता है जो कि आम आदमी के लिए लाभदायक हो सके?*

उत्तरः Actually, ये जो कथाएं हैं ना, यदि बहुत गहरे में देखें, this story looks absurd. ये nonsense मालूम पड़ती है। ऐसी कथा कभी नहीं हुई होगी, न ऐसा होनी थी, न हुई। लेकिन कथा प्रतीक है, प्रतीकात्मक है। तो symbols में बात कही गयी है। कथा से क्या है कि कथा जिन्दा रहती है, कथा एक से दूसरे से, कहानी एक से दूसरे से चलती रहती रहती है और हम सबका जो मन है वो बाल सुलभ मन है। हम कथा को याद रख लेते हैं। बूढ़े भी कथा को याद रख लेते हैं, बच्चा तो रखता ही रखता है। इसलिए बच्चों को कथाओं से पढ़ाया जाता है, कहानियों से पढ़ाया जाता है, symbols में पढ़ाया जाता है, आम का मतलब यह है, इस तरह से पढ़ाया जाता है। ज्योतिष के पीछे भी इस तरह से पूरी व्यवस्था है। सूर्य जो हुआ प्रकाश हुआ अब प्रकाश को कहां solace मिल सकता है, शान्ति मिल सकती है, स्त्री जो है opposite है मान लीजिए पुरुष है तो स्त्री है। उन दोनों का मिलकर अर्धनारीश्वर बनता है। तो स्त्री को पुरुष चाहिए, पुरुष को स्त्री चाहिए जो opposite है। दोनों एक दूसरे के विपरीत pole हैं, opposite pole हैं। यहां पर सूर्य है प्रकाश और प्रकाश का प्रकाश से मेल नहीं हो सकता। अगर प्रकाश को कहीं शान्ति मिलेगी तो वो छाया में शान्ति मिलेगी। स्त्री जो है आपका opposite है आपका दूसरा अंग हैं जो आपको खबर नहीं है। पुरुष के लिए और स्त्री के लिए, पुरुष उसका दूसरा अंग है जिसकी उसको खबर नहीं है। ये भी एक बात है। इसलिए अर्धनारीश्वर का concept है। This is how we look at it. ठीक है ना, पहली बात तो ये हुई। प्रकाश को अगर solace मिले तो छाया में और छाया को solace मिले तो प्रकाश में। छाया क्या चाहेगी, प्रकाश और प्रकाश क्या चाहेगा, छाया। क्योंकि प्रकाश तो पागल हो जायेगा अगर प्रकाशित रहेगा। symbolic है, ऐसा नहीं है, सूर्य का प्रकाश तो 24 घंटे रहता है। सूर्य छिपता नहीं है वो अलग बात है लेकिन कथा को समझने के लिए, ग्रह के फल को समझने के लिए एक कथा create कर दी। तो प्रकाश को जो शान्ति

मिलेगी, solace मिलेगा, प्रकाश कहीं oneness feel करेगा तो त्रो छाया में करेगा। छाया प्रकाश में करेगी। तो ये दोनों opposite pole हो गये, बहुत दूर की बात हो गयी। प्रकाश और छाया की। जब बहुत दूर के लोग मिलते हैं पति-पत्नी के रूप में मिलते हैं तो उनकी जो संतान होती है बड़ी विलक्षण होती है। शनि विलक्षण है, अब यदि शनि बहुत गोरा होता, बहुत सुन्दर होता वो भी विलक्षणता हो सकती थी। शनि का जो स्वरूप है वो अपने आप में विलक्षण है। ऐसा कहते हैं कि जब दो लोगों के जीन्स बड़े distant होंगे तो उनकी संतान विलक्षण होगी। ये विज्ञान भी बोलता है। जहां पर प्रकाश है, वहां पर छाया है दोनों मिलते हैं शनि विलक्षण है और विलक्षणता में सूर्य बहुत constant या तेज चलते हैं, शनि धीरे चलता है अपने मूड़ से चलता है। लंगड़ा है, अलग तरह का है और सूर्य का मतलब है आत्मा और आत्मा में सारी शान्ति और आत्मा-परमात्मा का concept है और शनि का मतलब है दु:ख, पीड़ा, दर्द और आत्मा तक पहुंचने की यात्रा है। आत्मा को हर आदमी थोड़े ही जानता है, कौन जानता है, आत्मा की हम बात करते हैं, कौन जानता है आत्मा को। एक आदमी ढूंढकर बताओ, पूरे देश तो क्या, पूरी दुनिया में नहीं मिलेगा जो आत्मा को जानता हो और बात करो तो हर एक आदमी बात करता है। जब आत्मा को नहीं जानते, परमात्मा को नहीं जानते, एक को जानोगे तो दूसरे को जान लोगे, तो शनि वो ग्रह है जो वहां तक की यात्रा है। कहते हैं कि जब शनि पृथ्वी पर आया तो वहां से दु:ख, पीड़ा, अवसाद, tension आया। तो कथाओं की उपयोगिता इस तरह से देखने में आती है। ये मेरा एक विषय भी है जिसका अध्ययन मैं गहरे में करता भी जाता हूं।

प्रश्न: *शनि के पृथ्वी पर आने के बाद मृत्यु, दु:ख, पीड़ा, अवसाद आदि भी अपने अस्तित्व में आये। क्या इनके पृथक भी किसी जीवन की कल्पना की जा सकती है? क्योंकि आदमी दु:ख से बचना चाहता है और सुख की गोद में ही रहना चाहता है।*

उत्तर: मुझे एक कथा और याद आ रही है। आज कथाओं का दिन है। जब सिकन्दर भारत में आया और विश्व विजेता हुआ तो उसको ऐसा मालूम था कि यहां पर एक ऐसा pond है, ऐसे पानी का एक कुंड है जहां पर सिर्फ अमृत ही अमृत है और ऐसा भी लोग कहते हैं कि वो अमृत के लिए ही India आया था। कथा है। तो वो वहां कुण्ड के पास चला गया, किसी को भी अपने साथ लेकर नहीं गया, किसी सैनिक को भी। तो वहां जाकर उसने तलवार एक तरफ रखी pond के पास में, कुंड के पास में और पानी पीने के लिए झुका, पानी

यानि अमृत जिसको बोलते हैं, जैसे वो झुका तो दूर से आवाज आयी खबरदार सिकन्दर पानी मत पीना, खबरदार मेरे पास आओ। सिकन्दर बड़ा गुस्से में आ गया, उसने सोचा कि पूरी जिन्दगी में खबरदार किसी ने बोला नहीं तो उसने गुस्से में आकर अपनी तलवार उठा ली और नग्न तलवार लेकर उस तरफ चल दिया जिस तरह से आवाज आयी थी। अब वो चला तो उधर पेड़ों का झुंड था। झुंड में से उसको आवाज आयी सिकन्दर इधर आओ, सिकन्दर कहता है कि मेरे को ही कोई बुलाने वाला है तो मैं आ रहा हूं। जब वह उधर देखने लगा तो पहले तो उसे दिखा नहीं, बाद में देखा कि एक कौवा है, crow, जिसके सारे पंख झड़ गये थे, जिसके नाखून झड़ गये थे, जिसकी पलकें झड़ गयी थी और बिल्कुल अस्थि पंजर हो गया था और जो आदमी की आवाज में बोलने लगा था। अमृत के कई फायदे हैं एक फायदा ये भी है कि जानवर पी ले तो आदमी हो जाये। आदमी पिये तो जाने क्या हो, इसका कोई उल्लेख नहीं है लेकिन जानवर पी ले इसका उल्लेख है। तो उसने बोला कि सिकन्दर हजारों साल पहले मैने पानी पिया था, मेरी ये हालत है, अब मैं चाहता हूं कि मर जाऊं लेकिन मैं मरता नहीं। यही मेरा दुःख है, इस शरीर का मैं क्या करूं। तो ये शरीर कंटिकेय तो होगा ही होगा, क्षीण होगा ही होगा, खत्म होगा ही होगा, न कोई बच्चा बचा रहता है, न कोई जवान, जवान रहता है, न बूढ़ा, पूरी उम्र बूढ़ा रहता है और प्रकृति अपने आप को दोबारा repeat करती है। इसलिए शनि का बड़ा जबरदस्त रोल है जो जीर्ण-क्षीर्ण हो जाये उसको out कर देता है और नये को पैदा कर देता है।

प्रश्नः *शनि क्या मात्र दुःख, पीड़ा, अवसाद या व्यवधान देने वाला ही ग्रह है या इसके अलावा भी इसका कोई और स्वरूप है, यदि है तो वो क्या?*

उत्तरः पहली बात तो ये है कि शनि का जो स्वरूप है शनि discipline का ग्रह है, बड़ा व्यवस्था का ग्रह है, अव्यवस्था पसन्द नहीं करता, ये उसकी basic nature है। अनुशासन पसन्द करता है, discipline पसन्द करता है, system पसन्द करता है। यदि आप अनुशासन में है, system में हैं, honest हैं, dishonest नहीं हैं तो फिर शनि कहीं पर भी हो चाहे नीच का भी हो तो भी तंग नहीं करता, तो भी कोई दिक्कत नहीं है, वो अपनी व्यवस्था में रहता है। शनैः-शनैः गच्छति शनिश्चरः, धीरे-धीरे ही चलता है, धीरे-धीरे ही सारी चीजें हैं और जो practice है, practice धीरे-धीरे ही होती है। Practice makes a man perfect वाली जो बात है। करत-करत अभ्यास के जड़मति होत सुजान। जड़मति जो है उसको सुजान करने के लिए practice है। तो

practice करते हैं, व्यवस्था में हैं, system में है। एकदम कुछ नहीं करना चाहते, jump करना नहीं चाहते, न धन चाहते, न पद चाहते, ऐसा नहीं करते, उल्टा-पुल्टा कुछ नहीं करते, तो शनि आपका best friend है। शनि will not bother you, there is no question. लेकिन हम ऐसा करते नहीं है। जब हम ऐसा नहीं करते हैं तो वहां कोई न कोई ऐसा तो होना चाहिए कि जो रोके। health क्यों खराब होती है क्योंकि health के प्रति हम सचेत नहीं होते। ईमान के प्रति सचेत नहीं रह पाते तो ईमान खराब हो जाता है। ये सारी चीजें हैं। शनि को एक system पसन्द है, व्यवस्था पसन्द है। दुनिया में ऐसा कहते हैं कि मैं अक्सर सुनता था कि इस दुनिया में कुछ अच्छे लोग हैं उन पर टिकी हुई है। अजीब सी बात ये है कि कहां है अब अच्छे लोग। अच्छे लोग कहां हैं तो again symbolic बात है। कुछ तो ऐसा है जो चलता है जो टिकाऊ है, वो क्या है? क्योंकि धोखे का, ना संबंध चल सकता है, ना धोखे का कोई relation चलता है, ना उल्टा-पुल्टा चलता है। तो वो जो व्यवस्था है, व्यवस्था का ग्रह शनि है। व्यवस्था आपकी health से हो सकती है, व्यवस्था धर्म से हो सकती है, व्यवस्था समाज से हो सकती है, व्यवस्था office से हो सकती है, जो भी system, organisation proper है। proper जिसको बोलते हैं। वो शनि है जो improper है उसको शनि पकड़ता है, आपको छोड़ता नहीं, फिर शनि बुरा लगता है। शायद यही एक कारण है।

प्रश्न: *शनि दिखने में खराब मालूम पड़ सकता है लेकिन है नहीं फिर समाज में इतना भय क्यों व्याप्त है? इस भय को समाप्त करने के लिए कुछ प्रयत्न होने चाहिए वो बड़े कम होते हैं ऐसा क्यों?*

उत्तर: शनि क्या करता है, सब जानते हैं, जो ज्योतिष जानते हैं या जो ज्योतिष पढ़ते हैं लेकिन ऐसा होता नहीं है। शनि से व्यवसाय भी चलता है। शनि से आम आदमी का व्यवसाय भी चलता है। व्यवसाय तभी चलता है जब भय create किया जाये, जब मैं बोलूंगा कि शनि अच्छा है तो किसी को मेरे पास आने की जरूरत नहीं पड़ती। शनि अच्छा है तो बात खत्म, thank you very much पंडित जी। अब वहां बैठिये, घर बैठिये। अब मैं बोलूंगा खराब है, टांग टूटने वाली है, मरने वाले हो, पत्नी चली जायेगी छोड़कर, बच्चे की मृत्यु होने वाली है, आप सारे काम छोड़कर मेरे पास चले आओगे। ऐसा नहीं है इस दुनिया में पत्नी भी छोड़कर चली जाती है, बच्चे की भी मृत्यु हो जाती है, सारे काम हो जाते हैं लेकिन हर किसी का दोषी शनि तो नहीं हो सकता। ऐसा नहीं है कि दुनिया में बुरा नहीं होता, मेरे साथ भी होता है, सबके साथ होता है, उसके

लिए हर किसी के लिए शनि को दोष देना, शनि से व्यवसाय चलता है और व्यवसाय चलता है बड़े दुर्भाग्य की बात है, ऐसा नहीं होना चाहिए और लोग बड़े धड़ल्ले से करते हैं। लेकिन जो करते हैं उनको पता है शनि किसी को नहीं छोड़ता, sooner or later छोड़ेगा तो है नहीं, सवाल ही पैदा नहीं होता।

प्रश्न: *जब शनि भला करने पर आता है तब क्या थोड़ा बहुत भला करता है या नहीं करता है या बहुत ज्यादा करता है?*

उत्तर: शनि भला ही करता है। देखिये आपने झूठ बोला उसकी आपको सजा मिली तो शनि को दोष देंगे या खुद को दोष देंगे। आप एक गलत society में चले गये वहां जाकर मान लीजिए आपने गलत कर दिया पुलिस आपको पकड़कर ले गयी तो आप बोलेंगे कि शनि ने बुरा कर दिया और साढे साती आपकी चल रही हो। दोनों चीजें बड़ी relevent हैं साढ़े साती चल रही हो और आप गलत society में चले जाये और वहां जाकर gambling करने लग जाये मान लीजिए, आप कहते हैं जिंदगी में पहली बार की और मैं फंस गया। लोग तो पता नहीं क्या-क्या करते हैं, फंसते नहीं है। आप फंस गये तो शनि आपको यहीं रोकना चाहता है। एक बार पुलिस के झापड़ से या सजा से या डंडे से, हो सकता है आपका चिन्तन बदल जाये, क्योंकि आप वैसे थे नहीं। आप criminal mind के तो थे नहीं, उस pattern पर तो आप थे नहीं। लेकिन आपकी उत्सुकता थी हर चीज में, तो शनि कहता है कि वो उत्सुकता मत रखो जिस उत्सुकता से लाभ नहीं होने वाला ultimately. तो वहां शनि आपको नहीं छोड़ता। हमको नहीं लगता कहीं शनि बुरा करता है लेकिन आप बुरा करते हैं, आपका अपना विचार बुरा होता है, आपकी अपनी नियत बुरी होती है और आपने अपने मजे के लिए, उत्सुकता के लिए या experiment करने के लिए बुरा करते हैं, शनि आपको पकड़ लेता है तो फिर वहां ये कहना अनुचित है। you have to blame yourself.

❑❑❑

17

शनि आम आदमी का ग्रह है लेकिन उपाय धंधा है

दिनांक: 26/09/2003 **(संगीता जी)**

भूमिका: पिछले दिनों से हम बात कर रहे हैं शनि की। उसी को continue करते हैं। हमने शनि का एक दूसरा aspect लिया था कहानियों वाला और उसके स्वरूप का। और आज हम एक नये अंदाज में बात करना चाह रहे हैं। दो तरह के class हैं इस दुनिया में एक तो वो है जो rule करता है, ruler है और दूसरा वो है जो ruled होता है और जो ruled होता है उसका प्रतिनिधित्व करता है शनि। तो इसका मतलब यह हुआ कि शनि जन मानस का ग्रह हुआ, शनि आम आदमी का ग्रह हुआ और आम आदमी से जो भी जुड़ा हुआ है, आम आदमी से जो भी concern रखता है, आम आदमी से जो भी चीजें महत्त्वपूर्ण हैं उन सबमें शनि का वर्चस्व है। आम आदमी की क्या समस्याएं हो सकती हैं, आम आदमी की समस्याएं बड़ी आम होती हैं और आम समस्याओं में होता है जीवन को सही से चलाना, आगे बढ़ाना, अपने परिवार को पालना और सारे काम सुचारू तरीके से करना तो ये सारी आम आदमी की समस्याएं हैं। आम आदमी से बनता है अवाम, जब आवाम मिल जाता है तो बहुत सारे परिवर्तन देश की राजनीति में आते हैं, विश्व की राजनीति में आते हैं और जहां-जहां जन मानस का संबंध है वहां-वहां शनि का संबंध है और जन मानस से जुड़ी सारी समस्याओं का begining और सारी समस्याओं का अंत, शुरूआत और अंत शनि से होता है, शनि कैसे-कैसे इस पूरी स्थिति पर अपना वर्चस्व स्थापित करता है।

प्रश्न: *आपने बोला कि जो ruled class है जिस पर शासन किया जा*

सकता है उसका प्रतिनिधित्व शनि करता है, तो क्या कभी कोई ऐसी स्थिति भी आ जाती है कि जहां ruled class ruler हो जाता है?

उत्तर: अभी पिछली बार हम बात कर रहे थे, हमने बोला था कि शनि, सूर्य का पुत्र है और जितने भी ग्रह हैं, जब हम बात करते हैं तो हम solar system की बात करते हैं, सौर मंडल की बात करते हैं और सौर मंडल में जो भी कुछ है सब सूर्य से संचालित है। सूर्य उस सौर मंडल का प्रतिनिधित्व करता है और हम ऐसा मानते हैं जहां-जहां भी जीवन है, मेरा ऐसा मानना है, विज्ञान भी मेरी बात से सहमत होगा। जहां-जहां सूर्य पहुंचता है तो वहां जीवन है और जहां सूर्य नहीं पहुंच पाता, वहां जीवन खत्म होना शुरू हो जाता है। जहां बिल्कुल नहीं पहुंच पाता, वहां जीवन नहीं होता। सारा सूर्य से संचालित है। सूर्य को हम willpower बोलते हैं, सूर्य को हम राजा बोलते हैं। ग्रहों में राजा हो गया, दुनिया में राजा हो गया और सूर्य कुण्डली में हो तो राजयोग बनता है। राजस्व जो प्राप्त होता है उसका सूर्य से पूरा-पूरा संबंध है और सूर्य शनि के पिता भी है। पिता होने के कारण उनको बेटों पर राज्य करने का अधिकार प्राप्त हो जाता है। तो सूर्य जो है ruler हैं, राजा हैं और शनि जो हैं उनका पुत्र है उस संदर्भ में ये ruled class हो गया और शनि आम आदमी का प्रतिनिधित्व करता है। आम आदमी की आम समस्या है, उसकी रोटी की समस्या है, उसकी बच्चे की शादी की समस्या है या उसकी पढ़ाई की समस्या है या उसकी ट्रांसफर की समस्या है जो भी आदमी की दैनंदिन समस्याएं है उन समस्याओं का प्रतिनिधित्व शनि करता है। अगर हम दुनिया को देखें तो दुनिया monarch वादी थी, सम्राटवादी थी, एक राजा होगा, एक साम्राज्य होगा वहां एक सम्राट होगा वो rule करेगा, पूरी जनता उससे ruled होगी। अब स्थितियां बदल गयी, माहौल बदल गया, democracy काफी आ गयी, हमारे देश में भी है। Democracy आने से अब जो संगठन है वो व्यक्तियों के हाथ में आ गया। व्यक्तियों के हाथ में आने से। जब व्यक्ति संगठित हो जाते हैं तो राज्य को बदल सकते हैं। इसलिए एक दिन ऐसा भी हो सकता है वो संगठित हो जाये और खुद राजा हो जायें और राजा को गिरा दें। तो शनि के पास में ये ताकत भी है, जनता की ताकत है और जिसके साथ में जनता है उसको फिर किसी की जरूरत नहीं, तो शनि आम आदमी औरं जनता से जुड़ा हुआ ग्रह है।

प्रश्न: *अभी जो आपने कहा कि जब भी ruled class संगठित हो जाता है तो वो नेतृत्व करने की क्षमता रखना शुरू कर देता है। क्या व्यक्तिगत स्तर पर भी ऐसा होता है?*

उत्तर: देखिये जो भी ruled है तो कहीं न कहीं उसका शोषण हो रहा है। मान लो आप मेरे पर राज्य करते हो तो कहीं न कहीं मेरा शोषण अवश्य करोगे। आप मेरा शोषण करोगे और मैं आवाम से जुड़ना शुरू करूंगा तो वहां मैं अवाम को जोड़ना शुरू करूंगा, फिर वहां पर democracy आयेगी, लोगों को अक्ल आयेगी, समझ आयेगी कि उसके क्या-क्या नुकसान है, फायदे तो आपने बहुत गिना दिये। एक राजा होता था जो प्रजा को पुत्रवत समझता था, वो जमाने गये। अब खुद को समझना पड़ेगा, खुद ही अधिकार मांगने पड़ेंगे, आपको अधिकार कोई platter पर रखकर देता नहीं। जब हम शनि को masses से जोड़ते हैं तो masses में एक तरह की awareness आती है कि यदि हम unite हो जायें तो हम सत्ता परिवर्तन कर सकते हैं। जिस भी देश में सत्ता में परिवर्तन होते रहते हैं उसके क्या फायदे नुकसान है, वो बाद की बात है। I am not going into politics. मैं सिर्फ शनि की बात करना चाह रहा हूं। जो शनि आवाम के लिए करता है, सबके संगठन में करता है, ऐसे शनि व्यक्ति को भीतर भी संगठित करता है। आपको आपके भीतर संगठित करता है कि पिसना बहुत हो गया, गिरना बहुत हो गया, गिड़गिड़ाना बहुत हो गया, खड़ा हुआ जाये और खड़ा होकर सामने वाले की आंखों में आंखे डालकर बात की जाये कि मैं भी कुछ कहना चाहता हूं। अपने अधिकार मांगना चाहता हूं और वो अधिकार तब हो सकते हैं जिसके लिए प्रयास किया जाये, मेहनत की जाये, तो शनि ऐसा करता है।

***प्रश्न:** भाम्बी साहब, आप बता रहे थे कि व्यक्तिगत स्तर पर कैसे व्यक्ति संगठित होता है थोड़ा इसे विस्तार से बताइये?*

उत्तर: व्यक्तिगत स्तर पर ऐसा होता है कि आपको लगता है कि जो असफलता हो रही है, आप जो चाहते थे। जैसे अभी कुछ समय पहले का example है एक लड़का मेरे पास आता था जिसके marks बड़े कम थे। इस चक्कर में उसको कहीं पर भी job नहीं मिल रही थी। उसके पास professional degree थी जिसमें marks कम थे। तो लोग उसको entertain नहीं करते थे। उसके बाद उसको एहसास हुआ, उसने MBA किया, उसमें उसके marks भी डबल हो गये 90 के आसपास हो गये अब सब उसको बुलाते हैं। तो कहने का मतलब यह हुआ कि आपने अपने आप को संगठित किया, अपने को reorganize किया और आपकी जो कमियां थी उनको समझा और उनसे बाहर आ गये। इस तरह से आदमी व्यक्तिगत स्तर पर भी संगठित होता है।

प्रश्न: पिछली बार आपने शनि की कहानियों पर काफी चर्चा की थी और उन कहानियों से शनि का एक स्वरूप निकलकर आता है। शनि की राशियां क्या बताती हैं और उनसे क्या समझा जा सकता है?

उत्तर: आपने बिल्कुल ठीक बोला कहानी बताती है कि शनि पैदा हुआ सूर्य से और सूर्यलोक से पृथ्वी पर आ गया था। ये कहानी थी। ऐसे ही reference के लिए बोल रहा हूं। शनि के बाद दुःख, पीड़ा, अवसाद और त्रासदी इस दुनिया में आये ऐसा उसकी कहानी से हमको बात समझ में आती है। जो मुश्किलातें है, दिक्कतें हैं, परेशानियां है, अव्यवस्था है वो उसको इंगित करता है। उसको indicate करता है। इसकी दो राशि है एक तो मकर है और दूसरी है कुम्भ। मकर जो राशि है वो पृथ्वी तत्व चर राशि है। चर राशि से मतलब यह होता है कि जहां पर movement है गति है, लेकिन movement slow है, movement एकदम मजबूत नहीं है और जमीन से जुड़ी हुई राशि है, पृथ्वी तत्व है। पृथ्वी तत्व का मतलब ये हुआ कि आपको अपना वर्चस्व स्थापित करने के लिए, अपने को खड़ा करने के लिए आपको मेहनत करनी पड़ेगी। आज तक आपको कोई ऐसा आदमी ढूंढ़ने से नहीं मिलेगा जिसने शुरू में मेहनत न की हो। चाहे वो टाटा रहा, बिरला रहा हो, बिल गेटस रहा हो, कोई भी रहा हो। जो भी आदमी चाहे वो धन की स्थिति से बाहर आया, चाहे उसने बड़ा राज्य प्राप्त किया, चाहे अशोक की बात करें या अकबर की बात करें, ऐलेक्जेन्डर की बात करें या किसी ने शिक्षा में अव्वल दर्जा पाया हो, या intellectualism में किया हो, whatever, scientist इत्यादि। आइंसटाइन हो, न्यूटन हो जिसकी भी हम बात करें तो उस हर व्यक्ति ने अपने आप को बहुत मेहनत में ढाला पूरे तरीके से। उसने अपने को पूरा, वो कहते हैं न कि 'मिटा के अपनी हस्ती को अगर मर्तबा चाहे, कि दाना खाक में मिलकर गुले गुलजार होता है' तो उसने अपने पूरे अस्तित्व को मिटा दिया, जब उसने अपने अस्तित्व को मिटा दिया तो वो वहां से खड़ा होता है। ये उसका पहला तत्व है पृथ्वी तत्व था लेकिन movement है। दूसरी राशि है कुम्भ, कुम्भ राशि space की राशि है और वो fixed राशि है उसके चारों तरफ space ही space है। तो पहले जिसने मेहनत कर ली तो उसका नाम या उसका सुख या उसकी संपदा या उसका जो भी वो चाहता है वो खत्म नहीं होता। जिन लोगों के मैने नाम लिए वो हजारों हो सकते हैं उनमें जिसका का भी नाम हो जाये, शनि जिसको दे देता है तो वापिस कुछ लेता वेता नहीं। गुरु दे तो भरोसा नहीं, शुक्र दे तो भरोसा नहीं, शनि दे दे तो वापिस लेता नहीं।

***प्रश्नः** भाम्बी साहब आपने मकर राशि के विषय में तो काफी बताया लेकिन हमें कुम्भ राशि के विषय में और बताइये कि ये क्या प्रभाव डालती है?*

उत्तरः मकर की हम बात कर रहे थे वो पृथ्वी से जुड़ी हुई राशि है और कुम्भ जो राशि है उसका जो स्वरूप है वो space, मानवता, research, self orientation, spiritualism, धर्म और बराबरी की राशि है और ये research, space की राशि भी है जितनी भी खोजें हो रही उनका संबंध इस राशि से है। आज अब हम जिस age में enter कर रहे हैं यहां हम पिछले दस बरस पहले enter कर चुके है। Aquarian age में और एक ऐज होती है 2000 साल की। just we enter तो ये जो ऐज है यहां पर काफी तरक्कियां होंगी और बिल्कुल दुनिया का स्वरूप बदल जायेगा जिस दुनिया को हम जानते हैं, जिस दुनिया की हम कल्पना करते हैं तो कल्पना के beyond की दुनिया है।अर्थात यह एक बराबरी, मानवता, उदारता, अनुशीलन, एक दूसरे के प्रति भाई चारे की राशि है, जहां प्रेम भाव और merit basis पर कुछ चीजें मिलती हैं। एक अच्छी राशि है तो शनि की स्थिति ये है कि खुद मुश्किल से पाता है लेकिन जब पा लेता है तो औरों को आसानी प्रदान करता है। यह जो देता है वह अटल रहता है। जिन लोगों ने जहां-जहां जो पाया औरों को बड़ी आसानी से दे दिया। उनका रास्ता आसान कर दिया, तो शनि ऐसा भी करता है।

***प्रश्नः** शनि का जो स्वरूप समझ में आ रहा है कि शनि संघर्ष का ग्रह है, मुश्किलों का ग्रह है, आपदाओं का ग्रह है लेकिन कहीं न कहीं ये व्यक्ति को इन सबसे निकाल बाहर भी खड़ा कर देता है तो शनि ग्रहों की दुनिया में उत्कृष्ट हो जाता है फिर भी लोग इसको इतना बुरा ग्रह क्यों मानते हैं?*

उत्तरः शनि से दुकानदारी चलती है। इसको बुरा कहने से दुकानदारी चलती है। जब हम इसको बुरा बोलेंगे तो दुकानदारी चलती है। मैं ऐसा बिल्कुल नहीं कहता कि शनि की साढ़े साती नहीं होती, मैं ऐसा बिल्कुल नहीं कहता कि शनि की साढ़े साती हो तो मुश्किल नहीं आती, मैं ऐसा बिल्कुल नहीं कहता कि शनि कुण्डली में खराब हो तो आदमी को दुख, दारूण और physical पीड़ा नहीं होती। मैं ऐसा कुछ नहीं कहता। जिस-जिस ग्रह का जो रोल है वो तो करेगा ही। गुरु के नाम पर कोई आदमी पैसा नहीं लेता, पूजा नहीं करवाता। कोई बोलता है कि गुरु की पूजा करवाता हूं आपको। बृहस्पति की पूजा करवाता हूं। ऐसा नहीं होता। आप शनि की पूजा बहुत करवाते हैं, शनि की पूजा होनी चाहिए, शनि ग्रह की पूजा होनी चाहिए। वैसे भी आदमी का मन पुजारी होना चाहिए, आदमी को जो भी धर्म कर्म हो वो करना चाहिए। लेकिन

शनि से व्यवसायीकरण, जब से व्यवसायीकरण बढ़ा है उसके बाद में वो सारा हिसाब किताब बदल गया। जब तक आप भय पैदा नहीं करेंगे, जब तक डरायेंगे नहीं तो कुछ आगे बढ़ेगा नहीं। ज्योतिष के नाम पर डराया जाता है, ग्रह के नाम पर डराया जाता है और जिस ग्रह के नाम पर सबसे ज्यादा डराया जाता है उसका नाम शनि है। अब बोल दो आदमी की टांग टूट जायेगी, तो आदमी तो गया, टांग तो जब टूटेगी तब टूटेगी लेकिन आज तो आपने उसका काम कर दिया। किसी को बोलो आपका पुत्र मरने वाला है, छोड़कर जाने वाला है, लड़की भाग जायेगी, ऐसे-ऐसे आप announce कर दीजिए, कहीं से भी कर दीजिए, बोल दीजिये तो आदमी एकदम उल्टा हो गया ना। तो भय से धन प्राप्त होता है। तो भय से जो व्यवसायीकरण है उसमें भी शनि को exploit करते हैं और बहुत सारे लोग ऐसा करने में लगे हुए हैं।

प्रश्न: *हर आदमी इस दुनिया में व्यवसाय कर रहा है अगर ज्योतिषी भी कर रहा है तो इसमें कोई बुरी बात तो नहीं होना चाहिए?*

उत्तर: बिल्कुल बुरी बात नहीं है, रोटी तो मैं भी ज्योतिष की ही खाता हूं, रोटी तो मैं भी इसी की खाता हूं और मैं ज्योतिष न करूं तो पता नहीं मुझे रोटी मिलेगी या नही। रोटी खाना तो मेरा हक है और रोटी खाना हर आदमी का हक है। इसमें किसी को काई ऐतराज नहीं है। आटे में नमक होता है। उतना हर आदमी का हक होता हैं जितना आटे में नमक होता है। उससे ज्यादा अगर आटे की बजाय नमक डाल लेंगे तो सब तरह के व्यवधान पैदा हो जायेंगे। मैने बोला कि शनि से दुख भी, पीड़ा भी है, मृत्यु भी है। लेकिन ये दुख, पीड़ा, मृत्यु, अवसाद हर आदमी के जीवन के हिस्से हैं। पहली बात तो ये कि जो आदमी पैदा हो रहा है मरेगा। बात ही खत्म हो गयी। आप बोलें कि मृत्यु शनि के कारण हो रही है, शनि के कारण हो या न हो लेकिन जो बोले, मृत्यु तो हो रही है। दुख, पीड़ा भाव है वो phases आते हैं, phases चले जाते हैं। जिन्दगी में ऐसा होता ही नहीं कि बोले कि आपका हर दिन अच्छा है। ऐसा होता ही नहीं। गुलाब के साथ भी कांटा है। तो ऐसा possible ही नहीं। अगर आपके साथ सुख है तो दुख है। सुख का महत्त्व तभी है जब दुख है। तो सुख और दुख part and parcel of your life हैं। लेकिन दुख को हम इतना बढ़ा देते हैं कि जो आदमी झेल रहा है वो खुद ही परेशान है, उसकी झेलने की शक्ति बड़ी कम है। पहली बात तो ये है। वो short cut ढूंढ रहा है आदमी भी दोषी है अपने लिए, वो short cut ढूंढ़ रहा है और देने वाला लेने को राजी बैठा हुआ है, मेरे पास short cut है अब वो आपको बोलता है कि मैं आपका उपाय कर देता हूं।

या मेरे पास ऐसे-ऐसे उपाय हैं। उपाय से फायदा होता होगा लेकिन मैं जानना चाहता हूं कि जिन लोगों ने उपाय किये उनके पास कोई डेटा बैंक है। कोई आदमी ऐसा बता सकता है कि मैने 100 आदमियों पर उपाय किये और उसमें से पांच को फायदा हुआ, 6 को फायदा नहीं हुआ, 4 के पैसे खराब हो गये या 4 ने ठीक से उपाय नहीं किया, कोई रिकार्ड है, कोई हिसाब-किताब है। कोई कुछ नहीं है। बस बोले जाना है ये करो, वो करो, किसी को जमुना, गंगाजी, सरयू भेज दो। उसके बाद बोलो सब कुछ होगा। उसके पैसे भी खर्च हुए, जीवन भी खराब हुआ, बात बनी नहीं। जबकि ज्योतिष सीधी सी बात बोलता है अगर ग्रह खराब है तो ग्रह का फल खराब मिलेगा, उपाय 2-3 प्रतिशत कुछ करे तो करे अगर उपाय उसमें पूरा परिवर्तन कर देगा तो इस जीवन में कर्म का फल तो कुछ रहा ही नहीं। जो आदमी करके आया। एक आदमी पंडित जी के पास गया, उन्होंने उपाय कर दिया। आपके जीवन में बेटा नहीं तो पंडित जी आपको बेटा कैसे दे देंगे। ऐसा कोई तरीका है क्या, यदि पंडित जी बेटा दे देंगे तो रामजी क्या करेंगे? तो इस सबका दुनिया में महत्त्व क्या हुआ? फिर तो पंडित जी सब कुछ कर देंगे। हर चीज के दो मतलब है। पहली बात ज्योतिष हमें कैसे मदद करता है ignorance से। अगर मुझे मालूम है कि मेरे को मालूम है कि अगले तीन दिन खराब है तो तीन दिन की मेरी तैयारी हो जाती है। हो सकता है मेरे तीन साल खराब हो, सामने वाला मेरे को बताता है तीन दिन खराब है तो मैं तैयार हो जाता हूं। उसके लिए I become mentally ready, उसके लिए मैं स्वयं को तैयार कर निकलने का प्रयास करता हूं और निकलने का रास्ता भी है। उसके लिए भक्ति भी है, पूजा भी है, शनि देवता की पूजा भी है। पूजा का भी विधान है। विधान शास्त्रों में लिखा है और हम उसको literally करवा देते हैं। उसका हमारे पास कोई डेटा बैंक नहीं है, ऐसा हमारा कोई experience नहीं है। ऐसे लोग आकर हमें बताते नहीं है कि आपने ऐसा कराया पंडित जी तो ऐसा-ऐसा हुआ। ऐसा हो तो उन उपायों की value लाख गुना हो जायेगी। और आदमी हंसकर करेगा और हर चीज का उपाय होता भी है ऐसा भी ज्योतिष में है। कुछ कुण्डली में स्थिति ऐसी है जहां उपाय कारगर सिद्ध नहीं होगा फिर भी हम उपाय किये जा रहे हैं। मान लीजिए किसी को cancer है तो उसका उपाय नहीं है, वो उस stage पर चला गया अब डॉक्टर जबरदस्ती दवाई दे रहा है और कह रहा है मैं ठीक कर दूंगा, डॉक्टर ऐसा नहीं कहता लेकिन ज्योतिषी बोल देता है उसके मैं खिलाफ हूं।

प्रश्नः *भाम्बी साहब ऐसा भी हो सकता है कि जैसे कहते हैं कि दुनिया*

उम्मीद पर कायम है तो क्या ये जो उपाय है जितने लोग करने वाले हैं उनके लिए शायद एक उम्मीद जग जाती हो?

उत्तर: उम्मीद की बात है, positive thinking की बात है वो सारी बातें अपनी जगह उचित है लेकिन यदि हम उपाय करा रहे हैं तो उस उपाय को सिद्ध होना चाहिए स्वयं। उपाय किया तो बात खत्म हो गयी। जैसे अभी कोई हमको बता रहे थे उनको बच्चा नहीं है तो उन लोगों ने बोला कि एक यज्ञ होगा, पता नहीं कौन सा यज्ञ होगा। दो महीने बेचारे पति-पत्नी सोये नहीं इधर-उधर मतलब जिस तरह से बोला वैसा करते, सुबह से शाम तक यज्ञ चलता रहा, अब वो बूढ़े हो गये 55 साल के दोनों हो गये, होने की संभावनाएं खत्म हो गयी तो ऐसी उम्मीद का तो फायदा भी कुछ नहीं। उसको बोल दिया जाता कि आपकी किस्मत में नहीं है तो बात खत्म हो जाती। तो ज्योतिषी को इतना perfect भी होना चाहिए कि कहां उपाय कारगर है और कहां उपाय कारगर नहीं है। यहां एक ही लाठी से सबको हांक दिया जाता है।

प्रश्न: *जितना ज्योतिष का व्यवसायीकरण हुआ है पिछले दिनों में, उसमें क्रूर ग्रहों ने एक तरह से बड़ी सहायता की है, चाहे वो शनि से जुड़ी स्थितियां हो, कालसर्प योग हो या मंगल का हौवा हो, इसके बारे में आप क्या कहेंगे?*

उत्तर: ऐसा है कि आप शुभ ग्रहों को लेकर तो बोल नहीं सकते। शुभ ग्रहों का उपाय तो कोई बताता नहीं, करता नहीं। शनि के उपाय है साढ़े साती भी हो सकती है, ये भी हो सकता है, वो भी हो सकता है, उस सबके उपाय है। उसके बाद कालसर्प योग के उपाय है। हर आदमी की कुण्डली में कालसर्प योग सिद्ध कर देते हैं, बता देते हैं, हर आदमी की कुण्डली में कालसर्प योग है फिर उसके उपाय हैं फिर उसके बाद में कई तरह के यंत्र-मंत्र हैं जो उसको पता ही नहीं, बनाने वाले को ही नही मालूग कहां से बनकर आते हैं। यंत्र बिल्कुल कोई भी बनाकर दे रहा है, ऐसा हो रहा है तो जिस चीज का असर ही नहीं है। देखिये ये दवाई नहीं है कि दवाई खाई असर होगा, tested है उसमें chemicals हैं। असर होगा। उपाय बड़े सात्विक हैं, उपाय बड़े गहरे में जाकर लोगों ने जाने, बहुत गहरे में जाकर लोगों ने उनको किया और करवाया, उसके लिए purity बहुत जरूरी है, शुद्धिकरण बहुत जरूरी है। करने वाले का भी और करवाने वाले का भी। उपाय पैसे के लिए नहीं किये जाते। उपाय का मतलब ये नहीं होता कि आप जेब भर लें। इसलिए उपाय नहीं होता है। उपाय इसलिए होता है कि आप ऐसा उपाय करें कि आदमी उससे बाहर आ जाये। उसके बाद आदमी आपको नोटों में तोल भी सकता है। कुछ भी कर सकता है।

ऐसा भी है। आप उसकी मदद कर देंगे, चार में तीन आपकी मदद नहीं करेंगे और एक आयेगा आपकी इतनी मदद कर जायेगा कि फिर आपको जरूरत नहीं पड़ेगी। इस भाव से उपाय हों तो मैं उसके बिल्कुल पक्ष में हूं। उपाय होते हैं और ज्योतिष की utility भी तब ही है जब उपाय होते हैं इसलिए उपायों के नाम पर manupulation हो रहा है। क्योंकि ज्योतिष में लिखा है कि उपाय से लाभ होता है तब ही manupulation हो रहा है, तभी तिल का पहाड़ बनेगा, तिल ही नहीं होगा तो पहाड़ कैसे बनेगा। उपाय का जो है misuse हो रहा है। उसका व्यवसायीकरण नीच ग्रहों से करने में आसानी है, बोल दो शनि ऐसा करता है, मंगल ऐसा करता है। इसके मैं खिलाफ हूं।

प्रश्न: *भाम्बी साहब एक बात मन में आ रही है आपने जो बीच में बात की थी कर्म की। यदि उपाय करने से सबकुछ हो जाता तो कर्म का क्या रोल?*

उत्तर: आपने बिल्कुल ठीक बोला। शनि बोलता है कि कर्म करो, यदि बुरा समय है तो उससे निकलने का प्रयास करो, हिम्मत से काम लो, जैसे अच्छे दिन नहीं रहते, वैसे बुरे दिन भी नहीं रहते। उसके साथ उपाय हो जो आपको फल दे उस उपाय के खिलाफ नहीं हूं लेकिन उपाय का जो व्यवसायीकरण है उसके मैं बिल्कुल खिलाफ हूं, घोर खिलाफ हूं।

❑❑❑

18

शनि जजमेंट और टाइमिंग सिखाता है

दिनांक: 29/09/2003 **(श्री अशोक अग्रवाल)**

भूमिका: पिछले कुछ दिनों से हम बात कर रहे हैं शनि की और शनि के विभिन्न आयामों पर चर्चा की है। आज हम बात करना चाहते हैं कि जब नीच का शनि हो तो उसका 'नीच भंग' कैसे होता है। जितने भी ग्रह हैं उनका नीच भंग होता है लेकिन दो ग्रहों के नीच भंग में बड़ी समस्या है एक तो सूर्य के में और दूसरा शनि के में। सूर्य और शनि का जब भी नीच भंग होता है उसके बाद भी कुछ न कुछ जरूर रह जाता है जो पूरी तरह कट नहीं पाता है। नीच शब्द को यहां समझना पड़ेगा, नीच का मतलब यह है जहां रूकावटें हों, व्यवधान हों, परेशानियां हों, दिक्कतें हों और कोई भी कार्य जिसको बोलते हैं सिर न चढ़े, जब तक कि आदमी को मुश्किलों का सामना ना करना पड़े। जब शनि का नीच भंग ठीक से हो जाये तब यह बहुत अच्छे परिणाम देता है।

प्रश्न: *शनि नीच कब होता हैं?*

उत्तर: वैसे सब जानते हैं लेकिन फिर भी मैं बताता हूं। शनि नीच होता है मेष राशि में और शनि उच्च होता है तुला राशि में। शनि की दो राशियां जिनके स्वामी है मकर और कुम्भ। मेष में शनि नीच का हो जाता है।

प्रश्न: *पंडित जी कालपुरूष की कुण्डली में शनि दसवीं और ग्यारहवीं राशि-मकर और कुम्भ के स्वामी हैं तो ये बताइये कि इन्हें ये दो राशियां जो इकट्ठी मिली। अगर किसी भी कुण्डली में ये नीच हैं तो कालपुरुष की कुण्डली के हिसाब से जनरल सिद्धान्त के अनुसार ये नीच के क्या फल देते हैं?*

उत्तर: देखिये इनकी जो दो राशियां है। दो राशियों का गहरा महत्त्व है। जितने भी ग्रह है उनकी किसी की भी दो राशियां नहीं हैं साथ-साथ। इनकी दो राशियां दसवीं और ग्यारहवीं। दसवीं राशि मकर है और ग्यारहवीं राशि जो कुम्भ है। दो राशियों के ये स्वामी है। मकर राशि का जो स्वभाव है हमने इसकी बात

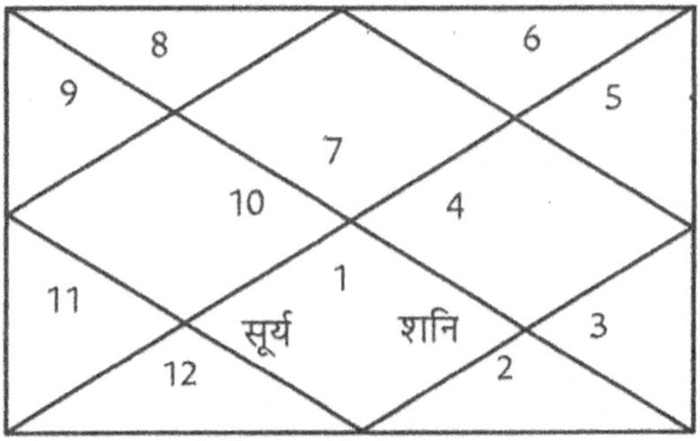

उच्च सूर्य से शनि का नीच भंग

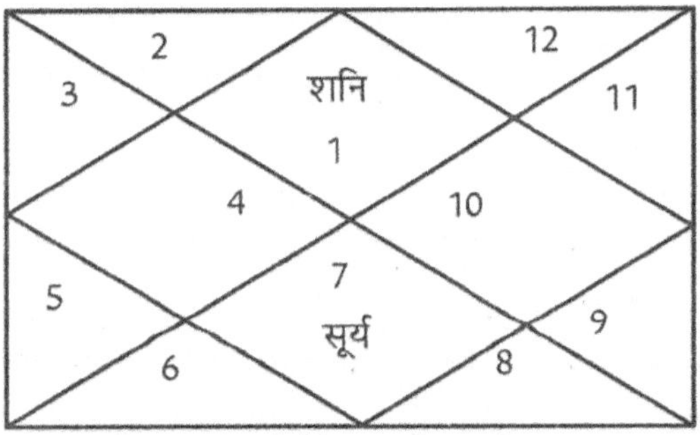

सूर्य - शनि दोनों का नीच भंग

की थी, दोबारा प्रकाश डाल दें। मकर राशि पृथ्वी तत्त्व राशि है और चर राशि है। पृथ्वी का मतलब ये हुआ कि जहां पर आदमी अपने प्रयास करे, मेहनत करे और मेहनत से आगे निकल आये, मेहनत करनी पड़ेगी और जब भी कोई मेहनत करने चलता है तो मेहनत करे और सारी चीजें आपके पक्ष में आ जायें। मेहनत, मशक्कत, struggle, संघर्ष का मतलब यहीं है कि मेहनत, संघर्ष चलता रहे और आसानी से सफलता न मिले। This is the first indication of Capricorn rashi. मकर राशि का पहला स्वभाव ये है। लेकिन इस राशि में movement है, जहां गति है वहां आदमी कहीं न कहीं पहुंच जाता है। तो गति is very important और पृथ्वी तत्त्व का ज्योतिष में बड़ा महत्व है। पृथ्वी का मतलब हुआ जमीन और हम जितना भी जानते हैं, विज्ञान की दृष्टि से बोलते हैं जहां पर भी आदमी को सुख है उसमें जमीन का लेना-देना बहुत है। अभी आदमी ने क़िसी और ग्रह पर रहना शुरू नहीं किया, बाकी काल्पनिक बातें हैं तो जमीन का बड़ा महत्त्व है और जमीन का मतलब है वहां पर आपको शुरू में संघर्ष करना पड़ेगा, मेहनत करनी पड़ेगी, अपने पैर जमाने पड़ेगे। एक बार आपके पैर जम जायेंगे तो फिर कहीं कोई दिक्कत नहीं आयेगी और दूसरी इसकी राशि है कुम्भ राशि। ये राशि है space की राशि है, fixed sign है, space बड़ा विस्तृत है। Space का मतलब ये हुआ, कुम्भ का एक और अर्थ भी है, कुम्भ मानवता की राशि है। कुम्भ का प्रतीक घड़ा है। घड़ा वो जिसमें से पानी छलक रहा है और पानी को हमने अमृत माना है क्योंकि पानी जीवन है। दूसरी मानवता वाली राशि

है। पहले आदमी मेहनत करता है और उसके बाद वो पा लेता है। वो खुद तो पाता है मेहनत से, तकलीफ से पाता है लेकिन उसको बांटने में कोई दिक्कत नहीं हैं। तो शनि की दो राशियों का बड़ा महत्त्व है।

प्रश्न: *पंडित जी अगर शनि यहां यानि मेष लग्न में नीच हो जायें, जनरल में यही पूछूंगा कि दसवें और ग्यारहवें घर बड़े महत्त्वपूर्ण हैं, एक कर्म स्थान है और लाभ स्थान है, किसी भी कुण्डली में जब यदि शनि नीच के होते हैं तो इन घरों का कुछ प्रभाव पड़ता है कालपुरुष की कुण्डली के हिसाब से?*

उत्तर: बिल्कुल पड़ेगा, मान लीजिए जब यहां कालपुरुष की कुण्डली है तो यहां पर मेष कुण्डली माननी पड़ेगा और मेष कुण्डली है तो शनि यहां नीच का हो जायेगा। अब किसी की कुण्डली की बात नहीं कर रहे। जब शनि नीच का हुआ तो यहां शनि ने दो house afflict कर दिये। एक तो दशम् और एकादश, तो कर्म से जुड़ी हुई स्थितियां हैं as it is शनि संघर्ष बताता है जीवन में, शनि उच्च का भी हो। शनि उच्च का था, मुझे लोग याद आ रहे हैं at random, एक तो Akbar the great उनकी कुण्डली में शनि उच्च का था और दूसरा हमारे वर्तमान प्रधानमंत्री अटल बिहारी जी है इनका भी शनि उच्च का है और दोनों ही व्यक्तियों को राज्य मिला लेकिन बड़े संघर्ष के बाद मिला। स्थितियां बनती चली गयी वो अलग बात है उच्च के शनि की। लेकिन अपना संघर्ष करना पड़ता है। उच्च

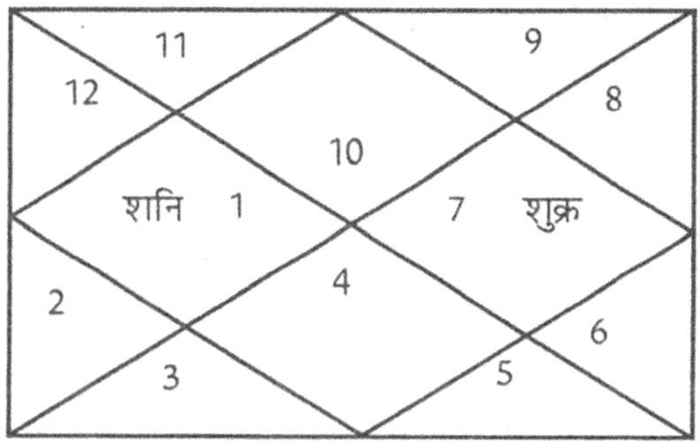

सशक्त शुक्र से शनि का नीच भंग

नवांश कुंडली से शनि का नीच भंग

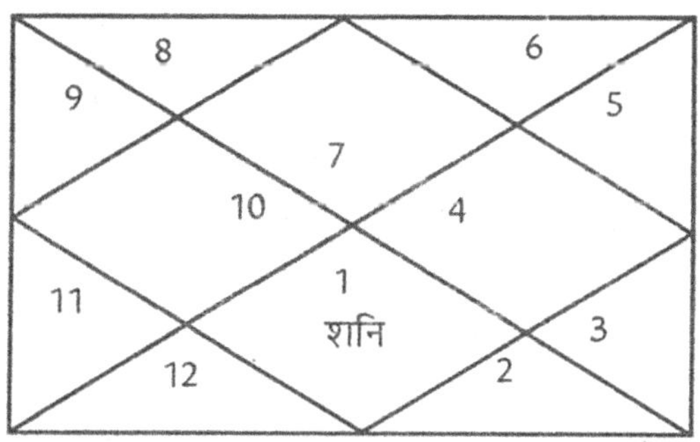

जन्म कुंडली

का शनि भी संघर्ष कराता है। उच्च के शनि की गारंटी नहीं है कि आप कुछ नहीं करेंगे तो आपको सब कुछ मिल जायेगा। उच्च के शनि में भी संघर्ष है। जब दशम् और एकादश, कर्म और लाभ स्थान का स्वामी होकर शनि नीच का है या ऐसा मान लें कि शनि नीच का है, ये किसी आदमी की कुण्डली नहीं है कालपुरूष की कुण्डली है, कल्पना कर लें तो दो घर आदमी के जीवन भर के लिए afflicted हो गये एक तो कर्म स्थान और दूसरा लाभ स्थान। जब कर्म स्थान और लाभ स्थान afflicted हो जायें तो ना तो आदमी कर्म से ही महान हो पाता है और ना ही इतना लाभ एकत्रित कर पाता है जिससे उसकी सारी समस्याऐं खत्म हो जायें, तो ये कालपुरुष के हिसाब से अलग angle चलता है।

प्रश्न: *नीच शनि अगर पाप ग्रहों के प्रभाव में भी हों जैसे मंगल, राहू, सूर्य आदि तो वहां क्या स्थिति हो जाती है?*

उत्तर: देखिये मेरा जो अनुभव है उससे बताता हूं। वहां दो स्थितियां हैं। मान लीजिए शनि का नीच भंग नहीं हुआ और शनि नीच अवस्था में अकेला है तो वहां शनि गारंटी करता है कि संघर्ष के बाद निकल आयेगा आदमी। वहां संघर्ष करेगा, मेहनत करेगा, थोड़ी असफलताएं जरूर आयेंगी लेकिन निकल आयेगा। लेकिन मान लीजिए शनि नीच का है साथ में मंगल है, राहु है, तो अपना संघर्ष तो एक तरफ रहा, बाकी के और संकट बढ़ गये, राहु के संकट बढ़ गये, राहु से कई ऐसी स्थितियां बनेंगी जिनके लिए आदमी तैयार नहीं होगा, मंगल होगा तो कई तरह के जीवन में अवसाद, violence, कई तरह की स्थितियां, depend करता है। मान लो कोई घर बहुत खराब हो तो पत्नी से संबंध विच्छेद हो सकता है। बच्चे वाला घर खराब हो तो बच्चे को मुश्किल आ सकती है, parent को दिक्कत आ सकती है, कई तरह की समस्याएं बल्कि ऐसा समझो करेला नीम पर चढ़ गया। तो ये स्थिति है।

नवांश कुंडली

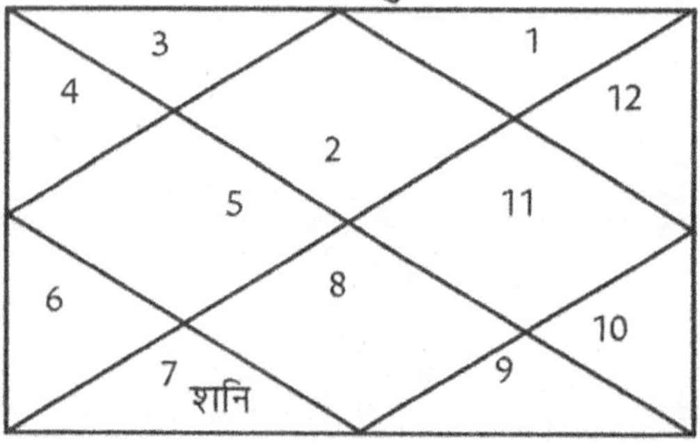

प्रश्न: *पंडित जी अभी आप बता रहे थे कि शनि का नीच भंग बड़ी मुश्किल से होता है तो शनि का नीच भंग किन स्थितियों में होता है और वहां आदमी के जीवन में क्या स्थितियां बनती हैं?*

उत्तर: शनि मेष में तो है ही। पहला जब सूर्य साथ में आ जाये या सामने आ जाये, सूर्य नीच का हो जाये, तो शनि का नीच भंग हो जाता है या शुक्र सातवें में यानि सातवीं राशि में आ जाये तो उसका नीच भंग हो जायेगा या नवांश कुण्डली में उच्च का हो जाये और जन्म कुण्डली में नीच का रहे तो उसका नीच भंग हो जाता है और यदि शनि नीच का होकर वर्गोत्तम हो जाये। नीच भंग तो नहीं होता लेकिन उसके नीच के गुण खत्म हो जाते हैं। इन स्थिति में शनि का नीच भंग हो जाता है। गुरु सातवें में हो तो नीच भंग तो नहीं होता लेकिन काफी मजबूत हो जाता है।

प्रश्न: *किन लग्नों में शनि नीच होकर भी अधिक अशुभ फल नहीं देते?*

उत्तर: पहला सूत्र तो ये है नीच भंग का कि जब भी ग्रह का नीच भंग हो जाता है जैसे शनि का नीच भंग हो गया तो लग्न is immaterial. लग्न की बात हम अवश्य करेंगे। नीच भंग हो तो उसके जो बुरे फल है वो खत्म। पूरे खत्म तो नहीं होते ऐसा कह सकते हैं कि 75 प्रतिशत खत्म हो गये। 75 प्रतिशत नीच के फल नहीं रहेंगे। 20-25 प्रतिशत ही रह जायेंगे और नीच भंग राजयोग हो जायेगा तो ऐसी स्थिति में क्या होता है पहले थोड़ी मुश्किलें आती हैं। मान लीजिए कोई काम शुरू किया है, व्यवसाय किया है या कोई जीवन का target, लक्ष्य प्राप्त करना चाहता है या किसी particular post के लिए आदमी तैयारी कर रहा है या politics में जाना चाहता है हो सकता है पहले उसको असफलता मिले लेकिन बाद में वो असफलता, सफलता में परिणित हो जाती है। तो यह है एक नीच के ग्रह का फल रहता है लेकिन सफलता मिल जाती है। लेकिन जहां नीच का ग्रह हो और नीच भंग न हुआ हो तो वहां सफलता मिलने में काफी देर हो जाती है। सफलता मान लीजिए 20 साल की उम्र में चाहिए और 60 साल में मिलेगी तो उस सफलता का ज्यादा मतलब रह नहीं जाता, उसका मतलब गौण हो जाता है। इस तरह से भी उसको देखना पड़ेगा।

प्रश्न: *पंडित जी वैदिक ज्योतिष के अनुसार लग्नेश शुभ होना चाहिए। लग्नेश यानि मकर और कुम्भ राशियों के स्वामी होकर शनि यदि नीच हो जाये तो क्या करते हैं?*

उत्तर: लग्नेश हमेशा शुभ हो, ऐसा कोई सूत्र नहीं। अगर ऐसा किताबों में कहीं लिखा भी है तो व्यवहार में देखने को नहीं मिलता। जहां लग्नेश होकर नीच का ग्रह, देखिये लग्न मतलब आप। लग्नेश मतलब आपको जो rule करता है, जब आपका ruler कमजोर है तो no matter what people say, no matter क्या लिखा हो, उससे फर्क नहीं पड़ता, आपमें एक नैसर्गिक कमीं तो है ही, अब वो कमीं किसी खास कारण से दूर हो जाती हो तो अलग है। जैसे लग्नेश का सूत्र है, मान लीजिए यहां पर मकर लग्न है और चौथे घर में शनि नीच का है। जहां भी नीच का होगा, अपने उच्च के घर को देखेगा, दशम् को देखता है। जहां भी देखेगा थोड़ी सी ताकत उसे दे देगा वो तो अलग है, थोड़ी सी राहत है, लेकिन उसके नीच के फल नहीं होंगे ऐसा नहीं होगा। नीच के पक्के फल होंगे लेकिन मान लीजिए कुम्भ लग्न और तीसरे में शनि नीच का है तीसरे घर में, तो तीसरे में, छटे में, दसवें में, ग्यारवें में नीच ग्रह as it is powerful हो जाते हैं। उनको ज्यादा शक्ति मिल जाती है और तीसरे घर में होकर वो उसको मदद कर देता है और तीसरे घर में उसको इतनी शक्ति मिल जाती है। तीसरे की बात कर रहे हैं और खासतौर से शनि की बात कर रहे है। तीसरा घर है पराक्रम का घर है, मेहनत का घर है, कष्टों को झेलने का घर है और कष्टों से निकलने का घर है। जब शनि यहां पर होता है तो आपसे मेहनत करा लेता है एक जमाने में, चाहे बचपन हो या जवानी हो तो इतनी मेहनत आप खुद ही कर लेते हैं, इतनी परेशानियों से खुद ही निकल लेते हैं, then it does not bother you, लगता है कि हमको फर्क नहीं पड़ता। मान लीजिए बचपन में आपने बड़ी मेहनत की और जवानी आते-आते सारी चीजें बेहतर हो गयी तो आपको याद भी नहीं रहता। अगर आपका संघर्ष बुढापें में हो रहा हो तो आपको मालूम पड़ता है कि संघर्ष क्या होता है। जवानी या बचपन के बहुत सारे संघर्ष भूल जाते हैं। ये भी बहुत सारे कारण हैं, हम ऐसा मान लेते हैं।

❑❑❑

19

राहु की उत्पत्ति

दिनांक : 3/10/2003 **(संगीता जी)**

भूमिका: आज हम राहु के जन्म के बारे में एक कथा बताते हैं।

महर्षि कश्यप की पत्नी सिंहिका ने असमय में उनसे एक संतान की इच्छा की। असमय की गई इच्छा से क्रोधित होकर महर्षि ने उसे मृत्यु के देवता जैसा भयभीत करने वाला पुत्र दिया। वही बालक राहु के नाम से जाना जाता है। जन्म के कुछ समय बाद उसने आदिति के पुत्र और अपने सौतेले भाई सूर्य से भयंकर युद्ध किया और उसमें बुरी तरह परास्त हुआ। उस अपमान के बाद 10 हजार दिव्य वर्षों तक हिमालय की चोटियों पर घोर तक करता रहा जिससे प्रसन्न होकर प्रजापति ब्रह्माजी उसके सम्मुख प्रकट हुए और कहा - 'मैं तेरी उग्र तपस्या से अति प्रसन्न हूं अत: तुझे इच्छित वर देना चाहता हूं, जो चाहे मांग लें।' राहु, जो अति महत्वाकांक्षी था, ने ब्रह्माजी से कहा कि आप एक ग्रह बनाए जो जीवन, अमरता, देवताओं पर विजय प्राप्त करे तथा सूर्य और चन्द्र दोनों प्रकाश पुंजो को निगल जाए यही वरदान राहु ने मांगा। ब्रह्माजी ने मुस्कुराते हुए कहा कि दोनों प्रकाश पुंजों का ग्रास तेरे लिए बहुत कष्टकारी होगा, परन्तु फिर भी मैं अपने वचनानुसार तुझे वर देता हूं। तथास्तु कहकर ब्रह्माजी अंतर्ध्यान हो गए। अपमान में जलता हुआ राहु तुरन्त ही सूर्य और चन्द्रमा की ओर दौड़ पड़ा किन्तु भगवान विष्णु ने अपने चक्र द्वारा उसके सिर को धड़ से अलग कर दिया तथा कहा कि इस सृष्टि के कर्ता ब्रह्माजी का वचन निष्फल नहीं होगा। अपने विभिन्न क्रम में दोनों ग्रहों को निगल जाओगे और इस प्रकार संसार में अच्छे व बुरे परिणामों के सूचक बनोगे।

प्रश्न: *भाम्बी जी कथा तो बड़ी रोचक है लेकिन राहु के जन्म के समय ऋषि कश्यप और पत्नी सिंहिका के मध्य न प्रेम था, न तालमेल था बल्कि बड़ी अजीब सी स्थिति थी वो कैसे निर्मित होती है?*

उत्तर: संसार में जो भी कुछ होता है उसका कार्य और कारण का संबंध है। ज्योतिष की मान्यता है कि यदि समय को साथ नहीं लिया गया या समय साथ नहीं दे रहा फिर जो कार्य होगा उसको समय निर्धारित करेगा न कि आप। सिंहिका ऋषि से संभोग की कामना करती है और उसी संभोग से संतान की प्रबल इच्छा भी रखती है। वो काल, दूसरा था जहां मानव सृष्टि के कार्य में विघ्न या बाधा नहीं डालना चाहता था क्योंकि सृष्टि की आवश्यकता थी। ऋषि मस्तिष्क का प्रयोग कर रहे हैं और सिंहिका भावनाओं में बही जा रही थी। ऐसी अवस्था में अगर पुत्र राहु जैसा हो तो कोई ताज्जुब नहीं। पति-पत्नि का तनाव और एक दूसरे की भावनाओं को समझने की नितांत कमीं का प्रादुर्भाव राहु है।

***प्रश्न:** क्या इस दुनिया में अधिकतर लोग तनाव और अनमने मन से ही संतान पैदा करते हैं?*

उत्तर: दो बातें समझने जैसी हैं। इस दुनिया में तो आदमी को पता ही नहीं कि वो संतान पैदा कर रहा है और इसी तरह आप और हम सब पैदा हो रहे हैं। सिंहिका और ऋषि की स्थिति अलग थी। सिंहिका संभोग संतान की कामना से करती है और ऋषि जानते हैं कि इस संभोग से निसंदेह संतान पैदा होगी।

स्त्री को धरती या धारिणी और पुरुष को आकाश माना जाता है जो पृथ्वी पर पूरी तरह आच्छिादित होकर बरस उठता है और अपने में सर्वस्व रूप से ढक लेता है। इस समागम की पूर्णता प्राप्त होते ही प्रकृति सृजन में लग जाती है और नवजीवन का निर्माण प्रारम्भ हो जाता है। उत्तम संतति के लिए स्त्री व पुरूष में पूर्ण समन्वय होना परम आवश्यक है। तभी सृजन की अवस्था में दिव्यात्माएं संतान रूप में प्राप्त हो सकती हैं। यूं तो संतान के भविष्य को प्रभावित करने वाले अनेक सूक्ष्म व जटिल कारक होते हैं जैसे - देव प्रारब्ध (पूर्व जन्म के कर्म) आदि किन्तु इन सबके रहते भी माता-पिता का पूर्ण समन्वय उत्तम संतान प्रदान करता है। वर्तमान का किया गया सही कार्य जिस प्रकार भविष्य को प्रभावित करता है उसी प्रकार प्रारब्ध हमारे इस जनम को। अधिकांशत: लोग बिना सोचे समझे संतति उत्पन्न करते हैं। अत: संयोग से कभी-कभी ही संसार में गांधी, टैगोर, रामकृष्ण, विवेकानन्द, टॉलस्टाय अथवा आइंस्टाइन जैसे बिरले जन्म लेते हैं।

***प्रश्न:** सिंहिका, कश्यप ऋषि की पत्नि होने के बाद भी विवेक की जगह भावनाओं को अधिक महत्त्व देती है, इसका क्या कारण है?*

उत्तर: दो व्यक्ति चाहे कितने भी नजदीक क्यों न हों फिर भी वो पूरी

तरह एक दूसरे से स्वतंत्र हैं और इच्छाएं जब प्रबल और विकराल हो जाती हैं फिर व्यक्ति का विवेक उसका साथ नहीं देता। सिंहिका की असमय संतान पैदा करने की इच्छा यह दर्शाती है कि संतति प्राप्ति में ब्रह्मांडीय शक्तियों का प्रबल हाथ है। जब भी व्यक्ति अपनी इच्छाओं का दास हो जाता है तो उसे परिणाम भी भुगतने पड़ते है। ऋषि जानते हैं कि सिंहिका की असमय संतान की इच्छा उथल - पुथल का कारण होगी। शायद उन्होंने इसीलिए सिंहिका की इच्छा को देव की इच्छा मान सहर्ष स्वीकार किया। सिंहिका ऋषि के साथ रहकर भी एक आम व्यक्ति जैसा व्यवहार करती है।

ज्योतिष की महानता यहीं से सिद्ध होती है। जब भी आप समय के प्रतिकूल अपनी इच्छाओं का लादने का प्रयास करेंगे तो समय आपको कब्र तक नहीं छोड़ेगा। फिर कोई उपाय, कोई गंडा, कोई ताबीज, कोई आर्शीवाद, कुछ भी काम नहीं आयेगा क्योंकि समय काल भी है और काल की गर्त में न देवता बचता है और न राक्षस।

प्रश्न: *राहु की जो क्रूर प्रकृति है या इसके फलों का अंदाज सही नहीं लगाया जा सकता, क्या यह भी असमय जन्म का प्रभाव है?*

उत्तर: राहु का जन्म असमय पर होने के कारण वह अहंकारी, क्रूर, ईर्ष्यालु, मूर्ख, अति साहसी, तेज, दूसरों की शक्ति को पूरी तरह जाने बिना उनसे अकारण विवाद करना तथा अपमान का भागी होने वाला बनाया। सूर्य द्वारा अपमानजनक पराजय ने उसे उसकी लघुता का अहसास कराया। किन्तु उसने साहस नहीं छोड़ा और अन्य उपायों से पराक्रमी सूर्य को परास्त करने में जुट गया।

प्रश्न: *इतनी मुश्किलों के बाद, अपमान के बाद फिर भी राहु हार नहीं मानता इसका क्या कारण है?*

उत्तर: हमे याद रखना है कि वह महर्षि का पुत्र है तथा उसमें अपने पिता की तरह महान और अमर होने की इच्छा है परन्तु असमय जन्म लेने के कारण, उसके लक्ष्य को पाने के तरीके अलग है। पहले तो उसने अपने कौशल और बहादुरी से भरे प्रयास किए किन्तु असफल होने पर हिमालय पर बैठकर हजारों वर्षो तक किया जिससे वह सूर्य से बदला ले सके। अपने उग्र तप द्वारा प्रजापति ब्रह्मा को प्रसन्न किया। ब्रह्माजी के प्रकट होने पर भी वह अपने अपमान को न भूल पाया तथा उसने सूर्य से बदला लेने का वर मांगा। राहु की इच्छाशक्ति इतनी बलवती थी कि ब्रह्माजी को उसे वह वर देना ही पड़ा। दूसरे राहु को ज्योतिष द्वारा संसार के नियमन में भी महत्त्वपूर्ण भूमिका निभानी थी। ज्योतिष का महत्त्व व प्रभाव इतना नहीं होता, यदि राहु का इसमें स्थान न होता। केवल

राहु की उपस्थिति ने ही ज्योतिष को एक पूर्णता प्रदान की है। ब्रह्माजी यह जानते ही थे। यह सब सोचकर ही राहु को महत्वाकांक्षी वर दिया था। वरदान पाते ही राहु दोनों प्रकाश पुंजों सूर्य और चन्द्रमा की ओर दौड़ चला, किन्तु भगवान विष्णु बीच में आ गये तथा उन्होंने राहु के अपने चक्र से दो टुकड़े कर दिये। ज्योतिष में राहु को छाया ग्रह माना जाता है और ज्योतिषीय गणना में छाया का विशेष महत्त्व होता है।

प्रश्न: *छाया या जीवन में अभिन्न स्थान है। राहु के संदर्भ में छाया की व्याख्या समझाइये।*

उत्तर: हम सभी संसार में प्रकाश और अंधकार के महत्त्व को जानते हैं। प्रकाश जहां ज्ञान का द्योतक है वहीं अंधकार अज्ञान को दर्शाता है, शायद ज्योतिष ही ऐसा विषय है जहां कि छाया और अंधकार का गहराई से अध्ययन किया जाता है। वास्तव में तो हम न पूर्ण प्रकाश में रहते हैं और न हीं पूर्ण अंधकार में, परन्तु अंधकार की उपस्थिति सचमुच हमें गहरे तक प्रभावित और भयभीत कर जाती है। छाया का अपना ही संसार है, वह जीवन भर हमारे साथ लगी रहती है। छाया की यह खूबी है कि वह अंधकार में तो गुम हो जाती है परन्तु प्रकाश में प्रकट होने लगती है और फैलने लगती है। यदि कोई व्यक्ति सूर्य के प्रकाश में खड़ा हो तो उसकी छाया कभी बढ़ने लगती है तो कभी घटने लगती है। कभी व्यक्ति के आगे चलती प्रतीत होती है तो कभी-कभी पीछे परन्तु कभी भी साथ नहीं छोड़ती, किन्तु छाया के रहस्य को जानने का सबसे अच्छा समय मध्याहन का सूर्य है। जब छाया अपने सामान्य आकार में होती है। तभी उसके रूप और रहस्य को पूरी तरह जाना जा सकता है क्योंकि मध्याह्न में जब व्यक्ति सूर्य के नीचे खड़ा हो जाता है तो छाया भी कुछ क्षण के लिए व्यक्ति की ऊंचाई के तुल्य होती है। संसार में सभी प्रकार के भय का एक बड़ा कारण छाया ही है। छाया का संसार हृदय की गहराइयों तक फैला हुआ है। अत: उससे जुड़े भय पर विजय पाना भी सहज नहीं है। यह भय सांसारिक वस्तुओं का भी हो सकता है और प्राकृतिक का भी जैसे कि भूत-प्रेत आदि। हम जैसे ही छाया के रहस्य को समझ लेते हैं तो अंधकार हमेशा के लिए खो जाता है और ज्ञान का प्रकाश चारों ओर फैलने लगता है। यही राहु है।

❑❑❑

20

राहु - भ्रम को गहराता है फिर दूर करता है

दिनांक: 7/10/2003 (संगीता जी)

भूमिका: पिछले कुछ दिनों से हम बात कर रहे हैं राहु की और आज राहु की नयी चर्चा करने जा रहे हैं। राहू बहुत सारे काम करता है। पिछले बार हम बात कर रहे थे कुछ कहानियों की। राहु देता है आदमी को भ्रम, illusion और disillusionment करता है और आदमी माने या न माने, आदमी चाहे या न चाहे, वैसे आदमी की कोई choice है नहीं, हम सब भ्रम में ही रहते हैं और भ्रम कई तरह के होते हैं और भ्रम का अपना मायाजाल है। भ्रम से हम निकल नहीं पाते, हमारे doubts जो है हमको भ्रम देते हैं। जब आदमी भ्रम में रहता है तो वहां से कई तरह की स्थितियां उसके साथ में आती है जो भ्रम को कैसे-कैसे बढ़ाती हैं, कैसे-कैसे विकराल करती हैं। भ्रम से आगे चलकर भय आता है, भय से पीड़ा आती है और hallucination वाली स्थिति पर भी कुछ लोग पहुंच जाते है तो ये सारा जितना भी मानसिक disturbance है या मानसिक विदोलन जो भी बोलें या जितना भी mental churning होती है इस सबको कहीं न कहीं राहु प्रभावित करता है। जब यहां affect करता है तो हमारे जीवन पर प्रतिबिम्बित होने लग जाती है। आज हम इसकी बात करेंगे।

***प्रश्न:** आपने अभी कहा कि राहु भ्रम देता है, illusion देता है, confuse करता है, इससे कोई बाहर भी निकलता है क्या?*

उत्तर: देखिये भ्रम क्या होता है। भ्रम illusion और intuition में thread like difference है। बाल के बराबर फर्क है। illusion हो तो झंझट है और intuition हो तो वो आदमी को आगे बढ़ने में मदद करता है। आदमी दूर की बातों को समझ जाता है। intuition का मतलब ये है कि पूर्वाभास। किसी स्थिति का पूर्वाभास कर लेना और जब हम किसी स्थिति का पूर्वाभास कर लेते हैं, अनुमान हमारा सही लग जाये और जो हम करें वो ठीक हो जाये तो वहां से आदमी की

सफलता की यात्रा शुरू होती है और अगर उसकी जगह पर जिसको वो intuition मानता है वो illusion निकल आये तो बिल्कुल process उल्टा हो जाता है तो कहीं न कहीं हम illusion में रहते हैं और illusion एक तो हम खुद built करते हैं अपने आप, inbuilt process है। कुछ illusions हमारे बाहर से आते हैं और जब हम खुद confuse होते हैं तो हम उन लोगों से influenced होते हैं जो खुद confuse होते हैं और उसके पीछे उनका कोई vested interest भी हो सकता है। ये भी एक बात है। तो राहु हमें illusions में डालता है। जब illusions में आदमी जाता है, भुगतता है, परेशान होता है तो वहां से, राहु दो काम करता है एक तो illusion देता है और कहीं न कहीं अकल भी देता है। कहीं न कहीं न कहीं alertness भी देता है, समझाता भी जाता है साथ-साथ आप जो कर रहे हैं उसमें बहुत ज्यादा लाभ नहीं होता जैसे example के लिए कोई आदमी बिजनेस करता है, ऐसे पार्टनर चुन लेता है जो गलत पार्टनर होते हैं या कोई आदमी विदेश जाने की इच्छा में रहता है तो वो इस तरह के लोगों से मिलता है जो वायदे तो बहुत करते हैं लेकिन वायदे को पूरा नहीं करते। लोग कई तरह के विश्वास पालते हैं। उस विश्वास को support करने वाले लोग बहुत हैं क्योंकि आप believe करते हैं, आप demand करते हैं तो उस तरह की supply करने वाले लोग हो जाते हैं। तो जैसे आजंकल मैं पढ़ रहा था कहीं कि बच्चों को बोला जाता है आपकी विदेश जाने की बहुत संभावना है लेकिन अभी कुछ अलग तरह के आंकड़े आ रहे हैं बहुत सारे जो वायदे कर रहे हैं वो वायदे हैं ही नहीं। वो होने ही नहीं है। बच्चों को मालूम ही नहीं पड़ता, ये कोर्स कर, वो कोर्स कर, English अच्छी कर, तो हो क्या रहा है एक भ्रम में जी रहा है और भ्रम दूसरा supply कर रहा है तो ये भ्रम कई स्तर पर चलता रहता है। ये तो एक छोटा सा example है तो इस तरह से हम अपने जीवन को कई तरह से खराब करते हैं।

प्रश्नः *यदि भ्रम का, illusion का division किया जाये तो दो तरह के भ्रम होते हैं एक तो आदमी को अपना भ्रम होता है और दूसरा जिस दुनिया में रहता है वहां का भ्रम होता है तो राहु किस तरह के भ्रम की बात करता है?*

उत्तरः मेरा ऐसा मानना है कि यदि मैं confuse हूं तो मैं अपने आसपास के माहौल में confusion create कर रहा हूं। राहु में दो स्थितियां होती हैं। एक तो आदमी confuse होता है और दूसरा आदमी उसके confusion से लाभ लेता है। आपसे लाभ तभी लिया जा सकता है जब आपको पूरी बात नहीं बताई जाये, चूंकि ईमानदारी की deal नहीं हो रही। अगर मान लीजिए

ईमानदारी की deal नहीं हो रही। ईमानदारी की deal बहुत कम होती हैं इस दुनिया में, तो वहां यह लाभ लिया जा सकता है जहां जानकारी छुपायी जाये या जानकारी बढ़ा-चढ़ाकर बतायी जाये तो दोनों तरह की स्थितियां हैं। तो जो बताने वाला है उसमें चातुर्य involved है और जो भुगतने वाला है उसमें innocence है, जैसा बोलें। innocence नहीं कह सकते क्योंकि आपको बात को जानना चाहिए। अगर आप बात को नहीं जान पा रहे और आप बोलें कि मैं innocence था तो इससे बात की माफी नहीं होती। आपको जो लाभ या नुकसान होना था वो तो हो ही जायेगा। यहां दोनों तरह की स्थितियां हैं सामने वाला अपने चातुर्य से लाभ लेता है और भुगतने वाला उतने अपने चातुर्य का इस्तेमाल नहीं करता। इन दोनों ही स्थितियां में राहु involved है। जहां भी behind the scene जो भी कार्य हो रहा है जहां पर दुनियावी लाभ involved है वहां पर राहु involved है, मेरा ऐसा मानना है।

प्रश्न: *कुछ लोगों का मानना है कि भूत-प्रेत होते हैं और ये भूत-प्रेत का मानना क्या राहु के द्वारा नियंत्रित होता हैं या ये भी एक भ्रम का हिस्सा हैं?*

उत्तर: बिल्कुल है। भ्रम की जो अगली सीढ़ी है वो एक ऐसी स्थिति create कर दो जिसके ऊपर अब तर्क नहीं हो सकता। मान लीजिए आप पेन खरीदते हैं, मैं आपको पेन नकली दे दूं तो यहां तो कुछ हिसाब-किताब होता है। मैं आप से कह दूं कि इस पेन को एक भूत चलाता है, आत्मा चलाती है तो इस पर तर्क नहीं हो सकता। इस पर तर्क करोगे तो कहां करोगे। तो इस तरह की स्थिति है तो दो तरह की दुनिया है। हमारी आंख के सामने वाली दुनिया, देखने वाले की दुनिया, एक दुनिया और ऐसा बोलते हैं एक ये दुनिया और एक आध्यात्मिक दुनिया। ऐसा बोल दीजिये। एक और जो तीसरी दुनिया है वहां ऐसा confusion तो नहीं होता है वहां भूतप्रेत का साम्राज्य है। होता है या नहीं होता लेकिन उनकी बातचीज चलती रहती है। चाहे आप देश में हों या विदेश में हों। अगर आप विदेश जाये तो आपको मालूम पड़ेगा कि विदेशी लोग ज्यादा भूतप्रेत से परेशान हैं। भारत के लोग कम परेशान हैं। वहां हर किसी के बंगले में भूताह माहौल रहता है। जितना खाली-खाली रहता है तो वहां भूत का माहौल ज्यादा देखने को मिलता है। तो कहने का तात्पर्य यह हुआ कि जो बीच की स्थिति है तो वहां पर हमारे भय का extension जब हो जाता है तो तब वहां पर भूतप्रेत दिखने शुरू हो जाते हैं। फिर किसी ने टोना टोटका किया होता है किसी ने ये किया होता है। मेरी इसमें ज्यादा आस्था-वास्था नहीं है।

प्रश्न: *तो भाम्बी साहब क्या हम ये कह सकते हैं कि भूतप्रेत का जो होना, ये हमारा भ्रम भी हो सकता है?*

उत्तर: बिल्कुल ये बहुत ज्यादा तो हमारा भ्रम है और चूंकि सारा भूत जो है भ्रम से संचालित होता है। भय से संचालित होता है। भ्रम और भय का मिश्रण है। और मुझे को लगता है कि भूत कहीं होता होगा तो मुझे दिखा नहीं, मैने बड़ी कोशिश की, मैं बड़े शमशानों में गया मुझे मिला नहीं, मैं रात-रात भर रहा, मुझे मिला नहीं। मेरी कोई आस्था-वास्था है नहीं। होता होगा तो मैं देखना चाहूंगा लेकिन अधिकतर भूत जो है अपने दिमाग में होता है। हकीकत में नहीं होता।

प्रश्न: *हम सब अपने भय से आक्रांत रहते हैं। भय में कुछ अच्छे काम भी होते हैं जैसे अनुशासन और नियम में रहना और भय अपने आप में एक रोग भी है। राहू इसको कैसे govern करता है?*

उत्तर: ठीक बात है क्योंकि आदमी को हर बात को समझाया भी नहीं जा सकता। आदमी कितना भी समझदार हो जाये उसको समझाया नहीं जा सकता और समझने की बात आती नहीं तो समझने के लिए भय या दंड होना बड़ा आवश्यक है। दंड बाद की चीज है। भय पहली चीज है। भय आदमी में एक तो खुद में होता है और दूसरा भय create किया जाता है। भय से अनुशासन आता है। आपकी बात बिल्कुल दुरूस्त है। चाहे बच्चे में अनुशासन हो या कोई अनुशासन हो, देश में हो या law and order situation हो, भय से आपको लगता है, आपको लगता है आप निरंकुश नहीं हो सकते। आपको लगता है आप सब कुछ नहीं कर सकते, कोई तो system है। कोई तो सीमा है आपको कुछ भी करने की, यदि आप सीधी-सीधी बात को मानते हैं तो ठीक है नहीं तो भय है। ये भय है तो एक genuine भय हुआ जिसका संबंध दंड से है। कानून, law and order, अनुशासन की व्यवस्था है लेकिन जो दूसरा भय है कि अज्ञात में क्या है? अंधेरे में क्या होता है? अंधेरे में आप रस्सी देखते हैं और आपको लगता है सांप है और रस्सी में कहीं movement हो रहा हो। हवा के कारण तो ऐसा भी कई बार देखा गया है कि बहुत सारे लोग रस्सी से मर गये, सांप से नहीं मरे। सांप था ही नहीं, रस्सी का भय उन्होंने सांप माना तो भय इतना विकराल हो जाता है, भय इतना गहरा हो जाता है। किसी आदमी को रात में अंधेरे में कमरे में जाने में डर लगता है या अंधेरी जगह पर जाने में डर लगता है या खास तरह की आवाजों से आदमी भयभीत हो जाता है या खास तरह की आकृतियां दिखना शुरू हो जाती हैं। बहुत सारी जो आकृतियां हैं वो

भय से संचालित हैं। भय से और भ्रम से। भ्रम से वो आकृतियां बनती हैं और भय के कारण वो विचलित करना शुरू कर देती हैं। हिलाना शुरू कर देती है। आपका पूरा अस्तित्व हिल जाता है। आपको लगता है अब तो बिल्कुल वहां गये तो पता नहीं क्या हो जायेगा। कोई गली है तो आप घर से निकलते हैं छोटा सा ही patch है चाहे दस कदम का ही हो और आपको निकलना हो तो आपकी जान निकल जाती है। आप अकेले में हों। कई बार आदमी हनुमान चालीसा पढ़ता जाता है और कई बार जितने भगवान हैं उनको याद करता जाता है। तो ये जो भय है भय भी राहू से संचालित है और भय का जो साम्राज्य है उसमें राहु भय देता है। राहु जो भय देता है वो होते तो unfounded हैं। आप भय को खोजने चलें तो आप उस भय को ढूंढ नहीं पायेंगे लेकिन वहां माहौल ऐसा हो जाता है कि आप वहां जाने से ही घबराने लगते हैं। पूरा आपका व्यक्तितत्व, आपका जो thought है वो इतना विकृत और विस्तृत हो जाता है। तो राहू और भय का गहरा संबंध है।

प्रश्न: *ये जो शक्तियां होती है, इच्छा शक्ति, मंत्र शक्ति इनको राहु कैसे govern करता है?*

उत्तर: बिल्कुल करता है जब कुण्डली में राहु पीड़ित हो और पहली बात तो राहु अधिकतर पीड़ित होता है। वो लोग बहुत lucky हैं, राहु है और सब कुछ सही हो रहा है। लेकिन राहु कहीं न कहीं कुण्डली में निश्चित तौर पर कोई न कोई कमीं जरूर लेकर आता है। कमीं लेकर आता है, राहु का यह समझाने का तरीका है, उस भय से आपको मुक्त करना चाहता है, उस illusion से आपको मुक्त करना चाहता है, उस भ्रम से मुक्त करना चाहता है, अज्ञात के जो डर है जो आपने बेमतलब के जो आपने अपने दिमाग में पाल रखें हैं उनसे आपको निकालना है। दो स्थितियां हैं क्योंकि कोई भी ग्रह गलत नहीं करता आपके साथ। आपकी तैयारी करा रहा है इस दुनिया में बेहतर तरीके से आप इस जिंदगी का साक्षात्कार कर सकते हैं। आप कैसे बेहतर तरीके से जी सकते हैं तो वो सारी स्थितियां राहु की हैं। तो वहां राहु भय भी create करता है।

प्रश्न: *तंत्र का और राहु का क्या संबंध है और तंत्र के नाम पर जो ढकोसला होता है उसकी आड़ में भी क्या राहु का ही साम्राज्य है?*

उत्तर: देखिये जितना भी तंत्र है। तंत्र मतलब जितनी भी अज्ञात शक्तियां हैं, राहु छः शक्तियों का मालिक है। ऐसा बोलते हैं कि राहु के मुकुट के आसपास छः शक्तियां घूमती हैं उसमें एक है पराशक्ति, दूसरी है ज्ञान

शक्ति, तीसरी है इच्छा शक्ति, चौथी है क्रियाशक्ति है, पांचवी है कुण्डलिनी शक्ति और छठी है मंत्र शक्ति। ये जितनी भी शक्तियां है ये राहु के मुकुट के, राहु के आसपास घूमती हैं। तो वो इन सारी शक्तियों का ज्ञान देने वाला है। मतलब मंत्र शक्ति है यदि शब्द को आप ठीक से जोड़ लें तो शब्द कुछ भी कर सकता है। इच्छा शक्ति है, इच्छा में अगर शक्ति का संचार हो जाये तो कुछ भी हो सकता है। फिर ज्ञान शक्ति है, ज्ञान के बाद तो कुछ बचता नही। पराशक्ति है मतलब जितना भी परालौकिक है उस सबकी जानकारी। तो वो सबको राहु देता है तो राहु जो जानकारी देता है वो देता है top class की जानकारी। तंत्र का जो है वो मर्म तंत्र का है राहु उसको समझाता है। तंत्र का मतलब जो mechanism में है इस दुनिया का। आपकी बॉडी का mechanism समझ में आ जाये, इस दुनिया का समझ में आ जाये और दुनिया बनाने वाले का समझ में आ जाये, उसके साथ में एक कहीं तारतम्य है वो तो राहु की बात है। अब आप किसी तांत्रिक के पास गये उसने नींबू काटा और नीबू में से खून निकल आया खून जैसा रंग निकल आया, अब वो कहता है मुझे बीस रूपये दो या दस हजार दो मैं आपको आबाद करा दूंगा, या पत्नी भाग गयी है उसको वापिस करा दूंगा, बेटा नहीं होता तो बेटा पैदा करा दूंगा तो ये सारा ढकोसला है। ऐसा कुछ नहीं कर रहा, वो कहीं न कहीं आपको अपने जाल में फंसा रहा है। तो उस तरह का तंत्र ना तो कहीं होता है और न उसका लेना देना है। वो सिर्फ चलता है। जो चलता है ज्योतिष का उत्थान नहीं बल्कि पतन हुआ है। कुछ समय से तो कई तरह के जो लोग है झोला छाप वो इसमें आ गये। तो ये भी एक स्थिति है उनसे बचकर रहना चाहिए।

प्रश्न: *तो भाम्बी साहब आपने जो अभी शक्तियां बताई इच्छाशक्ति, मंत्र शक्ति, तो इन सबको राहु इनकी पराकाष्ठा पर कैसे ले जाता है?*

उत्तर: राहु के मुकुट के आसपास ऐसा बोलते हैं, हर ग्रह का जो चित्रण है उसमें ये-ये है, उसके आसपास सारी शक्तियां है उनको वो control करता है। उसके मुकुट के आसपास है तो इसका मतलब ये है कि he is the controller. तो इतनी जानकारी जानता है राहु। पहली स्थिति है भ्रम की। यदि भ्रम के बहुत गहरे में जाओगे तो आप बाहर निकल आओगे। मान लीजिए प्याज को खोलना शुरू कर दें तो कुछ नहीं मिलेगा तो वो स्थिति है। राहु आपको गहरे में लेकर जाता है।

प्रश्न: *तो भाम्बी साहब ये अज्ञात से कहीं परिचय भी करवाता है?*

उत्तर: बिल्कुल करवाता है। क्योंकि अज्ञात का जितना भी क्षेत्र है। अज्ञात में दो तरह की स्थितियां हैं। अज्ञात में मृत्यु भी है, दुख भी है, भय भी

है, पीड़ा भी है, अज्ञात में, हम यहां से जायें प्रोग्राम करके क्या हो जाये पता नहीं, यह अज्ञात है। ये मेरे लिए जितना अज्ञात है जो देखने वाला है उसके लिए भी उतना ही अज्ञात है। इसी में हम जीते हैं। अगले क्षण क्या हो जाये पता नहीं चलता और अगले क्षण कई बार ऐसा हो भी जाता है तो वो अज्ञात है एक तो उस अज्ञात को राहु denote करता है। immediate दुनिया में क्या हो सकता है। आप चले रोड़ पर आपका accident हो गया suddenly, या आपको heart attact हो गया, ये जितने भी sudden की जितनी भी व्याधियां है, दुख हैं, पीड़ा है, accident है ये सब हैं, इसको भी राहु control करता है। इसका भी राहु से लेना देना है। एक तो ये दुनिया में हुआ दुख का और जो दुख दे रहा है वो दुख से मुक्ति का मार्ग भी बता रहा है। तो राहु के पास जितनी भी शक्तियां है वो राहु अज्ञात का जो है अज्ञात में क्या है? एक तो इस दुनिया में क्या है? उसकी बात है और एक उस दुनिया की बात की जाये बृह्म की दुनिया जो होती हो, उसके जो बीच की दुनिया उसको राहु represent करता है। ये shadowy planet होने से प्रकाश और अंधेरे के बीच की जो shadow है उसको represent करता है और shadow आपकी उन्नति के लिए बड़ी आवश्यक भी है और shadow जो छाया जो है वो आपकी उन्नति में बाधा भी है। अगर आप अपनी छाया में फंस गये तो फिर आप छाया से निकल नहीं सकते। फिर आप छाया में ही घूमते रहोगे। यदि आप छाया के मर्म को समझ गये तो छाया के पार निकल जाओगे। तो छाया का जो होता है, झोले में से क्या निकालोगे? बाजीगर जो होता है उसके झोले में बहुत कुछ है, झोले में से कभी तंत्र निकालता है वो, तो कभी मंत्र निकालता है तो कभी ज्ञान निकालता है तो वो दुनिया को चलाने के लिए, समझने के लिए पूरा process है उसको भी राहु govern करता है इसलिए राहु का वर्चस्व, राहु का महत्त्व आदमी की कुण्डली में इतना गहरा होता है। इसलिए राहु जहां बैठ जाता है, केतु की बात बाद में करेंगे, राहु-केतु जहां बैठ जाते हैं, वो कुण्डली का portion, और पूरी कुण्डली एक तरफ और राहु की कुण्डली एक तरफ। वहां से राहु संचालित होता है। इसका मतलब ये नहीं होता कि हर आदमी की कुण्डली में कालसर्प होता है। No nonsence, I do not believe in that nonsense. वो तो व्यवसाय है।

❑❑❑

21

राहु - एक रहस्यमय ग्रह है

दिनांक: 14/10/2003 **(संगीता जी)**

भूमिका: पिछले कुछ दिनों से हम बात कर रहे हैं राहु की और राहु के गुणों में एक यह भी गुण है कि राहु स्वयं में काफी mysterious ग्रह है, ऐसा हम सबको मालूम है और काफी confusion भी create करता है, illusion भी देता है और यदि कुण्डली में अच्छा हो तो intuition भी देता है। सारे काम राहु करता है। क्योंकि राहु की जो basic nature है वो बड़ी mysterious है, यानि कि राहु एक रहस्यमयी ग्रह है। इसके रहस्यों में एक रहस्य यह भी है कि जिस राशि में ये बैठता है उस राशि के गुण यह ग्रहण कर लेता है। मेष में बैठता है तो मंगल के गुण ग्रहण कर लेता है, वृष में बैठता है तो शुक्र के गुण ग्रहण कर लेता है। इस तरह से चलता जाता है। ऐसे राहु कितने गुण ग्रहण करता है, क्या स्वरूप बनता है और कुण्डली में क्या परिणाम देता है? इसकी हम चर्चा करेंगे और राहु कहां नीच होता है इसको भी बताने वाले हैं।

***प्रश्न:** आपने कहा कि राहु अपने गुण के अलावा उस राशि के गुण भी ग्रहण कर लेता है। जिस राशि में ये स्थित होता है वहां किस तरह के गुण ग्रहण करता है?*

उत्तर: राहु क्या करता है कि राहु के जो अपने गुण है, राहु एक रहस्यमयी ग्रह है, mysterious ग्रह है और राहु के बारे में ऐसा भी बोलते हैं कि कुण्डली में जहां भी वो बैठता है हमारे कार्मिक परिणाम देता है। राहु एक point है, मान लीजिए कुण्डली के लग्न में है तो लग्न से संबंधित कुछ अच्छे point और कुछ minus point देगा। पंचम में है बच्चों का घर है तो उस भाव को लेकर भी कुछ अच्छे-बुरे परिणाम देगा, इसकी nature है और मान लीजिए जिस राशि

में होगा उस राशि के गुण भी ग्रहण कर लेता है। ये इसकी basic nature है। मान लो ये मंगल की राशि में है तो मंगल वाले गुण इसमें आ जायेंगे aggression इत्यादि। अपने गुणों के अलावा, अपने mysterious गुण हैं वो तो बने ही रहेंगे। Taurus में हैं तो शुक्र वाले गुण आ जायेंगे, मिथुन में है बुध के गुण आ जायेंगे, तो इस तरह से, सिंह में है तो सूर्य के गुण आ जायेंगे, इस तरह से उस राशि को प्रभावित करेगा। प्रभावित करने की दोनों ही स्थितियां है कभी positive करेगा और कभी negative. यह पूरी स्थिति को देखकर ही बताया जा सकता है।

प्रश्न: *जब राहु अन्य ग्रहों के साथ होता है तो क्या उनको ग्रसित कर लेता है या उनको ताकत देता है?*

उत्तर: जब राहु किसी और ग्रह के साथ होता है तो depend करता है कि वह ग्रह कौन सा है? यदि मंगल, शनि है तो फिर मंगल और शनि, राहु को control कर लेते हैं अपने तरीके से कुछ हद तक, depend करता है वह राशि कौन सी है उसका बड़ा महत्त्व है। बुध है तो फर्क पड़ता है, शुक्र है तो फर्क पड़ता है, गुरु है तो उसको फर्क पड़ता है negatively, दोनों तरह से फर्क पड़ता है। जिस ग्रह के साथ बैठता है या तो उससे control हो जाता है या उसको control करना शुरू कर देता है अपने तरीके से। control करने का मतलब यह है कि राहु के जो negative traits हैं, राहु के जो negative फल हैं वो फिर वहां मिलना शुरू हो जाते हैं। पहला असर वहां आदमी की बुद्धि पर पड़ता है। आदमी की बुद्धि में कुछ गड़बड़ सी शुरू होती है। उससे उसके व्यवहार में, फिर उसके attitude में और attitude से जो वो कार्य करता है, उससे उसका भाग्य बनता है। कर्म से भाग्य बनता है। हालांकि इस पूरे process में responsible आदमी रहता है लेकिन फिर उसका भाग्य, दुर्भाग्य संचालित निश्चित तौर पर राहू से होता है। राहु के दो काम है या तो राहु का कंट्रोल कर लो वर्ना राहु दूसरे ग्रह को अपने नियंत्रण में ले लेगा। राहु एक force है और बड़ा mysterious and hidden force है और इसके पास में बड़ी सूक्ष्म type की energy है, subtle energy है तो या तो दूसरे ग्रह को अपनी energy दे देगा, positive हो जायेगा, positive कब होगा जब control हो जायेगा उससे। जब दूसरा ग्रह powerful होगा उससे, जैसे मंगल होगा, या शनि होगा, यदि ऐसी स्थिति नहीं होगी तो दूसरे ग्रह को definitelly afflict करेगा।

प्रश्नः राहु किस राशि में नीच का होता है और नीच होने पर इसमें क्या-क्या कमीं आती है?

उत्तरः ऐसा बोलें कि राहु किसी भी राशि में नीच नहीं होता। इसके ऊपर भी काफी मतों में भिन्नता है, मतैक्य नहीं है, लेकिन फिर भी लोग बोलते हैं कि राहु कमजोर होता है, नीच होता है, मीन राशि में राहु कमजोर हो जाता है। लेकिन नीच जैसा कोई शब्द दिया नहीं है पराशर इत्यादि ज्योतिषियों ने। लेकिन जो व्यवहार में आता है मीन राशि में यदि राहू हो तो राहू कमजोर हो जाता है तो वह उस अवस्था में चला जाता है जहां उसके परिणाम नीच के तुल्य हो जाते हैं।

प्रश्नः भाम्बी साहब जब राहु में नीच के तुल्य कमीं आ जाती हैं तो हमें क्या-क्या कमियां देखने को मिलती हैं?

उत्तरः राहु जब मीन में हो और नीच के तुल्य हो तो बहुत कष्ट देता है राहु। इस कष्ट का मैं भुक्त भोगी हूं, इसलिए मैं जानता हूं। मेरी कुण्डली में भी मीन का राहु है। राहु की दशा मैंने देखी है। भरी जवानी में। उसका एक फायदा हुआ, नीच के results तो जो हैं सो हैं, इसका फायदा ये हुआ कि उससे पहले मेरी ज्योतिष में रूचि कम थी बहुत ज्यादा नहीं थी। मैं दो तरह की स्थिति में था ज्योतिष करूं या law करूं। law तो कर लिया था, practice law की करूं। करता वो ही था जब तक मंगल चला, जब ये आया राहु तो इसने मुझे रहस्यमय विषय में प्रवेश करा दिया, मेरे को शुरू में ज्यादा मदद नहीं मिली, मुझे गुरु इत्यादि नहीं मिले और मेरा कोई गुरु है भी नहीं। तो ये सारी स्थितियां है और कुल मिलाकर राहु करता है और एक नये क्षेत्र में आदमी को लेकर जाता है। अब कोई ज्योतिष में जा सकता है, अलग-अलग field हैं, शायद मेरी कुण्डली में ज्योतिष में जाने का योग था, राहु यदि मीन में होता है तो कुण्डली में आमूलचूल परिवर्तन निश्चित तौर पर करता है। यदि वो control में न हो, uncontrolled हो जैसा मेरी कुण्डली में था, वहीं नीच का महत्त्व होता है जहां uncontrolled हो, half तक तो वो negative था और half के बाद positive था। राहु की जो दशा होती है वो होती है 18 साल की, तो 18 साल में 8-9 साल काफी painful थे। फिर उसके बाद रास्ते खोलता चला गया और मैं यहां बैठा हूं, तो फायदा भी है इसका।

प्रश्नः भाम्बी साहब, जैसे लोग पूछते हैं कि क्या हम ज्योतिष में जा सकते हैं या नहीं? ये रहस्यमय subject है तो इसमें जाने में राहु का काफी रोल है?

उत्तर: राहु का बहुत बड़ा रोल है। राहु होता है तो आदमी को अज्ञात में रूचि होती है। unknown के प्रति उसकी बड़ी जिज्ञासा होती है और उसके लिए वो जानना चाहता है और ध्यान और meditation में उसकी मदद होती है। तंत्र में जाना चाहे आदमी तो उसमें उसको मदद मिलती है। इसके लिए कुण्डली में बुध अच्छा होना चाहिए, गुरू अच्छा होना चाहिए और कुछ हद तक चन्द्र भी अच्छा होना चाहिए।

प्रश्न: *ऐसा कहते हैं कि राहु गुरु की दूसरी राशि धनु में भी कमजोर हो जाता है, इसका क्या कारण है और एक बात और क्या राहु और केतु को नीच का माना जाना चाहिए?*

उत्तर: देखिये गुरु का जो मतलब है गुरु की एक राशि है मीन और एक है धनु। मीन राशि में राहु कमजोर होता है और धनु में भी कमजोर होता है। गुरु का मतलब है जो प्रत्यक्ष है। प्रत्यक्ष को प्रमाण की आवश्यकता नहीं होती। तो गुरु प्रत्यक्ष में होता है। गुरु नौटंकी में नहीं होता। जिसको आप गुरु मानते हैं तो आप जानते हैं कि वो गुरु के योग्य है और राहु का मामला ये है कि राहु सामने से गुरु नहीं होता। पीछे से गुरु होता है, उसमें छद्म का भी रोल है। उसकी जो छद्म की जो क्रिया हैं उसमें अपने को गुरु सिद्ध करने की कोशिश करता है, गुरु होता नहीं है शुरू में। ये राहु की basic nature है। ज्ञान नहीं होता है लेकिन आदमी अपने को ज्ञानी घोषित करने की कोशिश करता है। लेकिन गुरु को ज्ञानी घोषित करने की जरूरत नहीं होती, लोगों को मालूम होता है कि वह ज्ञानी है। गुरु और राहु में कहीं न कहीं एक discomfort है दोनों में। इसलिए गुरु की जिस राशि में जाता है तो उसकी पोल खुल जाती है, राहु की पोल खुल जाती है ऐसा मान लो कि राहु जानता नहीं लेकिन राहु आडम्बर करने की कोशिश करता है। आडम्बर में उसको गुरु की राशि के परिणाम, गुरु होने के लिए एक process से गुजरना पड़ता है। इसलिए राहु कमजोर हो जाता है तो उसको पहले जानना पड़ता है। मैं ऐसा बोलूंगा कि गुरु की राशि में राहु की पोल खुल जाती है अगर मान लीजिए आदमी कह रहा है कि मैं बड़ा ज्ञानी हूं तो ज्ञानी नहीं है और कहता है मैं बड़ा कलाकार हूं तो कलाकार नहीं है, बोलता है पैसे वाला हूं तो पैसे वाला नहीं। मतलब जो भी वो कहना चाह रहा है वो नहीं है जब तक उसकी तपाई न हो जाये। मतलब सोने को यहां कुंदन बनने के लिए उसकी तपाई सहनी पड़ेगी। आग में जल जायेगा तो फिर वो उस जैसा हो जायेगा। आग में

जलने पर जो छद्म बात है उसको छोड़ना पड़ेगा। फिर गुरु वाली सारी बाते आ जायेंगी। तो इसलिए शुरू में वो कष्ट देता है और expose करता है और बाद में उसको उसके मुकाम तक पहुंचा देता है। गुरु की राशि में है इसलिए मदद तो करनी ही है लेकिन एक process के बाद, एक उम्र के बाद, जब तक दशा नहीं आ रही।

प्रश्न: *भाम्बी साहब हम आप से एक बात और जानना चाहेंगे कि क्या राहु और केतु को नीच का माना जाना चाहिए?*

उत्तर: देखिये technically तो नहीं माना जाना चाहिए। मुझे किसी ऋषि का reference देकर बोलना हो तो ऐसा तो कहीं लिखा नहीं। लेकिन व्यवहार और कई ज्योतिषी हुए उन्होंने लिखा है अपने तरीके से। लेकिन जैसी मान्यता है कि मीन में राहु कमजोर हो जाता है जब कमजोर हो जाता है तो नीच जैसे ही प्रभाव देता है और नीच ग्रह भी जब कुण्डली में होता है तो एक हद तक ही आदमी को तंग करता है फिर वहां से निकाल देता है। नीच ग्रह की ये ही प्रवृत्ति है और राहु की जो नीच प्रवृत्ति है वो हमको दिखायी देती है मीन राशि में और कहीं दिखायी नहीं देती। अगर uncontrolled है तो definitely आदमी को तंग करता है, इसका तो मैं भुक्त भोगी हूं, जैसा मैंने आपको बताया।

प्रश्न: *क्या राहु का भी नीचभंग होता है या यह वैसे ही रहता है?*

उत्तर: देखिये पहली बात तो ये कि इसका नीच ही नहीं होता technically, फिर इसका नीच भंग भी नहीं होता, ऐसा नहीं कह सकते। राहु मीन में हो और मंगल कन्या में हो, आमने-सामने हैं, नीचभंग तो नहीं होगा लेकिन मंगल से control हो जायेगा या मंगल साथ में हो तो control हो जायेगा, अगर गुरु होगा तो गुरु से भी इतना control नहीं होगा, वहां पर गुरु चांडाल योग बन जाता है। जब राहू और गुरु साथ होते हैं तो वहां पर गुरु चांडाल योग बन जाता है तो वहां पर क्या होता है कि गुरु में भी चांडाल मतलब क्रूर ग्रह, राहु क्रूर होता है, राहु दैत्यों की category में आता है तो दैत्य मिल गया गुरु के साथ तो गुरु बेचारा afflict हो जाता है। शनि इत्यादि हो तो control हो जाता है वरना राहु फिर उस process से निकालकर आदमी को मुक्त कर देता है। ग्रह जहां नीच का हो या negative हो उसका सिर्फ इतना है वो आदमी को वो अनुभव देता है जो शायद उसके लिए जरूरी है जिन्दगी में आगे बढ़ने के लिए। तो नीच ग्रह भी आपकी कहीं न कहीं मदद ही कर रहा है। ऐसा नहीं

है कि नीच ग्रह आपको stumbling block ही देता है। stumbling block एक समय के लिए है फिर उसके बाद छोड़ दिया, जैसे आप कच्चे रास्ते पर जा रहे हैं तो वहां पर आपको दचके लगते हैं जैसे ही आप वहां से निकले फिर कोई बात नहीं, हाइवे पर आये तो फिर कोई दिक्कत नहीं। वहां से हाइवे की यात्रा निश्चित तौर पर है।

***प्रश्न:** राहु कुण्डली में खराब होकर अच्छा कब होता है और जब खराब होकर अच्छा हो जाये तो किस तरह के फल देता है?*

उत्तर: राहु कुण्डली में खराब होकर तब अच्छा करते हैं मान लीजिए राहु नीच राशि में है, कह लेते हैं मीन में है negative है और नवांश में जाकर अच्छा हो जाये, अच्छी राशि में चला जाये तो वहां उसका अपना कोई प्रभाव नहीं रहेगा या साथ में कोई ग्रह मिल जाये तो उसका प्रभाव नहीं रहेगा। या राहु मीन हो और उसकी position अच्छी हो जाये, तीसरे में हो, छठे में हो, दसवें में हो या ग्यारहवें में आ जाये तो इन भावों पर क्रूर ग्रह अच्छे परिणाम दे देंगे। ये भी है और उसकी दशा ही न आये, negative हो और उसकी दशा जीवन में न आ रही हो तो राहु को जो 18 साल का control है वो नहीं रहेगा। जितना भी उसका प्रभाव है कुण्डली पर रहेगा और यदि कुण्डली balance है तो फिर negative नहीं रहेगा। अगर राहु negative होकर भी control हो तो फिर राहु wonderful results भी देगा। ऐसा भी देखा है।

***प्रश्न:** तो भाम्बी साहब जब ये खराब होकर अच्छा हो जाता है तो किस प्रकार के फल देता है?*

उत्तर: देखिये वो ही सूत्र राहु पर लगता है जब भी कोई ग्रह कुण्डली में negative होकर, नीच होकर सुधर जाता है तो उसको हम बोलते हैं कि उसका गंगा बाथ हो गया, उसने अपने सारे पाप गंगा में जाकर धो लिये ऐसा हम कह सकते हैं। तो राहु के जितने भी negative points है वो खत्म हो जाते हैं फिर राहु आदमी की मदद करता है तो फिर आदमी को एक नये path के ऊपर, एक नये पथ के ऊपर, एक नये रास्ते के ऊपर आदमी को तैयार कर देता है। वो जो उसकी खुद की कमिंया होती हैं या दुनिया के बारे में उसकी जानकारी नहीं होती या जिस विषय को वो जानना चाहता है उसकी mastery करवा देता है। क्योंकि राहु आपको master बनाता है ultimately. राहु आपको बिल्कुल इतना सक्षम कर देता है फिर आप किसी भी स्थिति में मात नहीं खाते और आपको जो perfection है, आपकी जो understanding है, unknown के

प्रति जो एक हो सकता है आपकी जानकारी, या जानकारी प्राप्त करने की जिज्ञासा, वो फिर जिज्ञासा नहीं रह जाती बल्कि जिज्ञासा को पूर्णत: की और ले जाता है। जिस भी क्षेत्र में आप चाहें, मान लीजिए आप scientist है तो आप उस क्षेत्र में बहुत आगे निकल जायेंगे, sports में हैं तो बहुत आगे निकल जायेंगे, music में हैं तो बहुत आगे निकल जायेंगे, ज्योतिष में है तो आगे निकल जायेंगे या किसी और क्षेत्र में जैसे लेखन में, मीडिया में तो then Rahu helps in a big way फिर आप पीछे मुड़कर नहीं देखते।

❑❑❑

22

केतु - मोक्ष कारक ग्रह है

दिनांक: 16/10/2003 **(श्री अशोक अग्रवाल)**

भूमिका: पिछले दिनों से हम बहुत सारे ग्रहों की बात कर रहे हैं और ग्रहों में खासतौर से बात कर रहे हैं नीच भंग राज योग की। हमारी यात्रा करते-करते, चलते-चलते, हम आ गये राहु और केतु पर। राहू की हमने बात की थी कुछ समय पूर्व और आज हम बात कर रहे हैं केतु की। जितने भी ग्रह हैं उनसे जुड़ी कुछ कहानियां है, mythological कहानियां हैं और बड़ी गहन कहानियां है। ऊपर से तो फूहड़ लगती हैं लेकिन अंदर से देखने में बड़ा दम है, एक direction मिलती है। राहु और केतु के जन्म के बारे में एक कहानी है। ऐसा कहते हैं कि जब समुद्र मंथन हुआ तो देवताओं और राक्षसों में अमृत के बंटवारे को लेकर जो संकट पैदा हुआ तो दो पंक्तियां बना दी गयी और भगवान विष्णु मोहिनी का रूप धरकर आये और नाच-गाना शुरू किया तो जो राक्षस थे वो तो नाच-गाने में मस्त हो गये वो देवताओं को अमृत देती थी और राक्षसों को दारु पिलाती थी। ऐसा बोलते हैं, वो मामला चल ही रहा था, वहां पर राहु नाम का दैत्य था, वो राक्षसों की पंक्ति से उठा और चुपचाप देवताओं की पंक्ति में बैठ गया और विष्णु जो मोहिनी के रूप में थे, वो भी उसको पहचान नहीं पाये और उन्होंने उसको अमृत पिला दिया और राहु ने अमृत पी लिया। जैसे ही राहु ने अमृत पी लिया, वैसे ही राहु ने अमृत पिया वो अमर हो गया। कहते हैं कि चन्द्रमा और सूर्य ने उसकी complaint विष्णु भगवान से की, उन्होंने अपने सुदर्शन चक्र से उसकी गर्दन काट दी। वहां पर दो हिस्से हो गये राहु के, एक राहु और दूसरा केतु। धड़ जो है वो केतु कहलाया और सर वाला हिस्सा जो है वो राहु कहलाया। इस तरह से राहु-केतु की उत्पत्ति हुई। हम राहु की बात कर चुके हैं और आज बात कर रहे हैं केतु की।

प्रश्न: *पंडित जी राहु के बारे में जब हमने बात की थी तो आपने राहु की एक अलग कहानी सुनायी थी। राहु और केतु की उत्पत्ति एक ही ग्रह से हुई है तो फिर केतु की कहानी में भिन्नता क्यों है?*

उत्तर: बिल्कुल ठीक बात है। जितने भी ग्रह हैं उनकी उत्पत्ति की कई कहानियां हैं। एक कहानी नहीं है। एक कहानी से उसका समुचित चरित्र ग्रह का प्रकट नहीं होता तो जिन लोगों ने कहानी इजाद की, खोज की, उन्होंने एक कहानी से बात पूरी समझ में नहीं आती। एक कहानी से कुछ बात समझ में आती है। आपने ठीक बोला वो ऋषि कश्यप और सिंहिका का पुत्र था। तो उसके जन्म की कहानी है और यह उसके ग्रह बनने की है। यहां से राहु-केतु अस्तित्व में आता है। वो उसके जन्म से लेकर यहां तक की कहानी हैं। यहां पर एक दैत्य, देवता बन जाता है, ग्रह बन जाता है, छाया ग्रह बन जाता है। तो अलग-अलग कहानी है तो जब मैंने राहु की बात की तो मैंने कहा कि एक अलग कहानी हो जाये, अब दूसरी कहानी हो जाये तो दोनों कहानियों से उसका अलग चरित्र हमको मालूम पड़ता है, that was my idea और जितनी कहानियां हैं मेरी कहानियों में बड़ी रूचि है, कहानियां बड़ा गहरा मतलब देती हैं, जब आप उनको dissect करते हैं।

प्रश्न: *पंडित जी आप जो ग्रहों की कहानियां सुनाते हैं वो बड़ी different होती हैं और उसे आप interpret भी खूब करते हैं। इस कहानी को आप कैसे interpret करेंगे।*

उत्तर: केतु की जो कहानी है बड़ी interesting है। केतु की कहानी में बचा क्या? केतु की कहानी में सर नहीं बचा। सर नहीं रहा तो सर से जुड़ी जितनी भी चीजें हैं मस्तिष्क नहीं रहा, मुंह नहीं रहा, आंखे नहीं रही, जिव्हा नहीं रही, कान नहीं रहे। ये सारी चीजें खत्म हो गयी। main इन्द्रियां जो हैं वो नहीं रही। सिर्फ धड़ रहा गया। अगर आप किसी के धड़ को देखो तो धड़ को देखकर उससे कुछ उम्मीद नहीं की जा सकती। लेकिन यहां पर एक अलग स्थिति है, ये जो धड़ है केतु का तो इसने अमृत पी लिया है, अमृत पी लिया है तो जीवित तो बहुत है लेकिन इसके पास कोई दिशा निर्देश नहीं है। ये इसकी संकट पूर्ण स्थिति भी है। जब आपके पास दिशा निर्देश नहीं होते। केतु•के धड़ से कोई संबंध नहीं है यहां पर। जब जीवन में दिशा निर्देश नहीं होते, जब जीवन ऐसी चीजें देता है कि हमें पता नहीं होता कि हम क्या करें। जब हमारा न कोई logic काम करता है, ना कोई reasoning काम करती है ना कोई

understanding काम करती है, ना किसी ने ऐसा किया होता है, हमारा कोई अग्रज भी नहीं होता। ऐसी भी स्थितियां आती है तब क्या करना होता है। तो ये जो role है वो वहां अपने आप को कैसे संभालता है। तो ये role भी अपने आपको संभाल सकता है। अगर मान लीजिए जीवन में ऐसी स्थिति आ जाये कि आपकी बुद्धि भी काम न करे फिर भी जीवन कुछ न कुछ provide करता है। जीवन ऐसी सत्ता आपको जरूर देता है जिसके सहारे आप जीवन की नैया से पार हो जाते हैं।

प्रश्न: *केतु केवल धड़ है, मस्तिष्क नहीं, इच्छाएं नहीं हैं तो केतु स्वयं कैसी स्थितियों से जूझता है, कैसे निपटता है?*

उत्तर: देखिये ऐसा मान लीजिए जब दिशा नहीं है, कुछ नहीं तो संवेग है और force है, vibration है और force है। आपके पास त्वचा है और संवेदना है और आपका connection, air से है तो ये जो शरीर का बाहरी अस्तित्व है आप उसको co-relate नहीं कर पा रहे। आप उसे relate नहीं कर पा रहे आपके पास force है। केतु के पास ऐसा force है, केतु के पास energy है, ऊर्जा है, शक्ति है तो यहां वो बैठकर बेचैन है, क्योंकि उसके पास force है तो वो चाहता है कि मैं कहीं चला जाऊं। तो मान लीजिए वो east की तरफ चल देता है। जब east की तरफ चल देता है तो चलते-चलते मान लीजिए बियाबान जंगल है, पहाड़ी है या रेतीला जंगल है या बर्फ है तो वो उस पर चलता चला जाता है। कहीं direction नहीं मिलती, जब वो थक जाता है तो वो चूर-चूर हो जाता है, मरता फिर भी नहीं वो। It cannot die. energy है उसके पास, थका जैसे उसको energy एकत्रित हुई तो पश्चिम की तरफ चल दिया, पश्चिम की तरफ खार है, रेगिस्तान है, समुद्र है, तो वो अपनी दिशा बदलता रहता है। कभी इस दिशा में भाग रहा है। कभी उस दिशा में भाग रहा है, यदि आप आदमी को देखें जब वह दिशा विहीन हो जाता है तो यहीं करता है। जब आदमी एक कार्य करता है, अता-पता है नहीं तो थक हारकर, सारी energy exhaust करके, सारे resources लगाकर जब उसको लगता है कि अब क्या करूं तो बैठ जाता है और सोचता है अब क्या करूं तो कहीं ओर चल देता है। अगर हम बहुत गहरे में देखें तो जीवन में हर आदमी ऐसा करता हुआ मालूम पड़ता है। अलग-अलग situation की बात है उसके लिए उसकी कुण्डली में केतु की दशा आने की भी जरूरत नहीं है। आये तब तो मालूम पड़ ही जाता है लेकिन ना भी आये तो भी जीवन में एक स्थिति अवश्यमेव ही

आती है जहां पर वो अपने आप को दिशा हीन, भटकन की स्थिति में पाता है। क्योंकि उसके पास energy है, यहां जो केतु का symbolic है वो केतु अमर है, केतु के पास में दो टांगे हैं, हाथ है, चलता जाये, मान लो पेड़ से टकरा जाये तो चोट तो कहीं लगना नहीं, खबर कहीं आना नहीं, गति रूकी, फिर दूसरी तरफ चल देता है तो जीवन में आदमी भी ऐसा ही हमको करता हुआ दिखता है। जब उसके पास दिशा नहीं होती तो इस phase से हम सभी कभी न कभी निश्चित तौर पर गुजरते हैं।

प्रश्न: *पंडित जी, तो उस स्थिति से निकलता कैसे है केतु? कभी इधर जा रहा है, कभी उधर जा रहा है। तो इससे आखिर में निबटता कैसे है?*

उत्तर: इससे निबटने का एक ही तरीका है अपने भीतर जाओ। जिस दिशा में जा रहे हो, मान लीजिए मैं यहां से भागना चाह रहा हूं, दरवाजा भी एक ही है, मैं अंधा भी हूं, गर्दन भी नहीं है मेरी, ये कल्पना कर लें आप, तो कभी इधर, कभी उधर। मेरे को चाहिए outlet. दरवाजा मुझे कौन दिखायेगा, बताने वाला मुझे कोई है नहीं, खुद दिखता नहीं, पकड़-पकड़कर पहुंच जाऊ ऐसा है नहीं। अगर मैं यहां से चलूं और सीधा दरवाजे में पहुंच जाऊं तो निकल जाऊं। ऐसा हो तो अलग बात है। इसकी संभावना 100 में से 99.99999 प्रतिशत नहीं है तो मेरे निकलने का कोई रास्ता नहीं है। मेरे निकलने का एक ही रास्ता है वो बाहर का मन और एक है अंदर का मन। जो आंतरिक दृष्टि है, आंतरिक दृष्टि में जब केतु बैठ जाता है तो वहां जो संवेग हैं, वहां जो vibrations हैं वहां से illusion खत्म हो जाता है, वहां से भ्रम खत्म हो जाता है, वहां से intuition की शुरूआत होती है। जब वो बैठा तो बैठकर उसे आत्मानुभूति, आत्मिक प्रज्ञा बोल सकते हैं, आत्मिक ज्ञान बोल सकते हैं या एक intuitive wisdom बोल सकते हैं, जो आदमी के जीवन में एक महत्त्वपूर्ण रोल अदा करती है। intuition की जब बात करें तो intuition is an animal instinct. हर जानवर के पास होता है और आदमी भी एक जानवर है तो उसके पास भी intuition है, Clairyance है या बाकी सारी चीजे हैं तो उसको जब वो ढूंढना शुरू करता है अंदर से तो अंदर से प्रकाशित हो जाता है फिर उसको मालूम है किस दिशा में जायेगा तो वो मन की आंखों से, मन के ज्ञान से, मन की गहराई से, मन की संवेदना से, वो यहां बैठकर चीजों को समझना शुरू कर देता है, बजाय की धक्के खाने के।

प्रश्न: *केतु को मोक्षकारक ग्रह कहते हैं। क्या ये आत्मकारक, आध्यात्मिक ग्रह है या किस तरह के धर्म की और आदमी को प्रेरित करता है?*

उत्तर: केतु जो है दो तरह से कार्य करता है। पहली स्थिति में केतु क्या करता है, पहले करता है confuse. ये तो हमने उसकी कल्पना की कि उसके हाथ नहीं है, गर्दन नहीं है कौन सी स्थिति करता होगा। अब उसके पास में आंतरिक, जितनी भी अंतर्निहित जितनी भी शक्तियां हैं, उसके पास हृदय है, understanding है, वो सारी चीजें उसके पास, शरीर है, हाथ-पैर हैं, अगर वो भीतर जाये, अमरत्व है, ऐसा भी नहीं है, मामला इतना आसान भी नहीं है। अमरत्व को प्राप्त किये हुए, अमरत्व को प्राप्त किये हुए कोई चीज है उसका भटकन बहुत लम्बे समय तक हो ही नहीं सकता। जैसे हम कहते हैं, कुम्भ का जो मेला लगा था तो क्या था अमरत्व बेला ही तो चली थी। तब से आज तक उन बोलों का इतना असर है और जिसके शरीर में अमृत है उसका तो बहुत असर होगा, जहां ग्रह भी है, उसको छाया ग्रह के नाम से जानते हैं। तो उसके पास में अपना सब कुछ है barring दिशा के। दिशा के और बुद्धि के। जब आदमी भीतर जाता है तो दो तरह की उपलब्धियां आदमी इस जीवन में पाता है। जब आदमी बाहर जाता है तो धन धान्य पाता है, समृद्धि, धनधान्य, सुख, वैभव और जब उसकी अंतर की यात्रा शुरू होती है, भीतर की यात्रा शुरू होती है तो वहां से धर्म उपजता है, आध्यात्म उपजता है, शान्ति उपजती है, वहां से जो दूर के कोई झंझट हैं, दूर की जो दुनियावी चीजें होती हैं उससे आदमी की मुक्ति होती है और जहां से भीतर की शान्ति बोलें या कोई भी अवस्था बोलें या परमात्मा और आत्मा के मिलन या खुद परमात्मा हो जाता हो या परमात्मा से बात करता हो वो सारी स्थितियां उसको अंदर की और, भीतर की और लेकर जाती हैं। इसीलिए ज्योतिष में केतु को मोक्षकारक ग्रह माना जाता है।

***प्रश्न:** पंडित जी, केतु की जो गणना है, राहु-केतु की जो गणना है पाप ग्रह में की जाती है, ऐसा क्यों?*

उत्तर: ठीक बात है। पाप ग्रह में इसलिए की जाती है, पहली बात तो ये कि ये राहु का हिस्सा है। राहु दुनियावी स्तर पर confusion देता है। केतु दुनियावी स्तर पर confusion देता है और साथ-साथ आदमी को कई तरह के affection भी देता है। एक और है एक तो धर्म होता है और एक होता है साम्प्रदायिकता। साम्प्रदायिकता वाला जो element है जहां मैं अपने धर्म के अलावा किसी धर्म को नहीं मानता। जो साम्प्रदायिकता रूप है वो केतु का बिगड़ा हुआ रूप है। केतु का जो बिगड़ा हुआ रूप है या केतु का जो निम्न रूप है वो साम्प्रदायिकता है। उच्च स्तर आध्यात्मिकता है। उच्च स्तर पर है तो आध

यात्म की बात करता है, परम ज्ञान की बात करता है, जब निम्न स्तर पर है तो तेरे-मेरे की बात करता है और तेरे-मेरे की बात का जो orientation है या reference point है उसका reference point कहीं न कहीं धर्म होता है। वो धर्म जहां धर्म से कोई संबंध है नहीं। धर्म से संबंधित एक साम्प्रदायिकता होती है एक केतु का ये रूप है और ऐसा बोलें कि आदमी जानता कुछ है नहीं, आदमी कभी काला जादू करता है, कभी आदमी ये नोटंकी करता है, ये जितने भी। हम कभी अखबार में पढ़ते हैं कि उनके पास जाओ तो वो दो दिन में आपका भाग्य बदल देते हैं और आप जाते हैं जो चमत्कारिक जो लोग है। ये चमत्कारिक लोग हैं दरअसल ऐसा कोई है नहीं, ये हाथ की सफाई, आंख की सफाई, ये सारी स्थितियां हैं। ये जो धर्म भीरू आदमी है, innocent आदमी है उसका लाभ लेते हैं। उसको confuse करते हैं। ये काम करता है तो बहुत हद तक केतु आदमी को confuse करता है और जब वो confusion के area से निकल आये तो वो wisdom के रास्ते पर डाल देता है।

इसकी गणना पाप ग्रहों में इसलिए की जाती है कि इसका जो basic धर्म है, pseudo धर्म बोलें या pseudo आध्यात्म बोलें या ऐसा कोई religion जो होता नहीं है या ऐसी उपलब्धियां जो होती नहीं है उनकी आदमी बात करें या आदमी का जो confusion है। यदि केतु कुण्डली में negative होगा तो definitely illusion देगा, भ्रम देगा और झंझट देगा, भय भी देगा और ऐसे-ऐसे भय देगा, nervous system को weak करेगा और कभी-कभी आदमी अपने ही भय से इतना भयभीत हो जाता है कि उसको रास्ते नहीं मिलते और उसके लिए आसानी से इलाज भी नहीं हो पाता, बाहर नहीं निकल पाता क्योंकि भय इतने subtle level पर चले जाते हैं क्योंकि केतु जितने भी काम करेगा बहुत ही सूक्ष्म स्तर पर करेगा। अगर आपको धर्म का मर्म समझायेगा तो बहुत गहरे में ले जाकर समझायेगा और यदि illusion देगा या पागलपन देगा, not exactly पागलपन, भ्रम देगा उसको भी इंतिहा में देगा, बीच का काम नहीं करता वो। वो बहुत गहरे में पैठ जायेगा फिर उससे आपका निकलना आसान नहीं है।

प्रश्न: *पंडित जी कहते हैं कि ये जो केतु है वो मंगलवत है यानि कि मंगल का रूप है। ऐसा क्यों है?*

उत्तर: जितने भी छाया ग्रह हैं राहु और केतु। इनके अपने गुणधर्म नहीं है। इनको किसी ना किसी से relate करना पड़ेगा। इनका कोई न कोई reference point होगा। इसलिए राहु को बोलते हैं शनिवत और केतु को बोलते हैं कुजावत। राहु शनि की तरह operate करता है वो एक अलग मुद्दा है, केतु क्या करता है। केतु के पास energy बहुत है, force बहुत है, केतु के पास aggression बहुत है, केतु के पास दिशा नहीं है और मंगल के पास भी दिशा नहीं है। मंगल के पास force है, दिशा नहीं है लेकिन मंगल के पास केतु से बेहतरीन दिशा है। मंगल के पास बहुत सारी planning है, केतु के पास planning नहीं है, सिर्फ एक force है, force जहां चल दे। अगर वो force illusion में है तो वो झंझट create करेगा, केतु वहां उसका negative रूप हो जायेगा। वहां पर केतु cruel हो जायेगा, गलत ग्रह हो जायेगा, जो आपने बोला cruel planet हो जायेगा और यदि केतु illusion से निकलकर intuition में आ जायेगा तो intuitive wisdom देगा, understanding देगा, clearity देगा और धर्म के मर्म को समझायेगा और बहुत गहरे तक ले जायेगा और जब इतनी अवस्था में आदमी पहुंच जाता है तो फिर वो स्वत: ही दुनिया से अलग और अगर आप उसको मोक्ष बोलना चाहें तो मोक्ष की ओर या अपना एक लिंक है जो परमात्मा होता है जहां से शुरूआत है परमात्मा के लिए वहां से connectivity है तो ये जीव की मुक्ति में मदद करता है। इसलिए इसको धार्मिक ग्रह, आध्यात्मिक ग्रह या मोक्षकारक ग्रह कहा जाता है।

❑❑❑

डायमंड पाकेट बुक्स में
धार्मिक साहित्य

राजेश शर्मा

भारत के प्रमुख व्रत, पर्व, त्योहार . 80.00

डॉ. रमानाथ खैरा

रामचरितामृत 35.00

डॉ. विनय

गणेश पुराण 60.00
भविष्य पुराण 60.00
पद्म पुराण 60.00
वराह पुराण 60.00
कूर्म पुराण 60.00
ब्रह्म पुराण 60.00
मार्कण्डेय पुराण 60.00
मत्स्य पुराण 60.00
शिव पुराण 60.00
विष्णु पुराण 60.00
श्री देवी भागवत पुराण 60.00
ब्रह्मवैर्त पुराण 60.00
हरिवंश पुराण 60.00
गरुड़ पुराण 60.00
लिंग पुराण 60.00
अग्नि पुराण 60.00
कल्कि पुराण 60.00
नारद पुराण 60.00
स्कन्द पुराण 60.00
वायु पुराण 60.00
श्रीमद्भागवत् पुराण 60.00

अशोक कौशिक

मनुस्मृति 60.00
विदुर नीति 50.00

अशोक कौशिक

युग प्रवर्तक महात्मा बुद्ध 40.00

रचना भोला 'यामिनी'

हिन्दुत्व 60.00

पं. दीनानाथ शास्त्री

कार्तिक महात्मय भा.टी. (खुला पत्रा) 95.00
कार्तिक महात्मय 30.00
भर्तृहरि शतक 25.00

डॉ. राधाकृष्ण श्रीमाली

काली उपासना 50.00
गायत्री उपासना 60.00
विष्णु उपासना 60.00
सरस्वती उपासना 40.00
शनि उपासना 40.00
रुद्राक्ष उपासना 40.00
हनुमान उपासना 50.00
दुर्गा उपासना 50.00
शिव उपासना 50.00
भैरव उपासना 40.00

चानन लाल वर्मा

नवीन रामलीला नाटक 75.00

डॉ. राजबहादुर पाण्डेय

ऋग्वेद 60.00
सामवेद 60.00
यजुर्वेद 60.00
अथर्वेद 60.00

डॉ. भवानसिंह राणा

108 उपनिषद 100.00
सुख सागर 60.00

प्रियदर्शी प्रकाश

रामायण 40.00
बाल्मीकि रामायण 15.00
महाभारत 40.00

प्रकाश नगायच

शिरडी के साईं बाबा 40.00
कथा सरित सागर 60.00
योग वशिष्ठ 80.00

सं. हुकमचंद वेदालंकार

वैदिक सत्संग गुटका 40.00

प्रकाश नगायच

सत्य साईं बाबा 40.00

महेश शर्मा

क्या कहते है पुराण 75.00
क्या कहते है उपनिषद 75.00
क्या कहते है वेद 75.00
वेदों की कथाएं 75.00
उपनिषदों की कथाएं 75.00
पुराणों की कथाएं 75.00

सं. अश्विनी पाराशर

चाणक्य नीति 50.00
चाणक्य सूत्र 60.00
महामात्य चाणक्य 40.00

किरीट भाई

रामगीता 40.00
पातंजल योग दर्शन 40.00
गरुड़ जी के सवाल 40.00
सिद्धान्त रहस्य 60.00
लिंगाष्टकम 75.00
श्री मधुराष्टकम 60.00
चरपट पंजरिका 75.00
नवरत्न बोध कथा 50.00

स्व. श्याम जी पाराशर

संत दर्शन 200.00

स्वामी रामदेव जी

योग साधना व योग चिकित्सा रहस्य 125.00
प्राणायाम रहस्य 50.00
ओषध दर्शन 30.00
दिव्य औषधीय, सुगन्धित एवं सौन्दर्यकरण पौध 20.00
जीवनी शक्ति वर्धक अष्टवर्ग पादप 75.00
Yog Sadhana & Yog Chikitsa Rahasya 125.00
Pranayam Rahasya (English) 50.00
Vitality Strengthening Astavarga Plants (Jeevaniya & Vayasthapan Paudhe) (English) 75.00
प्राणायाम रहस्य (गुजराती में) .. 50.00
प्राणायाम रहस्य (पंजाबी) 50.00
औषध दर्शन (पंजाबी) 30.00

संत मुरारी बापू

मानस प्रेम सूत्र 140.00
मानस भुसुण्डि गीता 115.00
मानस भुसुण्डि भागवत 105.00
मानस गुरुगीता 120.00
मानस गुरुकर कोमल शील सुभाऊ 135.00
मानस धर्मरथ 120.00
मानस मनुस्मृति 70.00
मानस गीता 65.00
मानस कपिल गीता 120.00
मानस धर्मसूत्र 265.00
मानस लक्ष्मणगीता 105.00
मानस रामगीता 90.00
मानस परशुरामगीता 105.00
मानस सम्पदा 80.00
मानस ज्ञान भक्ति 90.00
मानस मानस खरदूषण 130.00
मानस गरीब नवाज 115.00
मानस नाम महिमा 80.00
मानस भुसुण्डि रामायण 140.00
मानस मंदोदरी (प्रथम भाग) ... 130.00
मानस मंदोदरी (द्वितीय भाग) .. 130.00
मानस मंदोदरी (तृतीय भाग) .. 130.00
मानस लंकिनी 105.00
मानस भागवत् 80.00
मानस सप्तप्रश्न 100.00
मानस मानस मनु शतरूपा 80.00
मानस राग धर्म 100.00
मानस अग्नि परीक्षा 90.00

डायमंड पाकेट बुक्स

X-30, ओखला इंडस्ट्रियल एरिया, फेज-II, नई दिल्ली-110020

पुस्तकें V.P.P. से मंगवाएं, तीन पुस्तकें एक साथ मंगवाने पर डाक व्यय फ्री। डाक व्यय प्रति पुस्तक 20/-

फोन : 011-41611861, फैक्स : 011-41611866.
E-mail : sales@diamondpublication.com, Website : www.dpb.in